祈りの原郷

祭りと芸能を訪ねて

髙瀬美代子

海鳥社

序

佐々木哲哉

見る、聞く、感じる、巧まずしてフィールドワークの真髄を会得しておられる。何のためらいもなく地元の人々の中に溶け込んで地域の伝承を共有している。単なる祭り行事の記録でなく、それを支えている祭りの心を伝えたいという想いが書かせた採訪録である。温かなまなざしと、少年詩で培われた感性の豊かさに魅せられる。

高瀬美代子さんとのお付き合いは、昭和六十二年に森弘子さんとの『太宰府市史　民俗資料編』の編纂で、「口頭伝承」を受け持っていただいたのに始まる。『民俗資料編』には六年の歳月を要したが、「伝説」の項での抑制の効いた叙述に非凡なものが感じられた。『太宰府市史』との関わりで頂いていた雑誌『都府楼』に連載されていた高瀬さんのエッセイの、随所に日本古典文学の造詣の深さを窺わせる詞句のちりばめられた瑞々しくも美しい文章が私の心を捉えて離さなかった。当時私は雑誌『西日本文化』の編集に携わっていたが、平成七年の三〇八号に「神楽特集」を任され、西日本各地の研究者に執筆を依頼していた中で、いつか高瀬さんが出雲神楽の話をなさっていたのを思い出した。もともと研究者に混じって在野の執筆者の発掘を目指していた雑誌だっただけに、ためらいもなく執筆をお願いした。

予想していたとおり、「備中・石見への旅　神楽の里を訪ねて」は、特集号の中での一服の清涼剤だった。『都府楼』に連載されたエッセイは、平成二十一年十月『梅《うめ》が香《か》に』と題して馥郁たる香りそのものに美しい装訂で海鳥社から出版されたが、太宰府の風物詩に混じって、昔話・伝説の源流や民俗芸能を訪ねての紀行がちりばめられていた。「あとがき」で、『太宰府市史』を通じて民俗に関するいろいろなことへの目が開かれたと述懐されている。

「神楽特集」が機縁で、髙瀬さんの「祭りと芸能を訪ねる旅」に拍車がかかった。『都府楼』連載の合間を縫って、平成八年三月の三一九号には、前年十月に大分県九重町まで足を延ばしての「菅原天満宮の牛祭り」を、九年四月の三三〇号には「豊前感応楽」をと、以後一年にほぼ二篇のペースで原稿が届けられるようになった。私の許に送られてくる初稿のゲラに目を通しながら毎度ため息を漏らした。何という執念、何という深い想念、何という細やかな観察と詩情豊かな描写、地域の人々に対する温かな眼差しが、知りたいこと聞きたいことの答えを自由自在に引き出している。調査地に入る前には充分に資料の検索をして予備知識を蓄え、調査地では事前に現地の自然景観を眼に焼付け、責任者の方と接しては納得のゆくまで聞き取りをして、調査のポイントを把握しておく。フィールドワークに欠かせない周到な準備である。

細かな観察と詳細な描写にはもう一つの裏がある。髙瀬美代子さんの傍にはいつもご主人信一郎氏の姿がある。ドライバーでありカメラマンである。原稿に付けられた十二、三枚の鮮明な写真を見るたびに羨ましくなる。写真はご主人に任せてご本人は、見る、聞くことに専念できる。透明な五感を働かせて感じたことをそのまま文字にしている。印字もすべてご主人。森弘子さんが前著の序文に「メルヘンのようなご夫婦の合作」と書いておられるがまさにそのとおり。

本書は一応『西日本文化』の四四九号（平成二十三年二月）までに連載したものを収録してあるが、ご夫婦の合作はまだまだ続きそうである。日本の祭りと民俗芸能に魅せられ、それを守り伝えて来た人々との語らいを通じて、日本人の自然に対する畏怖と神々に対する畏敬という神祭りの心、「祈りの原郷」を求めての旅が続く限りは。

（ささき・てつや／元福岡県文化財保護審議会委員）

祈りの原郷　祭りと芸能を訪ねて◉目次

序　佐々木哲哉　3

鬼さまに逢う

祈りと感謝のかたち

神と舞い、仏と遊ぶ

伝説を辿る

●本文中に登場する人物の年齢・肩書きなどは取材当時のものである。
●祭礼や芸能に関する用語・文字は、基本的に現地で使われているものに従った。また、神名の表記・読みなどは、それぞれの神社や神楽座で使われているものに従った。
●祭礼の日時は年により変更されることもあるので、見学に訪れる際には、事前に各社寺や各地の観光課などに問い合わせてください。

鬼さまに逢う

正月の鬼

鬼の不思議

太宰府天満宮は菅原道真公を祀る神社で、学問の神として、年中、合格祈願などの参拝客で賑わう。また、「鬼すべ」の行事もよく知られている。

毎年正月七日の夜――辺りがとっぷりと闇に包まれる頃。

「鬼すべ堂」の前に積み上げた藁と青松葉に火がつけられると、いよいよ祭りはクライマックスに達する。燻手《すべて》の大団扇《うちわ》で煽られた炎が夜空高く舞い上がる。「鬼じゃ、鬼じゃ」と吠え立てる叫び声と、鬼警固が板壁を叩き破る音。荒縄で縛りあげられ、煙でいぶされた鬼が卯杖《うづえ》で打たれ、豆を投げつけられる。荒々しい鬼追いの儀式である。

これほどまでに打ちのめされ、追い払われる〝鬼〟とは一体何なのであろうか？　その昔《おん》、人々はオニというモノにどんなイメージを抱いていたのだろうか。

もう二十数年も前、この「鬼すべ」を見て以来、疑問はふくらみ続け、私は鬼の虜《とりこ》となっている。たそがれ時からかわたれ時まで、幾層にも重なり、溶け合った巨大な闇。その暗黒の果てしない広がり。底知れぬ深さ、そして逃れる術のない重さ。こうした闇そのものへの畏怖が、鬼を生み出したのではないだろうか。

そう言えば、正月の「鬼すべ」「鬼夜」などの行事の多くは夜の闇の中での炎の儀式である。例えば——

●佐賀県藤津郡太良《たら》町竹崎にある竹崎山観世音寺では、正月二日から三日にかけて「修正会鬼祭」が行われる。

●福岡県筑後市の熊野神社でも正月五日に「鬼の修正会《しゅしょうえ》」がある。

●福岡県久留米市の玉垂宮の正月七日夜の壮大な火祭り「鬼夜」の行事。

●国東半島の豊後高田市の天念寺では、旧正月の七日に「修正鬼会」の行事がある。

修正会（二月に行うものは修二会）とは、毎年正月の初めに、三日または七日にわたって国家安泰、五穀豊穣などを祈願する仏教寺院の法会である。奈良時代から盛んであったが、平安時代には諸大寺、国分寺の行事として定着した。一方で、正月には一年の平安、豊作、招福を祈願する民間儀礼も古くからあった。

こうした背景の中で、修正会に「追儺《ついな》」（儺やらい、鬼やらい）も加わって「修正会鬼祭」などの形で今に伝えられている。

追儺とは、十二月晦日の大祓《おおはらえ》に次いで行われるもので、儺（悪鬼・悪霊・疫病）を追い払う儀礼。七世紀末頃、中国から日本に伝えられ、宮廷行事となった。平安末期には、貴族の家でも追儺が行われ、やがて、寺院では修正会の結願《けちがん》（法会の終了すること）の日に行われるようになった。太宰府天満宮の「鬼すべ」も、元は、道真公の御墓寺である安楽寺大講堂での修正会結願の日に行われた追儺であった。

そもそも、鬼は姿、形のないもろもろの悪しきモノ、災いと考えられているが、今回は「正月の鬼」というキーワードで鬼探しをしてみよう。

太宰府天満宮の鬼すべ（高崎英明氏撮影）

太宰府天満宮の鬼すべ

ここでは、鬼のシンボルとされる朱漆塗の鬼面を持つ「鬼つかい」が先に、その後ろには四十八カ所を縛られた〝鬼〟が従う。しかし、その〝鬼〟の姿は決して人に見られないように「鬼がかり」が終始取り囲んで行事が進む。

煙に責められ、卯杖と豆で打ち払われるのはシンボルの鬼面も縛られた鬼も同様であるが、この二つを同一の鬼と考えるか、異なるものと見るかは論の分かれるところである。

鬼すべで鬼にされる人は、昔は、たまたまそこに詣でた人、他所から来た人などであった、という。それについて、天満宮に近い筑紫野市の「鬼《き》の面《めん》」という所には、次のような話が伝わっている。

昔、安楽寺天満宮の鬼すべの日に、お詣りをした人が捕まって鬼にされ、散々な目に遭って、鬼の面をつけたまま逃げ出した。やっとここまで逃げて来て鬼面を外して松の木に掛けた。以来、この松を「面懸松」といい、この辺りを「鬼の面」と呼ぶようになった。

（『筑前国續風土記附録』）

同様の話がやはり筑紫野市平等寺の北、面掛《めんとう》山の山上の岩「面懸石」にもある。

玉垂宮の鬼夜

裸の男たちが燃え盛る大松明を動かす壮大な火祭りであるが、それに先立つ昼の神事の「鬼面尊神《きめんそんしん》」の渡御《とぎょ》と還御《かんぎょ》については、あまり知られていない。「鬼面尊神」とは、鬼夜行事の主祭神であって、黒塗りの箱におさめられている鬼の面と言われているが、箱を開けることは固く禁じられていて、いまだにその面を見た人はいないそうだ。

昼過ぎ、拝殿での神事の後、神殿の奥から「鬼面尊神」の漆塗りの箱が出て、勾当職《こうとうしょく》・宮司・関係者の一行が、境内にある鬼堂へしずしずと渡御の儀。夕方近くになると、鬼堂の「鬼面尊神」はまたお行列を従えて神殿へ。

拝殿での還御の式では、鈴を鳴らし、「上の山に栄えあれ」と唱えて米をまく「種蒔き神事」がある。

玉垂宮は、以前は「大善寺玉垂宮」として神仏習合の寺であった。境内の鐘楼で打ち鳴らす鐘は、祭りを一層盛り上げる。いよいよ「オイサ！　オイサ！」と、六本の大松明が夜空を焦がしながら動き出した時——鬼堂に籠もっていた鬼は、そっと出て、汐井場で禊《みそぎ》をしてから、ひそかに闇に紛《まぎ》れて神殿に戻り、神となる。鬼は、常にその周りを大勢の赤熊《しゃぐま》に囲まれていて、その姿を見ることはできない。

この禊をする鬼と、神との不思議な関係については次のように言われている。

この神は、一年の間に氏子の様々な悩みや苦しみをすべて引き受けたので鬼のような姿になってしまった。それで、年の初めに霰《あられ》川で禊をすることによって、また神に戻って氏子たちの困苦を救う。

玉垂宮の神は、いと高き所にましますて超越的な存在ではなく、むしろ、人間の苦悩や悲哀に寄り添って、救いの手をさしのべる菩薩を思わせる。

生き難い世を生き抜いてきた民衆の念《おも》いが垣間見えるような神↕鬼の話である。

熊野神社鬼の修正会

玉垂宮と同様に、燃え上がる大松明が社殿を回る行事である。

三番鐘の合図で、境内や近隣のすべての灯を消した真の闇の中で鬼追いが行われる。

拝殿内では「ドン！　ドン！」とカチカチ棒（青竹）で激しく床を叩く音や、床を踏みつける足音が響き、鬼を追い出しにかかる。その鬼とは、袋におさめられた社宝の鬼面。白衣の神職三人がこれを守り、鬼笹を持つ人々が周りを囲んで社殿を三周した後に、「神」として神殿に戻る。

ここでも、鬼は闇にまぎれてその姿を人に見せない。神↕鬼の関係も行事も全体として、玉垂宮の場合とよく似ている。

竹崎観世音寺修正会鬼祭

この行事は、元来は、旧暦正月の潮の具合によって日が決められていたそうだ。今は、島を出ている若者たちが家に帰ってくる正月二〜三日に行われている。

この祭りの特徴は、「初夜《そや》の行」「後夜《ごや》の行」「日中の行」の三回の行法である。その中でいくつもの珍しい経が読まれ、また、民俗芸能の古体を思わせるユニークな「童子舞」があり、「籾蒔き」も行われる。さらに、厳しい寒中の裸祭で活躍する若者組と、それを支える宿老組のきっちりとした組織があって、鬼祭は、通過儀礼・成人儀礼としての役割をも果たしてきた。

鬼祭の鬼は「鬼箱《おんばこ》」と呼ばれる木の箱の中に封じこめられているそうで、もちろん、いまだ見た者はいない。祭りの期間中、男たちの集まる宿は女人禁制で「鬼の忌屋」、鬼箱を守る役目の若者たちは「鬼副《おんぜえ》」と鬼の字がついている。

この祭りのクライマックスは「鬼追い」で、鬼箱を守って境内から脱出しようとする鬼副たちと、阻止しようとする若者たちが、体当たりの激しい攻防を繰り返す。結局、この年もまた鬼箱の中の鬼は脱出できずに、再び本堂の中へと戻される。

この鬼箱をめぐる騒動の理由は、次のように伝えられている。

竹崎の東端の「夜灯鼻《やとうばな》」（灯台がある）の沖に住んでいる鬼と、観音堂にある鬼箱の中に閉じこめられている鬼は夫婦の鬼である。この二匹の夫婦鬼は、旧暦正月の満潮の時には互いに呼び合う。万が一、この二匹が出会うと島が転覆すると言われていて、村人たちは、鬼箱から鬼を出させまいと、大声を上げて走り回り、島を守ってきた。

夫婦鬼には、いささか気の毒な話ではある。

ところが、この寺には昔はこれと異なった鬼祭があったことが江戸初期の文書（『肥前古跡縁起』）に記されている。

白布の袋に人を入れ、口をくくり鬼面をかけさせ、拝殿におどり出れば、人々首に縄をつけて辺りを引き回す。在所の童ども、竹の杖なんど面々持てこの鬼面を打ちたたく……。

古くからの祭りとされているものでも、時代によって変化し、また〝鬼〟の解釈もかなり異なってきているのがわかる。

そういえば、太宰府にある天智天皇発願の観世音寺でも鎌倉時代に「儺鬼《だき》」の正月行事があったと聞く。その日は、通りかかった人を捕らえて鬼とし、散々に打ち叩いたので、誰も寺に近づかなかったという。

天念寺修正鬼会

平安時代、国東半島では六郷満山《ろくごうまんざん》の仏教文化が栄えた。かつては六郷のほとんどの寺院で盛大に行われていた修正鬼会は、今は三カ寺のみに伝えられている。その一つ、天念寺では、毎年旧正月の七日に行われている。ここに現れる「鈴鬼（男・女）」「災払鬼《さいばらいおに》」「荒鬼」の三鬼を、人々は「鬼さま」と親しげに呼び、鬼会とは鬼さまに会って共に楽しく過ごすことだと言い伝えている。一体、どんな鬼さまなのであろうか？

●鈴鬼

鬼という名がついているが、若い男・女の面は実に穏やかでやさしい。鈴とガラガラを手に、腰をかがめ床を踏みしめて踊る。心地良いリズム、おっとりと素朴な動きは、田畑を耕している仲睦まじい夫婦にも見える。

●災払鬼（赤鬼）

真っ赤な装束に鬼面をつけた鬼は、麻縄を胴・腕・脚に結びつけられている。この鬼は愛染明王《あいぜんみょうおう》と法蓮聖人《ほうれんしょうにん》の化身とされている。

●荒鬼（黒鬼）

黒装束で鬼面の黒鬼は、不動明王と仁聞《にんもん》菩薩の化身と言われる。

この赤鬼・黒鬼は、小松明を振りかざして講堂の中を走り回る。鬼会の終わり頃に、二鬼は、参詣者の背中や腰を松明で叩き、加持を行う。叩いてもらった人は、一年の無事を約束されたと喜ぶ。

国東の鬼会では、鬼は、神仏の化身であり、また祖先・祖霊と考えているそうだ。「鈴鬼」を見ていると、それがごく自然に伝わってきた。

一方、赤鬼・黒鬼の激しく荒々しい「鬼走り」は、その力で災厄を払い、人々に安穏をもたらすとされる。ずっと昔、民間の正月行事として祖先の魂祭りをする風習があったというが、そのことをも思い出させる国東の鬼さまたちであった。

鬼やらいは、古くは仏教の法会の結願の行事として、また民俗の風習も取り込んで、それぞれの時代や土地において、色々と変化しながら受け継がれてきた。かつて、それを支えてきたのは、ひたすらな祈りの心であった。そして、倦まず働き続けて豊かな稔りを、日々の息災を願ってきた人たちの絆であった。

一口に鬼と言っても、その解釈は決して一様ではなく、鬼へのまなざしが、豊かで多様性に富んでいる面白さに心惹かれる。それはつまり、人々の心の中に住む鬼の不思議さかもしれない。

それにしても、現代の私たちの心の中には一体どんな鬼が生まれ、住みついているのやら……と、考えさせられるこの頃の世の中である。

竹崎観世音寺修正会鬼祭

［国指定重要無形民俗文化財］
佐賀県藤津郡太良町竹崎・竹崎観世音寺
問合せ▼太良町企画商工課☎0954－67－0312

佐賀県藤津郡太良《たら》町の竹崎は、有明海に突き出た小さな陸繋島である。古くから海上交通の要衝であったこの島に、鬼祭で有名な竹崎山観世音寺がある。奈良時代、行基の創建によるとの由緒を持つ真言宗の古刹《こさつ》であるが、ここで毎年正月の二日・三日に「修正会鬼祭」が行われている。

平井坊と鬼副《おんぜえ》

平成十一年正月二日――。

この日の夕方、港を見下ろす高台にある寺はまだ静けさの中にあった。真新しい本堂（観音堂）の清《すが》しい木の香り。荘厳《しょうごん》された祭壇、正面の長押《なげし》には、鏡餅が左右に掲げてある。大きな平たい丸餅を、割竹で十文字に挟み、周囲をモロヘゴ（シダの一種）で、ぐるりと覆っている。

（おや？　どこかで見たような……）

それは、餅や青竹の形は異なってはいたが、国東の天念寺で見たものと似通っていた。

境内から真っ直ぐに、急な長い石段を下りると、そこはもう海辺で、波が岸壁を洗っている。寺のすぐ下に、「平井坊」と「鬼《おに》の忌屋《いみや》」が並んで立っていた。

鎌倉時代、大寺院として栄えた観世音寺には三十三坊もあったそうだが、今は「平井坊」だけが残り、鬼祭を行う地区の人々の拠点として、鬼祭の準備、段取りから祭礼当日のすべてを取り仕切る重要な役割を担っている。一方、「鬼の忌屋」はいわゆる若者宿で、祭りに参加する十七歳から三十五歳までの青年男子がここに詰めている。

寒中の裸祭であるこの祭りの花形は鬼副と呼ばれる四名の若者である。

鬼副

鬼副は四名。上鬼副《うわおんぜえ》二名、下鬼副《したおんぜえ》二名の組み合わせで、二十歳になった若者の中から選ばれた二名が下鬼副（下鬼）となり、翌年は上鬼副（上鬼）となって、二年つとめる仕組みとなっている。祭礼の期間中、四名の鬼副は若者組を離れて平井坊付きとなり、その指揮下に置かれる。

赤ギモン（着物）という赤い法被《はっぴ》を着た鬼副たちは祭りの花形ではあるが、かなりの体力を要する厳しいつとめを課せられ、また祭りの間は女人禁制を厳しく申し渡される。

観世音寺本堂

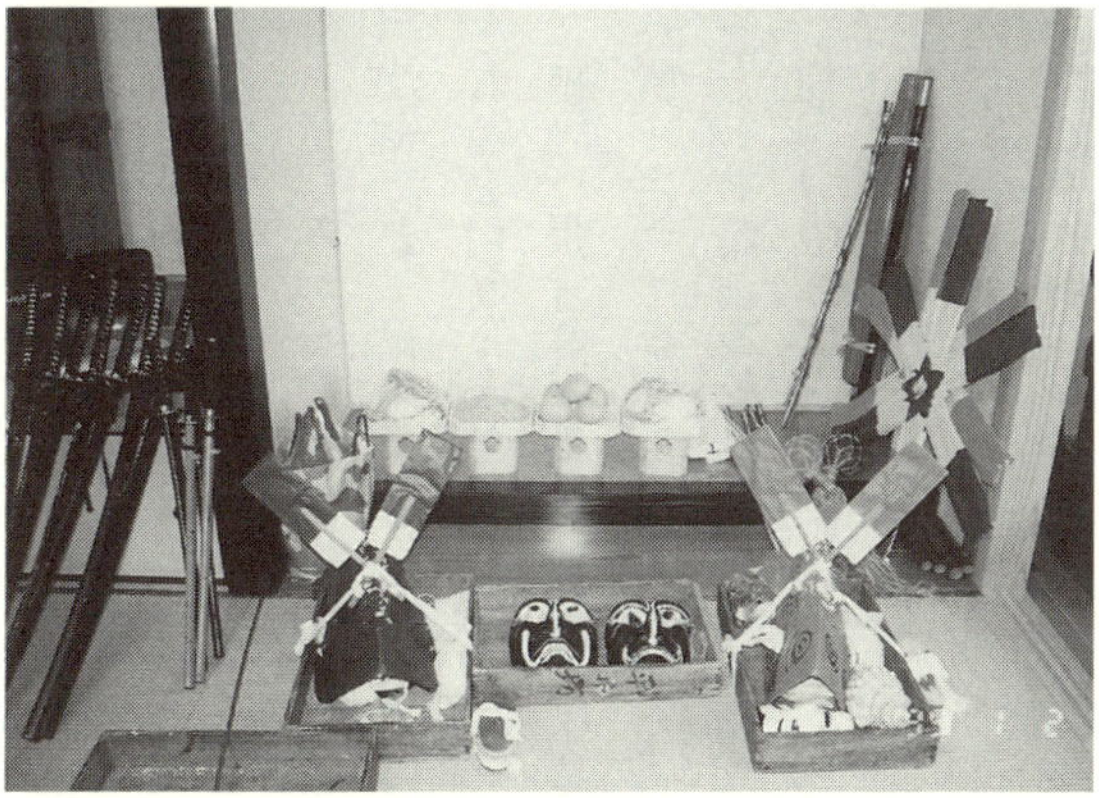

お供えやお道具（平井坊）

鬼副（平井坊前庭にて）

平井坊

ここも建て直されたばかりで新しい。千手観音を安置してある部屋には、餅、籾、みかんなどが供えられ、鬼祭のお道具類がきちんと揃えてあった。たまたま、総代（鬼祭全体の指揮者）の北島勝義さんにお会いして、色々とお話を伺うことができた。

鴨居に張られた紙には、今年の鬼副四名のほか、それぞれの役割を受け持つ数十名の名前が並んでいる。末尾の「右の人々何れも間違ひ無きように心を合わせ請前《うけまえ》を屹度《きっと》相勤むべき也」の文言《もんごん》が印象に残った。

役割の中では、両副《りょうぞえ》二名は祭礼の進行をつかさどり、鬼副を指揮し、鈴《りょう》振《ふり》の童子の指導・世話もするという大変重要な役である。鈴振には、小学一、二年生の男子二名が選ばれ、珍しい「童子舞」を舞う。最近は両副と鈴振は親子でつとめることが多いそうだ。北島さんは、子供の頃は鈴振をやり、若い時には鬼副もつとめられたそうだが、これらに選ばれるのは、とても名誉なことだ、と話して下さった。

修正会鬼祭では、三回の行法が行われる。

「初夜《そや》の行」（二日夜八～十時）
「後夜《ごや》の行」（三日朝五～七時）
「日中《にっちゅう》の行」（三日午後二～五時）

初夜のお上りまではまだ大分時間があるので、私たちは宿に戻って夕食を、と、帰りがけに坊の前庭で鬼副たちを見かけた。赤ギモンの上にアッシ（厚司）を着て、オンゼエゲタをはいた若者たちは、楽しそうに話し込んでいた。中には茶髪の子もいて、いかにもナウい鬼副である。

ちょっと話を聞きたいと、近寄って声をかけているると、後から「いかん、いかん！」と北島さんの声。

「女人禁制だから話しかけてはいかん」

「あ、そうでしたね、ゴメンナサイ」

初夜の行

夜八時少し前に平井坊の吊鐘が鳴る。お上りに先立って、平井坊では、院主《いんじゅ》をつとめられる観世音寺住職・澤純滋師による読経、法要が行われていた。

お上りが始まると本堂では受け太鼓と鉦を鳴らす。ドンドン、ドドン、カンカン、ドドンの音に迎えられて、提灯を掲げた先導の後にお行列が続く。鬼副は、白褌《ふんどし》に赤ギモンで裸足である。一行は本堂に着き、鈴振の童子は、祭壇の両脇に座る。

院主は、両副の一人から抜き身の刀を受け取って仏前に捧げ、辺りを払い、法要が始まった。観音経、般若心経などの読経に続き、珍しい「まね経」「太鼓経」となる。

まね経
これは、院主の唱える経の一節ごとに、終わりの「……とこそありけれ」という文言を堂内の人々が皆「アリケレー」「アリケレー」とまねて唱えるので「まね経」と呼ぶそうで、何ともユニークでユーモラスな命名である。

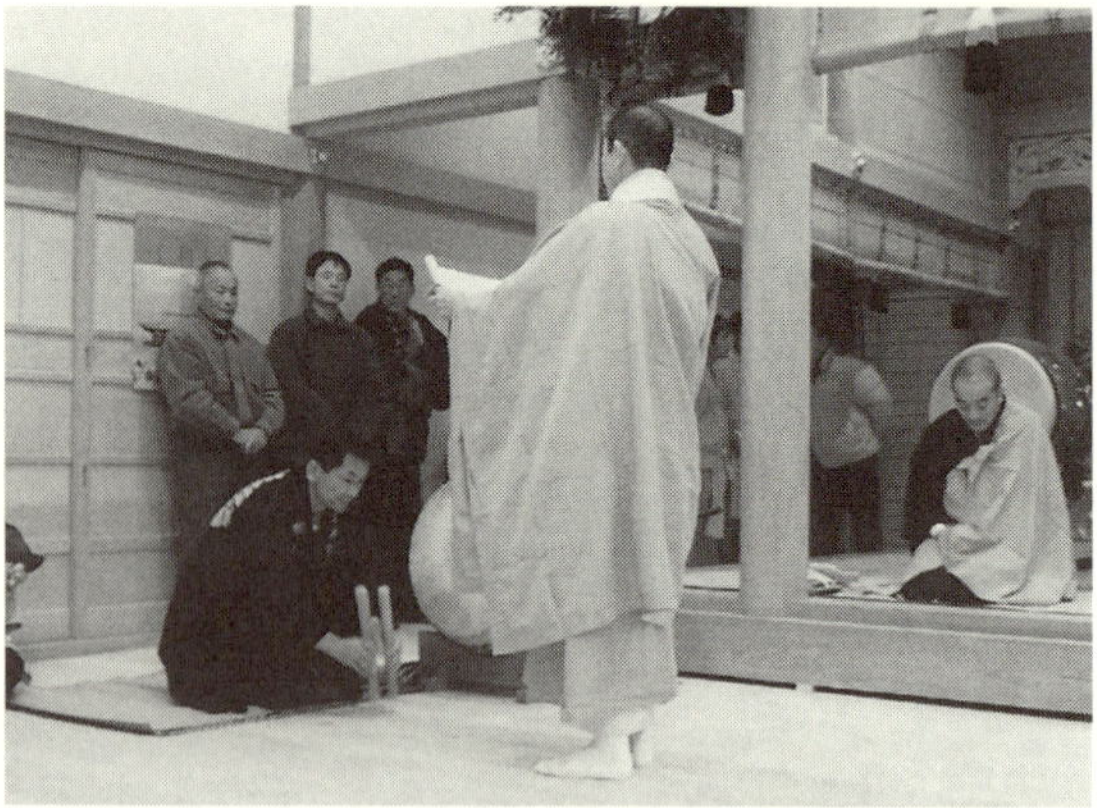

太鼓経

フレイ経

太鼓経

これも一風変わっている。院主が壇から下りて「左奏」（太鼓を打つ人）と向き合って経を読む。すると左奏はそれに合わせて二本のバチでリズムを取りながら床を叩き、太鼓を打つ。

経というより、のびやかな唱え言のような院主の声。トントン、トントンと床を叩く音。ドンドン、ドンと太鼓の音。それらが混ざり合って繰り返されてゆくうちに、次第に力強く大きくなった太鼓の響きが堂内に満ちてくる。

フレイ経

「吉祥天女の御室《みむろ》には……福寿の種をまき給え……ふれりやふれりや、富《ふく》ふれり……」という唱え詞《ことば》があるので、「フレイ経」と呼んでいる。

この時、「魚笠《ぎょりゅう》」を被り面をつけた鈴振の二童子が、経に合わせて腰を低くゆるやかに舞う。二人とも脇差を差している。魚笠は、二つ折の菅笠に赤・緑の色紙を貼り、その上に魚の絵が描いてあるもので、海辺の祭りに相応しい被り物である。向かって右側（東）の子は、赤い笠で男面、左側（西）は緑色の笠で女面をつけている。

童子は、籾を入れた法螺貝を持って舞い、経の終わりに、院主の「ゴダイサン、ゴダイサン（御代参）」の声で、貝を傾け籾を堂内にまき散らす。この頃になると、かなりの人たちが本堂の前につめかけていて、まかれた籾を争って拾う。持ち帰った籾を種籾に混ぜてまくと、稲に虫がつかず豊作になる、と言い伝えられている。いつの時代にも、豊かな稔りを願う人々の心は変わらない。

竹崎の修正会で唱えられたまね経・太鼓経・フレイ経の三つの経は、初めて見聞きしたものだったが、何とも不思議な感じだった。それらは、有り難いお経というよりも、もっと庶民の心に寄り添った親しさや楽しさを感じさせる、いわば、芸能的要素を含んでいる、と言ったら「不謹慎」と叱られるだろうか？……。

サンカラの火

サンカラ
本堂での初夜の法要が終わると、一同は平井坊に戻り、サンカラの行事となる。
坊の前では焚火が赤々と燃え、その周りには白褌の若者たちが集まっており、多くの参詣の人々も暖をとっていた。この火は「サンカラの火」と言われる。サンスクリット語の「サンカーラ」は浄めの意味で、これから始まる火の周りでの胴上げを〝サンカラをかく〟というそうだ。
鬼副も赤ギモンを脱ぎ、裸の若者たちと一緒になって、院主・総代・童子と祭り関係の人たちを次々に胴上げしては激しく揉んで、庭をぐるっと一周する。昔から「サンカラかくと無病息災」との言い伝えがあって、若者たちは「オイデー」「オイデー」と参詣の人たちにも呼びかける。

童子舞の練習風景（平井坊にて）

赤ちゃんや幼な子は、父親に抱かれて一緒に胴上げしてもらっている。びっくりして泣き出す子。ケロッとしている元気な子。皆ほほえましい。若者たちのエネルギーを一杯に受け、サンカラの火に守られて健やかに成長したこの子たちが、やがて祭りを受け継いでゆくのだろう。

次々に木の枝が投げ込まれ、夜空に高く燃え上がる火の傍にいると、身体全体がぽっぽっと火照ってくる。焚火がこんなにも暖かく懐かしいものだったとは……。

夜も更けてきた。平井坊の中では、まだ童子舞の練習が続いていた。大人も子供も真剣な表情である。翌日は後夜の行と日中の行で七つの舞を舞わねばならないので、夜遅くまでの特訓となる。

後夜の行

午前五時五分前、平井坊で鐘を打ち鳴らす。辺りはまだ暗い。昔は、午前三時頃から行われていたそうだから、確かに後夜の行であったわけだ。

初夜の行と同じく、本堂で受け太鼓と鉦が鳴り、お行列が本堂に着き法要が始まる。祭壇の両脇に控えている童子らは、何度もあくびをしている。鈴振に選ばれるのは名誉なことだといっても、年端もいかない子供にとっては、かなりきついだろうと思う。

フレイ経で籾播きをする童子に「うまいぞ」「うまいぞ」と励ましの声がかかる。ここまでは初夜の行と同じことが行われる。法要の途中から、鬼副や裸の若者たちが次々に堂内に入ってきて壁際に並び、みんな寒そうに肩をすぼめて立っている。

大聖棒《だいしょうぼう》の打ち切り

大聖棒（牛玉杖《ごおうづえ》）は、長さ一メートルの樫の若木で、表皮を部分的に剝ぎ取ったもの。これを四十八本で一束とし、藁縄でくくってある。祭りでは四束必要で、これを用意するのも鬼副の仕事である。後夜・日中の行のお上りの時に下鬼が担いで上り祭壇に供える。

この大聖棒の束を、上鬼が「ダイショウ、ダイショウ」と叫んで、堂の階段の最上段に打ち付ける。二度、三度と力一杯打ち付けると縄が切れる。縄が切れ、散らばった大聖棒を手に入れようと、裸の若者や大勢の人々がドドッと殺到し、ひしめき揉み合う。

この棒を床の間や門口に飾ると、無病息災などの御利益があると言われているが、その凄まじさに驚いていた私に、見知らぬ方が一本分けて下さった。大聖棒の打ち切りは、この後の童子舞の間にもう一度行われ、祭りの庭に興奮と活気をもたらす。

鉾突き・鉾くぐり

童子舞の間に上鬼二人によって行う。法螺貝・太鼓・鉦の音が響き、それに合わせて上鬼が、赤・緑の色紙の房をつけた鉾を突き合わせる。

これは、鉾先で〝鬼〟の字を書くつもりで鉾を動かし突き合わせると聞いたが、魔を祓い、災いを除くためであろうか。この突き合わせた鉾の下を、院主、僧侶、童子、両副らがくぐり抜ける。

テンクビョウシ

ビシャラモンボ

童子舞

鈴振の童子は、堂内でのフレイ経の籾播きの後、庭で六つの童子舞をするが、童子たちは庭に下りる時も、堂に戻る時も介添え役の両副に抱かれていた。これは童子が神の憑坐《よりまし》であり、神聖な存在であることを示している。

●テンクビョウシ（天狗拍子？）

二人の童子は、幣《ひゅう》のついた被り物を頭に、共に女面をつけている。左手に末広を持ち、右手に持った鈴《りょう》を振りながら、ゆっくりと舞う。鈴振の名の由来であろう。

「トントロ、シャッキリ、トン」の院主の声に合わせて舞い、反閇《へんばい》に似た所作をする。

フレイ経の時の被り物の魚笠と同じように、鈴も末広も、東側の陽を表す童子は赤、西側の陰を表す童子は緑と定められている。

●ヒザツキ（膝突き）

前のテンクビョウシと同じ装いの童子が向かい合って足踏みし、先ほどと同じような所作を繰り返し、右、左の膝を折って交互に地面を突く様子に、韃靼《だったん》の踊りを思った。

●ビシャラモンボ（毘沙羅門棒）

魚笠を被った童子が大聖棒を構えて、何かを打つような、払うような所作を繰り返す。この時「ビサラモムハーウ」という呪文が唱えられる。聖なる杖で悪を打つの心か。

●オキナ（翁）

童子二人が大聖棒を地面に立てて持ち、翁面をその上にのせて、院主の唱える詞に合わせて面を傾け、肯くような所作をするだけである。

「翁丸らは、翁ながらや生まれけん、なよい、うよい……」。これを〝オキナをする〟と言っているようだ。そのことの意味はよくわからないが、翁と言えば猿楽などの〝翁〟と共通の、神霊の示現としての翁が、祭りの場で祝福を与えているようにも見える。この翁面を祭礼の始まる前に平井坊で拝見したが、国東の成仏寺の修正鬼会で用いられている「鈴鬼」の面と実によく似ていた。

ショウレンゲ・シャクレンゲ

●ショウレンゲ（青蓮華）・シャクレンゲ（赤蓮華）

この舞で童子が手にしているのは、長さ九〇センチほどの割竹の中心を重ねて、矢車のような形に留めたもので、それに緑の紙と赤の紙が貼ってあり、それらは青（緑）と赤の蓮の花を表している。

赤い魚笠を被った童子は赤蓮華を、緑の笠の童子は青蓮華を頭上にかざして舞う。「吉祥天女の御室には……」と、ここでも吉祥天を称える唱え詞に合わせ、ゆっくりと回りながらの舞である。

●ゴダイフンヌオー（五大忿怒王）

童子舞の最後は、密教で祀る五大明王の名を唱えて悪鬼を祓う意のものである。

両副が腰の刀を抜いて二童子に与える。「おーら、五大忿怒王」の院主の

ゴダイフンヌオー

声に、童子は抜き身の太刀を持って構え、刃を海の方に向ける。これは、この後に行われる「鬼追い」の行事に先立って、海中の鬼を調伏《ちょうぶく》するの意とされる。

竹崎の修正会鬼祭の特色の一つは、以上の童子舞なのだが、往古、観世音寺が栄えていた頃は、舞手は童子だけではなかったであろう、と言われている。

これらは皆、動きの少ないゆっくりした舞であって、子供にとっては、それなりに難しいものであろう。眠いのも堪《こら》えてしっかりと舞う童子を、院主の優しいまなざしが見守り、周りから沸き起こる拍手が温かく支えていた。

神は、無垢なる幼き者を愛で、そこに顕れ給う、と昔から人々は信じてきた。それ故に、かなり古い時代の面影を残すこれらの舞が、童子の舞として今に伝えられていることの意義は大きいと思う。

鬼追い

この祭りのもう一つの特色は、「鬼追い」と称する勇壮な裸祭である。これは後夜の行と日中の行で、共に、最後に行われる祭りのクライマックスである。その起源や由来は明らかではないが、次のような面白い話が伝えられている。

竹崎の東の端にある「夜灯鼻《やとうばな》」（灯台がある）の沖に住む鬼と、観音堂の箱の中に閉じ込められている鬼は夫婦鬼である。この二匹の鬼が、旧暦正月の満潮の時に互いに呼び合う。もしも、二匹が出会うと島が転覆するというので、村人がそれを妨げるために大声をあげて走り回り、島を一大事から守るのだ。言い伝えにもあるように、鬼追いは本来旧暦で、潮の具合によって行われてきたものだが、後に新暦の正月五日・六日となり、また最近は若者たちが島を出て働いている事情もあって、正月二日・三日と変わってきている。

また、昔はこれと異なった鬼祭があったことが江戸時代の記録に残されている。

昔、正月六日に鬼祭があった。白布の袋に人を入れて口をくくり、鬼面をかけさせ、拝殿におどり出れば、人々は首に縄をつけて辺りを引き回し、子供たちは、竹の枝などでこの鬼を打ち叩く……。

これは各地に伝わる追儺の鬼やらいのパターンである。それがいつの頃から現在の鬼追いの形になったのかはわからない。しかし、祭りも時代と共に少しずつ変わってゆくのは、ごく自然なことなのかもしれない。竹崎の修正会鬼祭も仏教や日本の古い民俗や、陰陽道の考え方も加わって、海辺の祭りにふさわしい、より庶民的なものとなって今日に至ったのであろう。

行事の様子は、日中の行で述べることにする。

後夜の行が終わったのは朝の七時頃であった。私たちは宿に戻って朝食をとり、昼頃までひと眠りした。

日中の行

穏やかな正月三日の午後、人出もこれまでよりずっと多く、境内には綿あめ、たこ焼きなどの屋台も何軒か出て、どこでも変わらない祭りの賑わいである。けれども、昔はもっと店も多かったし境内も人で溢れていた、と地元の人の話。

お上りの行列

この島の人々は、観世音寺を寺というよりも産土神のように思っているそうだ。安産祈願や赤子を抱いてのお詣り、さらに人生の節目ごとに詣でるこの寺を、土地の人たちは「おかんのんさま」と呼んで親しんでいる。

日中の行は後夜の行と全く同じことが行われるが、三座の行の締めくくりであり、参詣・見物の人も多いので皆一段と張り切っている。

お上り

初夜・後夜のお上りの時は暗くて見えにくかったが、日中は見通しも良く、細かいところまでよくわかった。先導、上鬼、下鬼、捻《ひねり》、両副、鋏箱、高張提灯、傘、院主、僧侶、鈴振、面箱、幣《ひゅう》など童子舞のお道具類、平井坊の人々と行列が続く。

この中の幣は、大聖棒の柄をつけたザルの周りに五色の紙を細長く切った幣をつけた華やかで美しいもので、童子舞の時の被り物にもなる。鈴振のお道具と幣を持つのは子供の役目となっているが、この日、お母さんに抱かれた幼児がしっかりと幣の大聖棒を握っているのが愛らしかった。鬼副の上鬼は鉾を持ち、下鬼は大聖棒を担ぎ、共に幣の一片を口にくわえている。

日中の行も予定通りに進んで、いよいよ最後のクライマックスの鬼追いとなる。

鬼追い

白褌の若者たちはみんな庭に出て待機している。

院主の「鬼ヨー。鬼ヨー」の声。太鼓が鳴る。本堂奥の鬼小屋から鬼副に守られた鬼箱が出てきた。鬼が閉じ込められているという鬼箱には、紅白の縄がかけてある。

裸の若者たちは、赤ギモンの鬼副をどっと取り囲みスクラムを組む。鬼箱を守り、何とか境内から脱出しようと奮闘する四人の鬼副。そうはさせじと、喚声《かんせい》をあげて鬼箱に突進する若者たち。激しい揉み合いで引きずられる者、転がる者。

砂ぼこりが立ちこめる。

手桶の水が勢い良く若者にかけられ、若者の紅潮した身体から湯気が立つ。力と力がぶつかり合う叫び声。鉦・太鼓・法螺貝の音。それらが入り混じり、響き渡り、若者たちの興奮はさらに盛り上がる。

鬼追い

こうして、堂を三周するその攻防の荒々しさに、見物の人々は巻き込まれないようにと、あっちに避け、こっちに避けて逃げ回る。三周目に、脱出をあきらめた鬼箱は再び堂の中に戻り、この年も島の安全は守られることになって、鬼追いは終わる。

大聖棒の奪い合いも鬼追いも、ふだんは割合におとなしい最近の若者の、どこにあんなエネルギーがあったのか？　と思うほどの迫力だった。鬼副の赤ギモンは、祭りの終わる頃にはボロボロになるというのも宜《むべ》なるかな、である。日中の行もすべて無事に終わったが、しかし、鬼副にはまだ仕事があった。

堂洗い

祭りの後、潮が引くように人々が去った夕方、寺の石段を下りた先の海岸で鬼副たちの姿を見かけた。本堂の床を洗うために、長い竹竿の両端にバケツをつけ、海水を汲んでいる。

二つのバケツの中の海水をこぼさないようにバランスを取りながら、しかもオンゼエゲタをはいて、かなり急な石段を上って行くのは、ずいぶんきついことだろう。それに、鬼祭の三回の行でかなり疲れているだろうに……。そう思いながら、近づいて鬼副の顔を見て驚いた。上鬼・下鬼とも、男鬼は髭を描き、女鬼は紅をつけ、化粧をしているのだ。

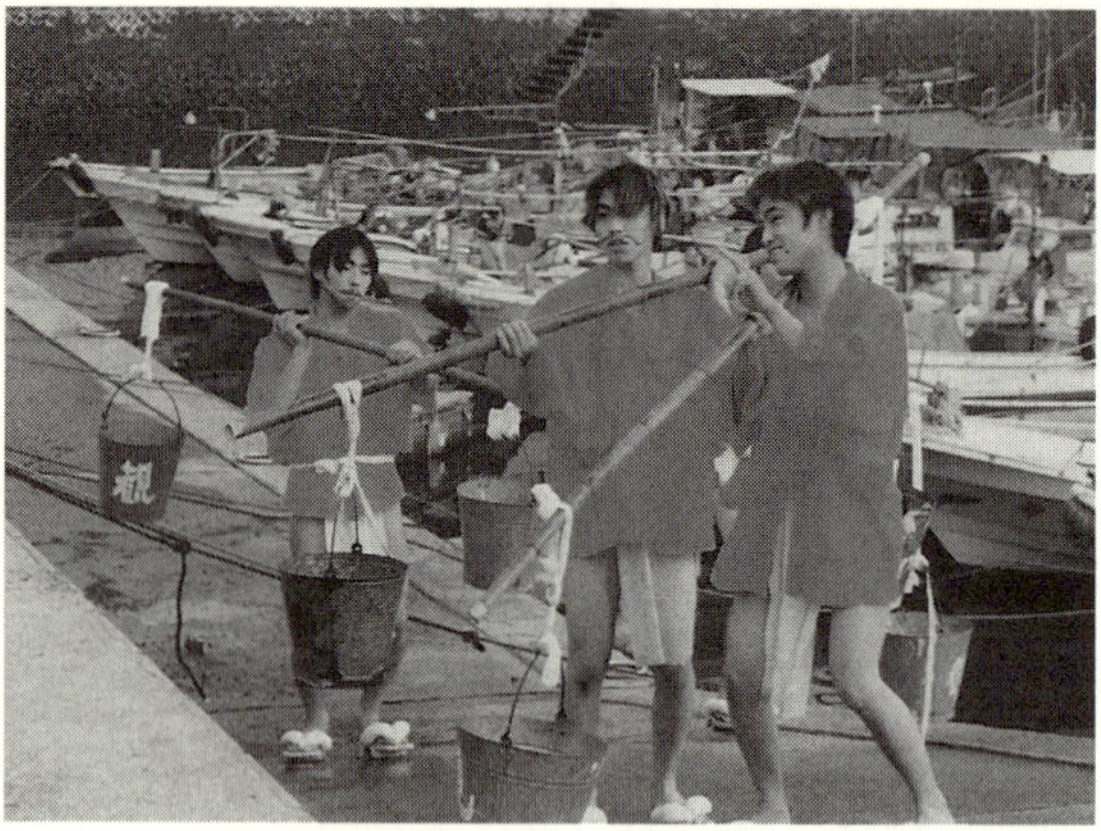

潮汲みを行う鬼副

その近くには、若い娘が何人かいた。彼女たちは鬼副の同級生や友人で、鬼副たちに化粧を施した娘たちであった。なぜこうするのかはわからないそうだが、昭和の初めの頃からの風習なのだという。それは、鬼副としてのつとめを立派に果たした若者へのご褒美のように私には思えた。

私が竹崎の修生会鬼祭に特に関心を持った理由の一つは、竹崎の若者組と鬼の忌屋の存在を知ったからであった。これについてはＮＨＫテレビの「ふるさとの伝承」（平成七年十二月二十四日放送）で、かなり詳しく取材してある。鬼の忌屋は、女人禁制はむろんのこと、関係者以外は立入禁止なので、この放送は大変参考になって有り難かった。

堂洗いをすませた四人の鬼副は、家に戻り赤ギモンを脱いで着替え、鬼の忌屋に行く。入口で「大将さん、

大将さん、今夜から若者会に入れてくんさい」と挨拶を三回繰り返す。祭礼の間は、平井坊付きであった鬼副は、ここで大将の許しを得て、また若者組の仲間に戻ることとなる。

鬼祭での鬼副たちは、祭礼の進行の連絡や、なかなかおみこしの上がらない若者頭への催促と、平井坊・本堂・鬼の忌屋の間を実に頻繁に往復させられる。その度に大将に述べる口上も一回では叶わず、三回も五回も繰り返さなければならない。終わり方には、もう声がかれてしまう。そして鬼追いでは、力の限りを尽くしてのぶつかり合いとなる。さらに最後の堂洗い。

こうして、かなりの辛抱と努力と体力を要する役目をやり遂げた時、彼らは大きな喜びを知り、一人前の若者としてあらためて迎えられるのだ。これは竹崎に限らず、各地に残る祭礼は、ほとんどが地域共同体におけるいわば通過儀礼・成人儀礼の場としての役割をも果たしながら伝えられてきたのだと思う。

人として生まれ、成長し成人となる過程で、昔から様々な形での通過儀礼があった。困難に耐え、それを自分で一つずつ克服してゆくことで、生きる力と知恵を身につけ、同時に周りとの協調・協力の大切さも学んでいく。もちろん、時に厳しく、時には温かい大人たちのまなざしに見守られ、支えられてのことである。そのようにして、人はそれぞれの集団・社会の一員として認められる。だからこそ祭礼の場は、ハレの場＝晴れ舞台でもあるわけだ。

そして竹崎では、夫を亡くした婦人が心をこめて縫った赤ギモンはまさに鬼副の晴れ着であると言えよう。一様に着飾って、成人式に出席することで成人になった、と本人も周囲も勘違いしている昨今の状況とは本質的に異なっていると思う。

かつて島は潜水漁法によるタイラギ漁が盛んであったが、時代の推移と共に漁も減り、若者のほとんどは外に出て港湾工事などに従事しているという。しかし、竹崎で生まれた若者は、鬼祭のために「暮れの三十日までには島に帰ってくること」と定められているそうだ。ふるさとに帰った若者は、旧友たちと再会し、祭りにエネルギーを燃やし若さをぶつけ合う。

夕方、堂洗いの潮汲みをしていた鬼副たちは実に晴れ晴れとした表情だった。それを見て、(あ、これが若さなのだ)と感じ、「ふるさとの伝承」で見た鬼副の会話を思い出した。

祭りの後、彼らの一人が「自分の子供がその歳になった時、語ってやることができるからナー」と語る。「うん」とうなずく仲間。それだけで心が通じ合っている若者たち。

語ってやること――それは、ただ話してやるということではなく、子供たちに自分の思いを、祭りの心を伝えてゆくことであろう。彼らも先輩や親たちから、様々なことを聞き、教えられて育ってきた。

そして一つのハードルを越えた時には、彼らはもうずっと未来を見ている。やがて自分が親になった時、その子にいのちのバトンを渡すだけでなく、自分たちが受け継いできた魂のバトンをしっかりと手渡すことを、その日のことを……。

夕暮れの色が、祭りの余韻のただよう島に静かに広がっていった。

玉垂宮の鬼夜

〔国指定重要無形民俗文化財〕
福岡県久留米市大善寺町・大善寺玉垂宮
問合せ▼大善寺玉垂宮☎0942－27－1887

玉垂宮社殿

大善寺玉垂宮《たまたれぐう》——。福岡県久留米市大善寺町にあるこの宮は、正月七日夜の壮大な火祭り、千数百年の伝統があると言われる「鬼夜」で有名である。

筑後国三潴《みずま》庄の鎮守として古い由緒のある神社で、御祭神は玉垂命《たまたれのみこと》・八幡大神・住吉大神。

玉垂命（藤大臣・高良《こうら》玉垂命とも）は、仁徳天皇の時、高村（大善寺の古名）に下り来て筑紫を治め、この地で没し祀られた。その宮を「高良玉垂宮」と称したという。後に法相宗《ほっそうしゅう》の寺として「御廟院高法寺」と号し、さらにその後、神仏習合の寺として「大善寺玉垂宮」と呼ばれた。

明治の神仏分離令によって神社「玉垂宮」となったが、今も境内には鬼夜行事で使われる鐘楼や阿弥陀堂（鬼堂）などが残されている。

平成十二年一月七日——。風は冷たいが、快晴の祭礼日和の午後。

祭りのハイライトの大松明《たいまつ》六本がでんと並び、鬼堂の前には夜の「鉾面《ほこめん》神事」の仮設舞台もあって、準備万端整った境内を法被《はっぴ》姿の人たちが行き

祭りの始まりを待つ大松明と鐘楼

交っていた。

前の年の暮、保存会会長の光山利雄さんにお目にかかり、玉垂宮や「鬼夜」のことについてお話を伺ったが、「鬼夜」は夜の松明行事だけでなく、昼の神事もぜひ見学するように、と勧めて下さった。

昼の神事

鬼面尊神渡御《きめんそんしんとぎょ》

「鬼面尊神」とは、「鬼夜」の主祭神で、漆塗りの箱におさめられている鬼の面というが、箱を開けることは固く禁じられていて、いまだにそれを見た者はないそうだ。

午後一時を過ぎると、祭りの関係者、役員たちが手を浄め威儀を正して拝殿に上る。

拝殿に据えられた「男鉾」「女鉾」が目を引く。これは夜の「鉾面神事」に用いられるもので、長い鉾の先に白い御幣がびっしりとつき、玉のように丸くなっている。

修祓《しゅうばつ》、大祓、献饌《けんせん》、祝詞《のりと》奏上、玉串奉奠《たまぐしほうてん》と続き、参列者は御神酒を頂く。

その後、神殿の奥から「鬼面尊神」と呼ばれる黒塗りの箱が出る。勾当《こうとう》職の川原家が箱を捧げ持ち、同じく勾当職の赤司家が浄めの水をまきながら先導して、しずしずと境内の鬼堂へと向かう。その後ろに宮司、関係者や役員らが続いての渡御である。

鬼堂に「鬼面尊神」が安置され、修祓の後「鬼面尊神の神移しまつりて……」と祝詞の奏上。参列者一同が御神酒を頂いて渡御の儀が終わる。夕方の還御《かんぎょ》までの間、人々が去った鬼堂では川原家の人が「鬼面尊神」を守って控えている。

鬼面尊神還御

午後四時になると、また鬼堂での神事の後、「鬼面尊神」はお行列を従えて神殿へお還りになる。拝殿での還御の式では、鈴を鳴らして「上の山に栄えあれ」と唱えて米をまく「種蒔き神事」が行われて昼の神事が終わった。

これらは「鬼夜」の主祭神の御神幸であり、五穀豊穣を祈る予祝神事でもあって、夜の華々しい火祭りとは対照的な静けさであったが、それだけに印象に残るものだった。

拝殿内の男鉾と女鉾

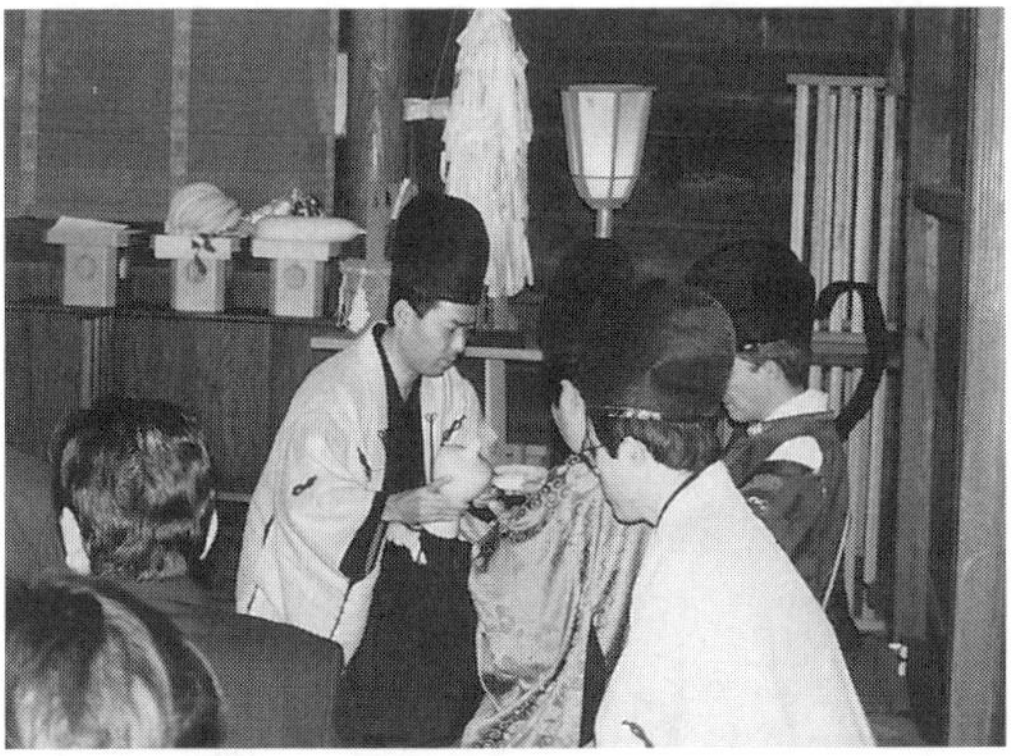

鬼堂での神事

鬼面尊神還御

勾当職と鬼夜行事

勾当にはいくつかの意味があるが、平安時代、寺院において別当の下で寺務をつかさどる役僧を勾当（勾当法師）と呼んでいた。

玉垂宮の「鬼夜」の祭りは、大晦日の夜から始まっている。宮司が斎戒沐浴《さいかいもくよく》して、燧石《ひうちいし》でとった御神火（後に鬼火となる）を守って、神殿で七日の間、天下太平、五穀豊穣、家内安全、災難消除と、もろもろの祈願をする。

そして一月七日、満願当日の「鬼夜」行事では、勾当職の川原家・赤司家が主となって仕切り、氏子一同が満願のお礼として、盛大な火祭りを行うのである。

・川原家は「鬼面尊神」の神事、鬼堂の守りなど鬼の神事をつかさどる。

・赤司家は、汐井汲み、鬼火、鉾面神事をつかさどる。

と役割が決められていて、いずれも世襲である。

昼の神事がすんだところで、祭りの関係の方から色々説明して頂いた。そのあらましは――

●大松明《おおたいまつ》

夜の出番を待つ六本の大松明は、正月四日に六地区の氏子たちが総出で作ったもので、長さ一三メートル、頭部の直径一メートル、重さ一二〇〇キロもあるという巨大なもので、太い孟宗竹《もうそうちく》三本を中心にして周りを真竹で囲み、三六五（一年の日数）の縄目で締め上げて作るが、縄の結び方も七・五・三と決まっている。頭部の「火口《ほぐち》」には杉の葉が入れてあり、尾には、移動する時に方向を定めるための「尻引綱」がつけてある。

●カリマタ

長さ三メートル半位のY字型の樫の棒四、五十本が大松明の頭部の両側を支えて立っている。一本の大松明を動かすには、カリマタを持つ「松明廻し《たいまわし》」と呼ばれる若者数十名、尻引綱の二、三十名が必要だが、この他にも行事のために定められた役割が各地区ごとにある。

・惣裁判《そうさいばん》（夜の行事の総取締役）
・棒頭達し《ぼうがしら》、同助手（進行係）
・棒頭（鬼の警護）
・赤鉢巻（松明を動かすベテラン）
・手々振《てでふり》、同助手（松明責任者）
・太鼓、鐘（中学生）
・赤熊《しゃぐま》（小学生、鬼を囲んで守る）

夜の行事

夜、七時過ぎ頃になると、白鉢巻に白褌《ふんどし》の松明廻しや法被姿の人たちが次々と宮に集まってきて、出店の並んだ参道を行き来する見物の人々の姿も多くなり、祭りの気分が次第に満ちてくる。

汐井汲み（汐井口開け）
社殿での神事の後、午後八時になると、大太鼓を合図に「汐井汲み」が始まる。
拝殿から二本の手松明の先導で、提灯を持った締め込み姿の役職者二十名ほどの一行が、汐井桶を担ぎ、宮の前を流れる広川（霰川《あられがわ》）に向かう。川の中ほどに、笹竹で囲み、注連縄《しめなわ》を張った汐井場が設けてあり、一行は禊《みそぎ》をしてから汐を汲み神前に運んで供える（この汐井の水で二月十一日に粥《かゆ》を炊き、四月十一日の御田祭

汐井汲みの一行

川の中の禊場へ向かう

の日に粥占いを行う）。

さて、「汐井口開け」を待っていた何百人もの裸の若者たちは、小松明、提灯をかざして禊場へ走り、そして社殿まで駆け、また川へ、と二周する。「オイサ！　オイサ！」の威勢の良い掛け声と共に、提灯と松明の灯が参道から社殿へと激しい流れのように続き、うっかり近寄ったら跳ねとばされそうな勢い。

「オイサ！　オイサ！」

とぎれることのない大合唱。小学生位の子も松明を手に懸命に走っている。お父さんに背負われた幼い子のつぶらな瞳。

「オイサ！　オイサ！」

この子たちの未来に光あれ！

松明廻しの勢揃い

午後九時、一番鐘の合図で境内の灯がすべて消される。暗闇の中、一番松明から順に、松明を持った手々振を先頭に、社前で直会《なおらい》をした松明廻したちが、それぞれの大松明の所に勢揃いする。社殿に近い方から一番、二番と並んでいる。

大松明に点火

九時半近く、二番鐘が鳴ると神殿から「鬼火」が出る。この「鬼火」とは、大晦日からこの夜まで守られてきた神火を小松明に移した浄火である。鬼火は棒頭、赤熊に守られてしずしずと進んで一番松明に点火される。その瞬間、静まり返った境内の闇を突き破って、六本の大松明はたちまちに巨大な火の龍と化す。「グオン、グオン！」と叫び声をあげて龍は真紅の炎を吐き続ける。

「わあ！　わあー。すごーい！」

沸き起こる喚声。どよめく人の群れ。竹の炸裂する激しい音。厳寒の夜空を焦がす炎は思うさま火の粉を放つ。何という壮観！

大松明に照らし出される鬼堂

熱い！　熱い！　容赦なく押し寄せる熱気と火の粉を避けて見物の人々は走り回る。

その最中に「鉾面《ほこめん》神事」が行われるが、これは祭神の玉垂命（藤大臣）の武勇を伝える「鬼夜」の由来と深いかかわりがある。

仁徳天皇の頃、肥前の国の桃桜沈輪《ゆすらちんりん》という者が悪徒を集めて、この地の田畑を荒らしたり、略奪をして民、百姓を苦しめたので、帝は藤大臣（玉垂命）をこの地に遣わされた。正月七日にはほとんど退治したが、夜になっても首領の沈輪の行方が知れないので、松明で赤々と照らし、鉾で水中をさぐり、ついに探し出してその首を討ち取った。首は虚空に舞い上がったので、大臣は矢で射落とし、茅を集めて焼き払った。これが鬼夜の始まりである。

鉾面神事

激しく燃え続ける大松明と鬼堂の間に設けられた十六畳位の舞台での神事だが、「鉾取った」「面取った」「そら抜いだ」の三つの場面で構成されている。

●鉾取った

赤・青の天狗面をつけ刀を差した二人が、鉾持ち（二名）から受け取った鉾（男鉾・女鉾）を突き合わせる。鉾持ちは「鉾取ったー」と、その鉾を奪い取って鬼堂へ持っていく。

●面取った

天狗面の二人は向き合ったままで刀の柄《つか》に手をかけ、寄ったり退いたりしている。傍らにいた鉾助（二名）は「面取ったー」と赤・青の天狗面を奪い取って鬼堂へ駆けこむ。

●そら抜いだ

面を取られ、素面となった二人はそのまま向き合っている。「そら抜いだー」の掛け声に腰の刀を同時に抜き、すぐ鞘におさめて鬼堂へ去る。

この魔払いの神事は、わずか六、七分位で、あっという間に終わってしまい、少々拍子抜けした。しかし、玉垂命が桃桜沈輪を退治したという話と合わせて考えてみると、何となくわかるような気がした。

この寸劇の神事は非常にシンプルではあるが、それだけに昼の「鬼面尊神」の神事と共に鬼夜の行事の中では、かなり古い形を留めている重要な部分であるように思える。

大松明動く

鉾面神事が終わると同時に、「ゴン、ガン」「ゴン、ガン」と鐘太鼓が一斉に鳴り響き、一番松明から動き始めた。燃え盛る大松明の下で、火の粉を全身に浴びながら、カリマタで支え上げ渾身の力をこめて松明を動かす裸の若い衆。そして、長い尻引綱をひく人々。

「ゴン、ガン！　ゴン、ガン！」

「オイサ！　オイサ！」

大松明動く

乱打の鐘、太鼓の音と掛け声が入り混じり辺りを揺るがす。
「ゴン、ガン！　ゴン、ガン！」
「ワッショイ！　ワッショイ！」
皆の心と力が一つになって、火を吐く巨龍は闇を照らしながら進む。

鬼の禊

気勢をあげながら大松明六本が次々に神殿の西側へと移動すると、鬼が籠もっている鬼堂の周りは真っ暗闇となった。赤熊の子供たちは、鬼堂の壁や床下を棒で叩いては「鬼出ろ！」「鬼出ろ！」と口々に叫んでいる。

見物の人たちは大松明に気を取られているので、鬼堂の辺りにはほとんど人影がない。

頃合いを見て、堂の横の扉がそっと開き鬼が出てくると、赤熊がすぐさま大勢で取り囲み、人目につかないようにして堂の周りを七回半まわる。堂を回った鬼は、やがて鐘楼の下から楼門の方へとひそかに移動し、物陰で待機する。

その頃、神殿の東側では、一番松明から小松明に火を取って、それをすぐに地に叩きつけて火を消す、という「火取神事」がある。小松明の青竹は、翌年の一番松明（順送り）の芯に用いるという。それは、毎年の火祭りが代々受け継がれてゆくことの芯、つまり、核としての意味をも含んでいるのだろうか。

「火取神事」の後、一番松明は炎を吐きながら走り出し、一気に惣門を駆け抜けて、汐井場で火を消す。すると、それまで物陰にじっと身をひそめていた鬼は赤熊に守られて汐井場に行き、禊をしてから、また闇にまぎれて神殿へ戻る。鬼が神殿に戻った後、二番松明以下が動き出し下向坂《げこうざか》を下る。

十一時を過ぎた頃、厄鐘が七・五・三と打たれ、大松明の火は次々に消されてゆく。

闇と光、静と動の鮮やかな対比と迫力で人々を魅了した祭りは終わり、やがて、宮はいつもの暗闇と静寂に包まれた。

神と鬼の不思議な関係

私は、この祭りの「鬼」と「鬼の禊」に特に関心があった。

それについて光山さんは、ここの「鬼」は一年の間に氏子の様々な悩みや苦しみを一身に引き受けて、鬼のような姿になった「神」が年の初めに霰川で禊をして「神」に戻る、と話して下さった。そして、その姿を決して人に見られてはいけない、と。確かに、この夜の鬼の行動は、人々が壮大な炎の饗宴に見とれている間に暗闇の中でひそかになされていた。古来、オニ（鬼）はオン（隠）であるとも言われるように、その姿を人目にさらさないことになっている。

また、オニとカミ（神）は同義であるという説があり、オニもカミも善・悪の両面を持つこともよく知られている。鬼にかかわる各地の民俗芸能・祭りなどでも、単に追われ誅せられる悪鬼だけではなく、鬼は祖霊であったり、邪を祓う鬼神であったり、幸いをもたらす善鬼であったりと、多様な存在である。

とは言え、玉垂宮の神↕鬼という関係は、かなり変わっている。

この神は、遙かな高みにあって、あらゆる人々の切なる祈りや願いを聞くという超越的存在ではない。むしろ、人間のすぐ傍にあって、その苦しみ悲しみに共感し、救いの手をさしのべている。それは菩薩の心とも言えるが……。

しかし、あまりにも人間に共感し過ぎた神は、その業苦、もろもろの罪、穢《けが》れを引き受け、その重荷を一身に負うことになる。そして、ついにはおぞましき鬼の姿となった身は、正月の禊によって一切を祓い、また神となる。そしてまた次の年も、その次の年も……と、人間をめぐって神と鬼の不思議な因果の小車《おぐるま》は回り続けるというわけだ。

「鬼面尊神」も「鬼の禊」もよくわからない謎の部分があって、その解釈も様々であろう。ともあれ、神仏習合の名残を留めるこの祭りが、かなり古い時代から大切に受け継がれているのはすばらしいことと思う。

しかし、よく言われることだが、若者や子供の数が年ごとに減り、一方、かつての共同体の意識も、人々の価値観も変化している時代に、昔と同じように祭りを続けるのはかなり大変なことのようだ。

玉垂宮の場合は、まず「鬼夜」の保存会の組織がしっかりしていて、それぞれの役割がきちんと守られているのが、あれだけの規模の祭りを伝え続けられる第一の理由だろう。さらに、祭りを支え、祭りに参加する氏子・地域の人たちの誇りと心意気が、何よりも大きな力となっている。

この日、境内でたまたま出会った方もそうだった。幼い頃から、おじいさんに連れられて祭りに出ていたというその人は、

「ええ、わたしも、息子たちを赤ん坊の時から背負って祭りに出ましたよ」

「今はもう、その二人が松明廻しをやってますよ」

――それは心強いこと。立派に後継ぎが育って良かったですね――

「けど、私たちは祭りの行事を伝えるだけでなく、何というか……祭りの……そうそう、祭りの心を伝えていきたい、いや、伝えなければいかんと……」

熱く、熱く語るその人の中に、頼もしく、とても爽やかな日本の男の心意気を感じた。

それは、遠く懐かしい灯のように、私の心をほっとした思いで満たしてくれた。

天念寺修正鬼会

〔国指定重要無形民俗文化財〕
大分県豊後高田市長岩屋・天念寺
問合せ▼豊後高田市観光協会☎0978-22-3100

国東《くにさき》半島の西の付け根に当たる豊後高田市の天念寺《てんねんじ》では、毎年旧正月七日に修正鬼会《しゅしょうおにえ》が行われる。

修正会は、もともと「正月に罪や穢《けが》れを祓って豊作を祈願する」という民俗行事が仏教化した法会《ほうえ》とされているが、そこに登場する鬼は、一般に邪悪なものの象徴として追い払われることが多い。いわゆる追儺《ついな》、鬼やらいの形である。

けれども、国東の修正鬼会では、鬼は神仏の化身であり、また祖先・祖霊とも考え、ここ天念寺の鬼会は、祖先に会って共に楽しく過ごすことなのだという。

その話を聞いた時から、私は国東の鬼さまにぜひ会いたい、と思い続けて、やっとその折に恵まれた。

天念寺講堂

平成十年二月三日——。

「東に比べて、西の天念寺の鬼会は相当に荒っぽいと言われとりますから……」

この日、ずっと案内して下さった地元の脇谷末雄さんはまずそう言われた。「え!?」と一瞬緊張したが、氏のニコニコと楽しそうな様子にほっとする。

六郷満山《ろくごうまんざん》と鬼会

宇佐八幡宮の神領であった国東の六つの郷（来縄《くなわ》・田染《たしぶ》・伊美《いみ》・国前《くにさき》・武蔵《むさし》・阿岐《あき》）に、天台宗の寺が最盛期には六十五カ寺も建立され、六郷満山文化と呼ばれる絢爛たる仏教文化が華ひらいたのは、平安時代のことであった。

六郷山での「修正鬼会」がいつ頃始まったかは明らかでないが、伝説では、六郷山の開基とされる仁聞《にんもん》菩薩が養老の頃、国家安穏、五穀成就、息災延命などを願って「鬼会式」六巻を六郷山の僧たちに授けた。満山がこれに従って祈願の大法要を行ったのが初め、と伝えている。

そして、古代から近世まで六郷の寺院それぞれが盛大に修正鬼会を行っていた時期もあったが、現在は、西の天念寺が毎年旧正月七日に、東の成仏寺（旧正月五日）と岩戸寺（旧正月七日）は一年おきに交代で行っているのみである。

昼の勤行

夕方五時頃に、長岩屋山天念寺の講堂に着く。堂内では、長安寺住職（天念寺兼務）の松本文尋師が院主《いんじゅ》をつとめられ、無動寺・高山寺・胎蔵寺・富貴寺など十カ寺の僧侶十二名による読経が続いていた。昔の鬼会は、日暮れから始まり夜明けまでかかっていたが、今は、午後三時頃から「昼の勤行《ごんぎょう》」ということで、差定《さじょう》（プログラム）の一部の読経・声明《しょうみょう》を行っているそうだ。

荘厳《しょうごん》された堂の奥におわします薬師如来。白く清々しいお姿、螺髪《らほつ》の青が冴えて美しい。祭壇の両脇の柱には、榊・蕪・大根・人参などがくくりつけてある。祭壇に供えてあるもので、目についた主なものは、

●大鏡餅

縦三〇センチ、横五〇センチ位の長方形の餅に、ツルシバ（ユズリハ）、モロムキ（ウラジロ）を添えて、井桁に組んだ青竹で挟み、内陣正面の小壁に飾ってある。

●鬼の目

一五センチ位の平べったい丸餅を大鏡餅と同様に竹に挟んだものが四個、本尊の前の長押《なげし》に吊してある。これを「鬼の目」と言い、鬼会の終わり頃に、「災払鬼《さいばらいおに》」「荒鬼《あらおに》」が、堂内を回った後に二個ずつまくことになっている。この時祭りは最高潮に達する。

●鬼面……災払鬼（赤）・荒鬼（黒）

この二鬼には角がなく、牛のように大きな耳がついている。金色で飛び出た大きな目も、恐ろしい鬼の顔というより何か大きな力を感じる。

●鈴鬼《すずおに》……男・女面

天念寺講堂

薬師如来の祭壇

大鏡餅

白く、はっきりとした目鼻立ちの若い男と女の面。
●ガラガラ（ウチワ）
豆太鼓のような形で、中に米が入っていて振ると音がする。鈴鬼が持って踊る。
●香水棒《こうずいぼう》
櫨《はぜ》の木で作った長さ約九〇センチ、太さ五センチほどの白い棒で、木肌を薄く削った花のような削りかけが四段になっている。真っ白い清らかな〝ケズリカケ〟は、滝の水しぶきや稲の花を表したものとされる。
●小松明《こたいまつ》……十二本（閏年には十三本）
竹製、十二カ所を蔓で巻く（閏年には十三カ所）。
●ゴンズウ（牛玉杖《ごおうづえ》）
梅の若枝に白紙を挟んだもの、十六本。

この他、鈴、草鞋、藁束、米など、勤行に必要なものがきちんと並べて置いてある。お供えの餅も、重ね丸餅の他に「お沓型《くつ》」と言って楕円形の大きな重ね餅、折敷に十二盛の丸餅、串に刺した角餅十二本（十二からげといい、一年を表す）など多様である。

それぞれに意味があり、去年の稔りを感謝し、また今年の豊作を願っての捧げ物である。

燃え盛る大松明

「昼の勤行」がすむと、僧侶はお斎《とき》のために退場される。日が暮れて、一層寒さが増してきた。

私たちは、脇谷さんのお世話で、地区や祭りの関係の方たちと一緒に、公民館でお斎を頂いた。「さあ、暖まって下さいよ」と、やかんで温めた酒がたっぷりと湯飲みに注がれる。粕汁、白あえ、大振りに切った野菜の煮物など素朴な懐かしい味。

お腹の中からすっかり暖まって幸せな気分で外に出ると、川中不動の辺りはもう大勢の人であった。

垢離《こうり》とり

天念寺の前を流れる川の中に、不動明王・コンガラ童子・セイタカ童子の不動三尊像を彫った大岩がある。有名な天念寺の川中不動である。夜は暗くてよく見えないが、どっしりと立つ巨岩の不動尊は、なかなかに迫力がある。

この不動尊の前に、黒衣の僧侶が立ち並び、経文を唱えている。「介錯《かいしゃく》」（鬼の介添えと松明の係）と呼ばれる若者七人が白褌《ふんどし》で川の中に飛び込み、僧侶の立つ岩の周りを泳いで水垢離《みずごり》をとる。「わあ、寒そう！」と周りで見ている人たちの声。

篝火《かがりび》が燃え、炎は暗い川面に映りゆらめき、読経の声が闇に広がる。

杯の儀

午後七時頃、本堂に袈裟《けさ》衣の僧侶が座し、水垢離をとった介錯たちは、白い被り物・白襷《たすき》・法被《はっぴ》姿で対座する。結縁《けちえん》と行事の無事を祈って、し

不動岩の前での読経

杯の儀

きたりに従い僧侶と介錯・囃子方の間で順に杯が交わされる。経が読まれ、介錯は加持を受ける。

夜空に法螺貝の音がひときわ高く響く。

院主は、仏前の灯明から小さい蠟燭に移した火を、本堂の前に待機している介錯の持つ小松明につける。この瞬間は、鬼会の中でも最も大事な時なのだという。つまり、炎の祭りでもあるこの鬼会の火が、浄火として誕生する瞬間なのだ。

大松明上《おおだいあ》げ

対岸の広場に、長さ五メートルばかりの大松明三本と柴が用意してある。ずっと昔は天念寺の各坊からの松明が十二本もあったという。院主から小松明に火を受けた介錯は、すぐさま橋を駆け渡り、その火を大松明に移す。

大松明に火をつける

やがて大松明は火の粉を散らして勢い良く燃え上がる。どよめきが走る。

三本の大松明は橋を渡り、一本は鬼会の講堂の前、次は身濯《みすすぎ》神社（六所権現社）の鳥居の前へ、三本目は橋の中央に駆けてゆく。不動明王の火焔のように、闇にひそむ魔を焼き尽くすかのように、燃え盛る炎と煙。

威勢の良い掛け声と共に、講堂前と神社前の大松明は、左、右、上、下、と三回ずつ振り回され、激しく石段に叩きつけられる。その度に大松明は唸り声をあげ、辺り一面に火の粉が飛び散り舞い上がる。まるで、龍が火を吐くようだ。

それを煽り立てるように、賑やかな楽《がく》。笛、太鼓、鉦《かね》の音が祭囃子のように鳴り響く。薬師如来と神社の六所権現への献灯だというが、何とも壮大で豪快な炎の供物である。

あまりの激しさに、火事にならないかと心配したが、消防団の人たちが、夕方までに講堂の屋根や周囲などに充分に放水しておくそうだ。そう聞いて、雨でもないのに足元がぬかるんでいる訳がわかった。また「大松明上げ」は、消防団や地区の青年たちも一緒に協力して行っているという。

「大松明上げ」がすんで、講堂で「夜の勤行」が始まる頃には、堂内は身動きできないほどの混雑となる。

夜の勤行

初夜《しょや》

経が読まれ、二人の僧が太刀・鈴・香水棒を持ち、牛玉杖を捧げ持つ堂役（鬼会行事全般の世話役）と共に祭壇を三度巡り、諸願成就を祈る。

法咒師《ほずし》

太刀・鈴・香水棒を手にした僧二人が、仏に礼拝し、太刀を振りながら足を左右に踏み出して踊り、結界をする。その独特な足の動きは反閇《へんばい》と呼ばれ、後に芸能の基になったとされる。

「神分《じんぶん》」「二相《にそう》」「散華《さんげ》」「煩音《はんのん》」「縁起《えんぎ》」「錫杖《しゃくじょう》」と次々に読経・声明が続く。「長いのは鬼会の勤行」と言われるのももっともだと納得する。その間、紫の衣に烏帽子《えぼし》姿の囃子方が脇で楽を奏している。小・中学生も加わっていて、中には幼さの残る子も、きちんとつとめているのには感心した。

「錫杖」がすむと、僧侶は一旦退場して盛装を解き、堂内の敷物も片付けられる。この後の「米華《まいけ》」からは、立役《たちやく》といって、動きを主にした行法となる。

「米華」

米華

この頃になると、今までの勤行の重々しく静かな雰囲気とは変わって、活気のあるざわめきが堂内に満ちてくる。墨染めの衣に下駄をはいた二人の僧が、五穀豊穣を祈って、香水棒を捧げ持ち、足踏みして踊る。

牛玉杖・白米・藁がまかれると、参詣の人々はそれらを有り難く頂く。以前は牛玉杖を田畑に立てたり、藁を牛馬に食べさせて、虫除けや豊作を祈る風習があったが、今は無病息災のお守りにもするという。

開白《かいびゃく》

五大龍王に松明の安全を祈願して、二人の僧が左の手を腰に当て、右手の香水棒を上げ下げして踊る。

香水

斎場の隅々まで浄める法舞であるが、仁聞菩薩と法蓮聖人《ほうれんしょうにん》が滝に打たれて修行する様を表したともいう。僧二人、香水棒を上下・左右に巧みに操り、反閇や前後跳びなど、軽々と、また激しく床を踏み鳴らして踊る。下駄の音のリズミカルな響きに合わせるように、自然に周りから起こる手拍子。

二名ずつ交代して、次々と迫力のある踊りが続く。次第にテンポが早くなり、軽やかな身のこなしに一段と拍手が沸く。これは、もはや勤行というより、踊る僧も周囲の手拍子も、芸能の楽しさのようにも思える。

法舞が一段落して、参拝の人たちに「どうですか？　どなたかやってみませんか」との誘いに、飛び入りで少年と若い女性が僧に教えられながら、おぼつかなく踊り始めた。
「トン、トン、ト？　ト？　あれれ？」と、トンチンカンな踊りに、堂内は爆笑の渦。そこには、あったかくて懐かしい何かがあった。
土地の人も、ほとんど見知らぬ人々も共に楽しんでいる今夜の鬼会には、この土地の祖先、祖霊だけではなく、私たち日本人の遠い故郷の神々や人々も集い合っているような、不思議な懐かしさがあった。

四方固《しほうがため》

ひとしきり堂内が沸いた後、二人の僧が太刀と鈴を手に、四天王を奏請して四方を浄め、結界をする。

「香水」

「鈴鬼」

さてさて、これからが待ちかねた国東・天念寺の鬼さまたちのお出ましである。

鈴鬼《すずおに》

男と女の面をつけた二名の僧が、右手に鈴、左手にガラガラを持って踊る。鬼という名がついてはいるが、その白い面は実に穏やかでやさしい表情をしている。
茶色に黒の格子縞の法被を着て、腰をかがめ、下駄で床を踏みしめ踊

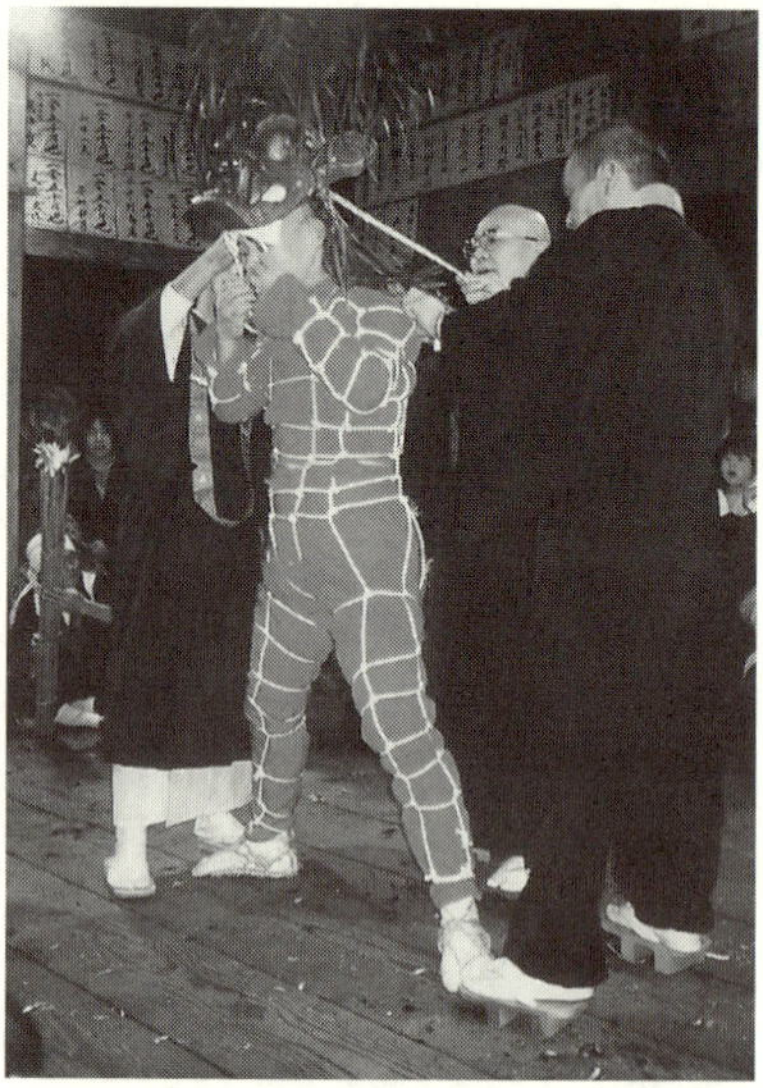

災払鬼の身支度

っている。そのリズムの心地良さ。いかにも素朴でおっとりした動きは、田畑を耕す仲睦まじい夫婦のようだった。

ずっと昔からそうやって耕し、日々を紡いできた人々の姿そのままに……。

（あ！　これは、祖先であり祖霊なのかもしれない）。そんな思いがふと心をよぎった。

鈴鬼の踊りは、この後の「災払鬼」と「荒鬼」を招き迎えるためのものであるという。

災払鬼（赤鬼）

神仏の化身である鬼は土を踏まない、ということで、鬼役の僧は少し前に介錯に背負われて堂内に入っている（支度をする時も背負われて退出していた）。

愛染明王《あいぜんみようおう》と法蓮聖人の化身とされる災払鬼は、真っ赤な装束で赤鬼と呼ばれている。鬼は背中に鈴をつけ、胴・腕・足に縄が結びつけられていた。一見縛られているようにも見えるのだが、このことについては後に述べる。鬼役は、堂の中央で僧侶たちによって、赤い鬼面と怒髪を表す鬼ヤッシャ（ヤブランの一種か？）をつけられ、鬼の姿となった。

さあ、いよいよ……と堂内の人々が見守る中、読経の声が一段と高くなる。院主が口に含んだ浄水を二度、三度と鬼に吹きかける。すると、鬼は身体を大きく揺すり、ゆっくりと動き始める。今、確かにいのちが吹き込まれたのだ。

身をくねらせた鬼は「鬼のずり足」という独特の足つきで、片足ずつ跳んで、前に置かれた鉈と小松明を手にするや、「ウオーッ！」と唸り声をあげ、松明を振りかざして走り出す。「三三九度の招き」という鬼招きの動作をしていた介錯たちも、一斉に小松明を振り回し「ホーレンショーヨ、ソリャオンニワヘ」（法蓮称揚それ鬼庭へ）と叫びながら、鬼と一緒に前跳び、横跳びを繰り返し、柱や長押を叩き、堂の外陣の三方を巡る。

飛び散る火の粉。激しく床を踏む音。立ちこめる煙。松明のはじける音。火の粉を避けて右往左往する人々。私も火の粉を浴びながら、これはまさに火の儀式、火による浄めの儀式だ、と感じた。たちまちに騒然となった堂内に、混乱と秩序が交錯していたのは、それ故であろうか。

荒鬼（黒鬼）

続いて、黒鬼の登場となる。黒い装束に身を包んでいる黒鬼は、不動明王・仁聞菩薩の化身である。この鬼も、赤鬼と同じ手順で身支度をし、浄水によっていのちを吹き込まれる。

黒鬼は、赤鬼と同様の所作を繰り返した後、太刀と小松明を持ち「鬼走り」をする。そして、堂内には、先ほどと同じ状況がよみがえり、人々は、またもや興奮の渦に巻き込まれる。

荒鬼

鬼の目

赤鬼・黒鬼の「鬼走り」が終わると、「鬼の目」餅がまかれる。二個ずつ、二回まかれるのだが、それからは、もう、混乱というより騒乱、争乱状態で、堂内の興奮はピークに達するのである。

走り添

まかれた餅を拾った人は「鬼さん目」と言って餅を見せびらかす。それを見物の人たちが争って奪い合い、餅は千切られてゆく。鬼は、餅を持った人々を追いかけ回して松明で叩く。
この「鬼の目」餅をめぐっての攻防、衝突は、一瞬（何が起きたのか？）と思うほどの激しさで、到底私など近寄ることもできない。しかし、この騒ぎの中で、人々は「鬼の目」を拾ったり、松明で打たれることでこの一年無病息災であると信じて、この荒々しい行事にハッスルし、楽しんでいるようだった。

走り添

やっと「鬼の目」餅の乱闘騒ぎが一段落すると、静かな読経の声が堂内に満ちる。堂の中央に人々が並んでしゃがみ、その背中や腰を赤鬼・黒鬼が「ヤー」「オー」と、松明で叩いて加持を行っている。私も加持を受けたが、叩いてもらった人は一年の無事を約束された、と一様にほっとした表情であった。このあと、二鬼は介錯たちに、かなり荒っぽい加持を行っていた。
岩戸寺・成仏寺の鬼会では、鬼は寺を出て里の家々を巡り加持・祈禱をするが、ここ天念寺の鬼は堂から出てはいけないことになっている。その昔、鬼役のある僧が堂の外に出たので、本当の鬼になったとの言い伝えもある。

鬼後咒《きごじゅ》

院主が鬼を鎮める咒文を唱えるこの儀式で鬼会は終わりとなる。

今年の鬼はとても元気が良過ぎたので、咒文を唱えた院主が、すぐさま「介錯、鬼を抑えよ」と命じた。やっと鎮まった鬼は、介錯に背負われて堂を出た。

最後に小餅がまかれ、人々は争ってそれを拾う。すべてが終わったのは、十一時頃であった。

「鬼カラゲ」が意味するもの

やがて人々が去り、夜空を焦がした炎の祭りの興奮が徐々に鎮まり、山峡《やまかい》の里は閑《しず》けさを取り戻す。端正な屋山《ややま》の容《すがた》も、天念寺の背後に峨々と立つ岩山も、無明《むみょう》の橋も深い闇に包まれている。

その闇の中に、再び戻っていった鬼さまたち。

私たちの祖先が、鬼に託し、鬼の内に見ていたものは何だったのか?

「オニ」は「陰《おん》・隠《おん》」の転音だとする説もあるように、それは、異界とこの世を自在に往き来し、人間の知恵や力を遙かに超えた、大いなるもの、畏《おそ》るべきものとして、底知れぬ闇の世界に君臨し、様々な形で人間を支配し、脅かし続けてきた。これに仏教の影響も加わって、次第に「オニ」の具体的な像《すがた》がイメージされ描かれた。

一方、日本の鬼の原像とされる民俗の鬼は、祖霊や地霊として、正月や季節の変わり目に里に現れ、人々に祝福を与えるという行事が今も各地に残っている。天念寺の鬼さまも、まさにそうであった。

神仏の化身である鬼と、里人との荒々しいまでにエネルギーに満ち溢れた交歓の有様。鈴鬼の素朴な優しさは、私たちの祖先の懐かしい面影と重なって……。

それらは、決して豆もて打たれ、追われる鬼ではなく、年に一度異界から訪れ、恵みを授ける鬼（祖霊）であって、人々は多くの願いを聞き届けてくれるその鬼さまを、喜び迎え、共に楽しみ遊ぶのである。

黒鬼（荒鬼）と赤鬼（災払鬼）

それ故にこそ、法会である修正鬼会は、里の人々によって大切に守られ、今に伝えられているのであろう。

ところで、国東の鬼さまについては、その後もずっと心にひっかかる疑問があった。

それは、「災払鬼」と「荒鬼」の身体にタテ・ヨコに縄が結びつけられていたのを「縄で縛る」というふうに書いた資料が多かったからである。確かに、一見、縛られているようにも見える。しかし、「縛る」という言葉には、「こらしめ、とがめる」という懲罰の意を含むニュアンスがある。「神仏の化身」と言われている鬼をなぜ「縛る」のか？　どう考えてもよくわからなかった。

その謎をサラリと解いて下さったのは、長安寺の御住職と堂役の方のお返事だった。

「いや、あれは縛っているのと違います」

「第一、私たちは、縛るとは言いません」

鬼は麻縄で胴・腕・脚をそれぞれ十二カ所（閏年には十三カ所）ずつ結わえることになっていて、地元ではそれを「鬼カラゲ」とも「鬼カガリ」とも呼んでいるそうだ。以前は、鬼の身体の中心に麻縄を通して結び、それに「ウ」（麻の繊維、苧《お》）をからげて（かがって）十二カ所の結び目を作っていた。ずっと昔には、ヘラの木の皮や藤かずらを用いていたそうだ。

このことは、古代の人々が「結わえる」「結ぶ」という言葉や行為について、様々な意味を見出していたのを思い出させてくれた。例えば、松の枝を結ぶ、草を結ぶ、衣の紐を結ぶ、等々……。これらは皆、そこに魂を、思いを、願いを結び留めるものとしての呪力への信仰であり、それは古来数多く歌にも詠まれている。

では、修正鬼会の「鬼カラゲ」の縄に結び籠められたものは、一体、何だったのだろう。

それは「オニ」の力であり、神仏の力、祖霊の力なのだろう。さらにイメージをふくらませれば、産霊《むすび》の力ではなかったのか。

つまり「結ぶ」のムスは「産」にも通じるとすれば「結び」は「産霊」であり、それは天地万物を産み、生成する霊力を意味する。その大いなる霊力を、鬼の身体に結び籠めることによって、鬼は「産霊」そのものとなり、五穀豊穣・息災延命等々……人々のあらゆる願いを成就させるシンボルとして立ち現れる。

そんなふうに考えると、つつましい日々を紡いできた私たちの祖先が、鬼に、祭りに託していたものは、何と豊かな世界だったのか！　とあらためて驚く。きっとそれは、深い闇を抱くが故に彩りに満ちている宇宙そのもののように、果てしない大きな世界なのだろうと思いながら、今、私は自由に想像・空想の翼を広げ、羽ばたく楽しさを味わっている。

長田神社の古式追儺式

［県指定無形民俗文化財］
兵庫県神戸市長田区・長田神社
問合せ▼長田神社☎078－691－0333

神戸市長田区にある長田神社――。御祭神は事代主神《ことしろぬしのかみ》で『延喜式』の名神大社として尊崇されている。この由緒ある神社では、毎年二月三日に「古式追儺《こしきついな》式」が行われている。

これは、いわゆる節分の「鬼やらい」とは異なり、鬼は神々の使いとして、種々の災いを松明の炎で焼き尽くし、太刀で切り捨てて、家内安全・無病息災を願うというものである。室町時代に始まったとされるこの行事を、土地では「長田はんの鬼さん」と呼んで親しんでいる。

これには、七人の「鬼役」と「太刀役」の少年五名が登場する。

「鬼役」は、①餅割鬼、②尻くじり鬼、③一番太郎鬼、④赤鬼、⑤青鬼、⑥姥《うば》鬼、⑦呆助《ほうすけ》鬼。

「太刀役」は、鬼に太刀を渡し、後にそれを受け取る役で、幼稚園から小学六年までの男子。

「鬼役」「太刀役」共に長田神社の氏子で、旧長田村地域に居住する人に限られており、追儺式に出るのは大そう名誉なことで、昔は長男だけが選ばれていたそうだ。

平成二十年二月三日――。この日は朝から冷たい雨で、拝殿の前に設けられた追儺式の舞台も濡れていた。

拝殿の内・外の餅の飾りの賑やかさに目を奪われる。まず、拝殿内の柱に飾られた「大柳の餅花」は、大きな柳の枝もたわわに白い餅花と、星を表すという黄色のみかんがつけてある。その彩りが美しい。

拝殿前面の廂《ひさし》の下一杯に「六十四州の餅」と称する六十四個の丸餅が、榊葉《さかきば》と共にずらりと吊り下げてある。さらに、向拝《こうはい》の左右の柱の辺りには「日・月の餅」と呼ぶ大きな鏡餅が飾られている。つまり、これらの餅は宇宙を、そして日本全土を表すものとしてここに飾られている。天地《あめつち》の神々への捧げ物の何と壮大なことであろうか。

練り込み

午後一時前、練り込み（宮入り）――。

練り込みの行列（上は「太刀役」ほか、下は「鬼役」）

「ブオー、ブオー」と、法螺貝の音と共に、練り込みの行列が鳥居の前の橋を渡ってくる。太い青竹を引きずっている白衣の先達二人の後に、奉賛会会長。「御太刀役」と書いた提灯を持つ「肝煎《きもいり》」の青年に続き、「太刀役」の少年五名。法螺貝五名。それから「鬼役」の提灯。太刀を持つ「露払い」の後から「鬼役」七名が歩いてくる。世話役や指導役たちも行列に付き添っていて、追儺式すべての世話をする。

「肝煎」とは以前に太刀役をやった

人で、太刀役の指導、世話をする人である。「太刀役」の少年は紋付の黒着物に袴をつけ、大小の刀を差している。「肝煎」と世話役の大人たちは、黒着物に紋付羽織で、一様に白い布を首にかけている。一行の紋章は全部「葉つき桃」の図である。

ところで、宮入りの時の鬼役は、黒着物に紋付羽織と白袴姿で「ほぐり」という一風変わった被り物をつけている。白木綿を長い頬被りのように頭から何重にも垂らして、頭上には晒を折り畳んだものをのせている。そのために、鬼役の顔はほとんど見えないようになっている。

鬼役は懐に手を入れたまま、右、左と足を斜めに踏み出して半身の構えで歩いてくる。「肩で歩け！」と世話役の声が飛ぶ。（肩で？……）と歩き方をまねてみて、ナルホド……と納得する。

一行の練り込みが終わると、神前で関係者が揃って追儺式の神事が執り行われる。

それから、鬼役は本殿の後方にある鬼室《おにむろ》に行き、鬼の衣裳と鬼面をつける。この時から、鬼役は神霊を享《う》けた神の使いとなるのだ。

二時少し前、法螺貝が「ブオー、ブオー」、太鼓が「ドォーン、ドン」と鳴る。

追儺式

一番太郎鬼の一人旅

鬼室から一番太郎鬼が出てくる。

ベージュ色のつなぎの鬼衣を着て、両手、両足をそれぞれ四カ所、計十六カ所を麻紐で結わえてある。練り込みで被っていた「ほぐり」の白布は、褌《ふんどし》として鬼衣の上から締め、「肝玉」という丸い玉を包んで、臍《へそ》の辺りに固定している。腰に小刀を差す。赤い鬼面には角がなく、その表情は、むしろ伎楽面に似ているように見える。

肝玉については、これを「ふぐり（睾丸）」とする説もあるが、かつて鬼役をつとめ、長年追儺行事の指導を続けてこられた齋藤朋次さんの『鬼さん』（平成六年十一月発行）に書かれている「肝玉」の方が妥当だろう。七鬼の中には「姥鬼」もいるので「ふぐり」はいかがなものか？　さらに、「ふぐり」の言葉は、顔を隠す布「ほぐり」が転用・誤用されたものとも言われている。

一番太郎鬼

東から舞台に上がった鬼は、麦わらの松明を右手に、左手は腰に当て、膝を高く上げ、松明を回して振りながら舞台中央へと移動する。そこで「日・月の餅」に向かって松明を左、右に振る。これを「火を切る」という。

社殿の方へ、また観客側へと身体の向きを変えながら踊っている。腰を落とし、トンと跳んでパッと直立する。松明を大きく回すその時、太鼓が「ドン！」。頭上に高々と掲げた松明は、勢い良く燃え上がり、邪悪なるものを焼き払う。

これらの所作には「ウーの舞」「ひらく」「自然体」などの型があるそうだが、初めて見る私にはよくわからなかった。

こうして、東から西へと舞台の上を踊りながら移動して、西の端から下りる動作を三回続けて行う。これを「一番太郎鬼の一人旅」と呼び、これから登場する鬼たちの先駆けとして、道中を祓い清める役目だと言われている。

踊りの途中で松明が短くなると、世話役がすぐに、新しい松明と取り替える。

長田では、鬼の松明の燃え残りを、玄関先に吊し、魔除けにする風習があるそうだ。この年も、それを頂こうとする人たちの長い行列ができていた。

社殿の両脇（東・西）には篝火を焚いている所があって「鬼のたまり」と呼ぶ。ここは、出番を待つ鬼や、舞台を下りた鬼たちが、世話役に両肩を支えられたりして、暖をとり休憩する場所である。この辺り一帯は「関係者以外立入禁止」になっているが、藤原正克宮司のお計らいで見学させて頂き、舞台裏のあれこれがわかってとても参考になった。

赤鬼

五匹の鬼

五匹の鬼の踊りは、約三十分ずつ二回続けて行われる。まずは、世話役が「おーい赤」と声をかけて「赤鬼」の登場である。赤い鬼衣に赤の鬼面。カッと見開いた目、歯をギュッと嚙みしめた表情の鬼さまである。

次に「おーい姥」で、ベージュの鬼衣に鬼面の「姥鬼」が出る。姥の鬼さまとは珍しい。はて、どこかのバさまにも似ていて（？）……。

続いて出る「呆助鬼」はベージュの鬼衣で、なぜか、ポカンと開いた目と口。

「おーい青」と呼ばれて、緑の鬼衣に鬼面の「青鬼」が登場する。

最後に、先ほどの「一番太郎鬼」が出て、五匹が揃う。この五匹の鬼たちには、みんな角がなく、鬼面もさほど恐ろしい鬼のようには見えない。

先頭の赤鬼は、舞台の中ほどまで来た時に「日・月の餅」に向かって松明を左右に振って火を切る。そして、五匹が全部揃うと、赤鬼は今度は、円を描くように松明を左回りに三回、大きく回して火を切る。この二つの「火を切る」という動作は「日・月」つまり宇宙への畏敬の念と、この地上のすべてのものの安泰を願う心の表れのように思えた。

法螺貝が一斉に鳴り響き、松明の煙がもうもうと立ちこめる。

五匹の鬼が揃って、松明を振りかざして踊る様子は、力に満ちていて圧巻である。寒空の下、鬼たちが魔を祓い、悪を退けるこのエネルギー、パワーを求めて大勢の参拝客がつめかけている。

一番太郎鬼　赤鬼　姥鬼　呆助鬼

青鬼　餅割鬼　尻くじり鬼

「あの赤鬼さん強そうやネー」

「うん、あの鬼は、強くて偉いんぞ！」

とりわけ体格の良い赤鬼さんは子供たちの注目の的。

鬼さんの威力で、雨雲も退散したのか、雲間に白銅の鏡のような太陽が見えた。あの鏡には、長田の鬼さんたちの踊る姿が映っているのかも……。

餅割鬼と尻くじり鬼（一回目）

三時半頃に「餅割鬼」と「尻くじり鬼」が登場する。

餅割鬼は鬼のリーダー格で〝大役〟とも呼ばれる。ベージュの鬼衣で、三本の角に牙、飛び出た目がらんらんと光る。赤く大きな鬼面の迫力は、さすが鬼の大将である。

「尻くじり鬼」（何とも不思議なネーミングだが）は餅割鬼の従者とされ、や

餅割鬼

はりベージュの鬼衣、先が三つに分かれた二本の角と牙を持つ暗緑色の鬼面をつけている。この二鬼だけが、角と牙を持っている。

「餅割鬼」は、右手に松明、左手に斧を持ち、舞台中央で「日・月の餅」に向けて左右に火を切る。松明を上げたり下げたりしながら、膝を曲げ、伸ばし、松明を回して大きく振って踊る。「尻くじり鬼」は右手に松明、左手に槍。舞台に上がるとすぐに松明を捨て、両手で槍を持って床をトントンと突いたり、地を祓うような所作で「餅割鬼」の後ろにずっとついてゆく。

この頃、「西のたまり」では、五匹の鬼が休憩している所に、何人かの子供たちがやって来て、頭を撫でてもらっている。昔から、鬼さんに触ってもらうと元気に育つと言われていて、みどり児を抱いたお母さんの姿もあった。

太刀渡しと太刀納め

太刀役の五人の少年が、五匹の鬼に太刀を渡し、その後に、太刀を鞘におさめる儀式。

●太刀渡し

まず、赤鬼が舞台の東に上がったところで、太刀役が一人現れ、鬼に一礼する。鬼の左脇で抜いた刀を両手で持ち、膝を曲げて屈んだ姿勢で、よちよち歩きのようにして鬼の正面まで来ると、立ち上がって鬼に太刀を渡す。鬼はその太刀を左肩に担いで、右手の松明を高く掲げる。

次は姥鬼が、次の太刀役から同じように太刀を受け取る。こうして、五匹が順々に太刀を持ち西側に移動して並ぶ。

五匹の鬼が、揃って太刀を肩に、松明を高く掲げて踊る姿は、実に頼もしい。鬼に金棒ならぬ〝鬼に太刀〟で邪を絶つのであろうか。

●太刀納め

先頭の赤鬼が、踊りながら舞台の西の端まで来ると、先ほど、赤鬼に太刀を渡した太刀役が再び現れる。そこで鬼から太刀を受け取って、太刀を三分の一ほど鞘に入れて、左回りに三回小さな足踏みで回る。鬼の正面まで来たところで「カチッ」と音を立てて鞘におさめる。すると、鬼はパッと松明を捨てて、舞台を下りてゆく。

5匹の鬼の踊り

残る四匹も、順々に太刀納めの儀となる。肝煎や世話役が、少年たちに終始付き添って世話をする。

真剣な表情の少年たち。中にはまだ幼さの残る子もいて、立派に役目を果たした太刀役への拍手が温かい。ドンドン、ドン……と太鼓の連打。

餅割鬼と尻くじり鬼（二回目）

一回目と同様に行われる。

五匹の鬼のお礼参り

五匹の鬼は、四回目の登場で、「お礼参り」と称する最後の踊りである。これまでと同じだが、鬼たちの持つ松明が二本になって、たそがれの境内に、松明の炎がひときわ鮮やかで、心に残る炎の儀式であった。

餅割り

いよいよ最後の餅割り神事となる。舞台中央には、六個ずつ重ねて一対とした「十二カ月の餅」が台にのせてある。

餅割鬼と尻くじり鬼は、三回目の登場で、これまでと同じように踊っている。法螺貝と太鼓の音に混じって、見物の子供たちの元気な声も聞こえる。

●餅割鬼は斧、尻くじり鬼は槌を持って向き合い、その後、背中合わせになって、斧と槌を交換する。
●それから、餅割鬼は「日・月の餅」と「十二カ月の餅」を割ろうとするが、槌では割れない。
●そこで、再び道具を取り替えることになる。
●さて、さて、餅割鬼は手にした斧を丹念に調べてからやっと餅を割るという次第だが、事はそう簡単にはいかない。
●大きく身をそらした鬼は、右に左に身体をひねる。その動きは、終わりに近くなるほどゆっくりとなり、時には、固まってしまったようにも見える。
●（さあて……どこから割ろうか……）。長いこと思案した末、ようやく、餅の上に被さるようにして斧を振り上げる。二つに分けてある「十二カ月の餅」の左、右、中央へと重々しく斧を振り下ろす。

この餅割鬼の動きの間中、尻くじり鬼は、脇で槍と槌を持ったまま、両脇を支えられてずっと立っている。
「あれも結構しんどいやろなー」と、誰かの声。

こうして、たっぷりと時間をかけての「餅割り」がすんで、追儺式が終了したのは六時過ぎであった。

辺りはすっかり暮れて、寒気が一段と身に沁みる。鬼宿を出発した「練り込み」から終了まで六時間を超える長丁場であった。

この日、鬼役たちは、早朝に境内の井戸で禊《みそぎ》をし、その後に須磨の浜に行き、数回の禊と五匹の鬼の踊りを繰り返す、と過酷とも言えるスケジュールである。

また、前日の二日には、追儺式の準備のあれこれの仕事をすませてから、鬼役の稽古の総仕上げがあって、その時にも、何度も禊が繰り返されていた。禊は、稽古の一回毎に三十三杯以上の水を被るのだが、「もっとゆっくり！」とか「二十二、二十三……」と数え上げている大声が寒風の中に響いていた。

稽古をする白褌姿の鬼役たちの肌は真っ赤。

餅割り神事

――わぁ、寒そう――

「確かに初めは寒いけど、禊を繰り返しているうちに、だんだん身が引き締まって、気分が高まってくるので、これはとても大事なことなのです」と、何年も鬼役をつとめた方のお話。

禊をして、稽古をする。その繰り返しによって、人は「ケ」から「ハレ」への階《きざはし》を次第に登ってゆくのではないだろうか。身も心も追儺の鬼となる。そのことのために、その時のために。

その厳しさの故にこそ、長田の鬼さんは、魔を祓い、邪を絶つ強い力を神より授かるのであろう。

長田では、鬼役をつとめた者は、男として一人前と言われ、男の子たちの憧れの的のようだ。

今回の赤鬼役の山田高司さん――。

平成18年度の肝煎と太刀役（大久保暁氏提供）

「父親も七回鬼役をつとめたので、自分も子供の頃からずっと鬼役をやりたいと思っていました。今年は六回目で、赤鬼をやらせてもらったことに感謝と責任と大きな誇りを感じています。結婚して男の子ができたら、ぜひ鬼役をやらせたいと思っています」

と、実に頼もしい好青年であった。

震災の苦難を乗り越えて

ところで、神戸市長田区は、平成七年一月十七日の阪神淡路大震災で、最も被害の大きかった地域である。刻々とテレビに映し出される無惨な状況に、私たちは息を呑んだ。どれほど多くの血と涙が流され、どれほどの苦難があったことか……。当時、消防団の副団長をしておられた方は、その様子をつぶさに語って下さった。

あれから十三年——と一口には言えないほどの辛く厳しい年月であったに違いない。

しかし——私が訪れた神戸は、長田神社前の商店街は、見事に復興し、明るく生き生きとしていた。

「いやぁ……それは表の部分だけですよ」と、土地の方は言われる。それほど、傷跡は深いのであろう。にもかかわらず——震災の翌年の二月には、長田神社の追儺式が行われたのである。

——えっ！　でも瓦礫《がれき》の山、焼野原の町だったのに？——

「それが、鬼をやらんと元気出えへんで、こんなことで負けてられへん！と、誰かが言い出して、鬼をやろうやないかと皆が熱くなりましてね。地元でも、そうや、そうや！と応援してもらって、みんなで心意気を見せようと一つになったんです」

「とにかく、続けていくことが一番大事だと思います。この行事の中でも、世の中がどんなに変わっても、決して変えてはいけないものもありますし……」

追儺式奉賛会の大久保暁さんは、当時を思い出して熱く語って下さった。

〝日本の男の心意気〟そのものの鬼役たち。太刀役の少年の健気な姿。それを支えてきた人々のパワー、エネルギー。それらが一体となって大震災の苦難を乗り越えた「長田はんの鬼さん」は、今もこうして続けられているのだ。

町の復興も、行事の伝承もその根は一つ、人々の確かな強い絆であった。それは今、私たちが失いかけているとても大切なもの、日本人の〝心のふるさと〟でもあったと思う。

鬼来迎

［国指定重要無形民俗文化財］
千葉県山武郡横芝光町虫生・広済寺
問合せ▼横芝光町社会文化課☎0479－84－1358

千葉県山武《さんぶ》郡横芝光《よこしばひかり》町虫生《むしょう》にある慈士山広済寺《じしざんこうさいじ》――。真言宗のこの寺では、毎年八月十六日の午後に新仏の施餓鬼《せがき》法要が行われ、その後に「鬼来迎《きらいごう》」が演じられる。

仮面の仏教劇である「鬼来迎」は、「鬼舞い」とも呼ばれ、地獄の有様を芝居に仕立てて、因果応報の理《ことわり》を説き、菩薩の慈悲・功徳を表したものである。昔は下総のあちこちの寺で行われていたそうだが、現在、日本ではこの広済寺だけに残されている貴重な民俗芸能である。

平成十一年八月十六日。とりわけ暑さの厳しかった日の午後、虫生の深田隆明さん宅でお話を聞かせて頂いた。

「虫生」という珍しい地名については、

「この里は、昔から信心深い所で、虫も殺さない……という話もありますが……」

と、穏やかに笑っておられた。

鎌倉時代から、およそ八百年にわたって伝わっている広済寺の「鬼来迎」は、わずか二十五戸の虫生の人々によって今も受け継がれている。虫生の集落に生まれた男子は、誰でも参加するしきたりで、深田さんも、昭和四十年代から二十年間、「黒鬼」の役をつとめてこられたそうだ。現在のメンバーは約二十名、出演者は男性のみだが、「賽の河原」の場面の子供役には女の子も参加できる。

料金受取人払郵便

福岡支店
承認

611

差出有効期間
2012年12月31
日まで
（切手不要）

郵便はがき

810-8790

171

福岡市中央区
長浜3丁目1番16号

海鳥社営業部 行

通信欄

＊小社では自費出版を承っております．ご一報下さい．

通信用カード

このはがきを，小社への通信または小社刊行書のご注文にご利用下さい。今後，新刊などのご案内をさせていただきます。ご記入いただいた個人情報は，ご注文をいただいた書籍の発送，お支払いの確認などのご連絡及び小社の新刊案内をお送りするために利用し，その目的以外での利用はいたしません。

新刊案内を［希望する　希望しない］

〒　　　　　　　☎　（　　　）

ご住所

ご氏名《フリガナ》

（　　　歳）

お買い上げの書店名

祈りの原郷

関心をお持ちの分野

歴史，民俗，文学，教育，思想，旅行，自然，その他（　　　）

ご意見，ご感想

購入申込欄

小社出版物は，本状にて直接小社宛にご注文下さるか（郵便振替用紙同封の上直送いたします。送料無料），「トーハン」「日販」または「地方・小出版流通センター」の取扱書ということで最寄りの書店にご注文下さい。
なお小社ホームページでもご注文できます。http://www.kaichosha-f.co.jp

書名		冊
書名		冊

長い伝統を持つこの行事は、一方で、それぞれの時代の影響を受けて、出演者が減ったり、場面の省略があったりしたものの、中断されずに続いてきた。虫生の「鬼来迎」は、もとは七段の芝居であったが、現在は「大序《だいじょ》」「賽の河原」「釜入れ」「死出の山」の四段のみを演じている。

繰り広げられる地獄絵図

二時半頃、寺に行くと、本堂では施餓鬼法要の最中であった。

本堂の右手には「鬼来迎」のための仮設の舞台があった。以前は、ここに地蔵堂があって、その張り出した縁で演じられていたそうだ。

仮設舞台は、間口六間（約一一メートル）、奥行三間で、下手には「死出の山」と称する櫓《やぐら》があり、舞台全体は木々の枝葉で覆われていて周囲の風景にとけこんでいる。本堂の縁から舞台へと板が渡され、花道として使われる。

そして、舞台の後ろは木々の生い茂った藪で、その辺り一面には、カラスウリが無数の蕾をつけていた。

四時過ぎに、待ちかねた「鬼来迎」の幕が開き、最初に舞台浄めが行われた。

開演を待つ人々

舞台浄め

二人の亡者が出て、舞台の四方に浄めの塩をまく儀式。鐃鈸《にょうはち》（仏具。

シンバルに似ている）の「ジャラン、ジャラン」と派手な音とは対照的に、死面をつけた亡者がまるで存在感のないふわふわした動きで、盆に盛った塩をまいていく。

大序

地獄の閻魔《えんま》の庁の場面。正面中央の奥には、亡者の生前の行いが、すべて映し出されるという浄玻璃《じょうはり》の鏡が据えられ、その左右に一つずつ床几《しょうぎ》が置いてある。ここに、まず現れるのは、かの名高き閻魔大王である。

●閻魔大王

ジャラン、ジャランと鐃鈸の響き、戸板を打ち、床を踏み鳴らす囃しの中、「ホッホッホー」と奇声をあげながらおもむろに登場（この囃しは、各役の登場、退場の際にも同じように入れられる）。

威厳のある仮面をつけ、金冠を戴いた大王は赤い衣に緑の袴で、実に大きな身振りで足を跳ねるように回しながら舞台の四方を踏む。右手に筆、左手に笏《しゃく》を持ち、四方をゆっくり眺め回してから、床几にゆったりと腰を下ろした。

閻魔大王

倶生神

●倶生神《ぐしょうじん》

巨大な鼻の赤い面。黒い冠。大王と同じ形で黄色の装束。やはり大きな身振りで四方を踏む。右手の筆で左手に持つ笏に字を書く所作で、閻魔の書記であることを示している。倶生神の面は伎楽面によく似ていて、また、大王と倶生神の動きは京劇を思わせる。

倶生神が床几にかけ、大王と書記が並んだ所へ鬼婆が出てきた。

●鬼婆

何ともかとも物凄い鬼婆である。まるで悪霊のような陰惨な表情の面に角が一本。バサバサの長い髪をおどろに振り乱し、渋団扇《しぶうちわ》を持ち、重ね着の裾をぞろりと引きずって、曲がった腰で杖にすがりながら歩いてきた。

大王の前に座ると、懐から米を出して左右にまき、手首にかけた数珠をとり大王に礼をして、舞台をひと回りしてから大王の脇に座る。

「虫封じ」(光町役場提供)

虫封じ

さて……と、ここで芝居の方は小休止。この凄い鬼婆に赤ん坊を抱いてもらうと疳《かん》の虫がおこらずに元気に育つと言われている「虫封じ」が行われる。

舞台の上の鬼婆は「ウォーッ!」と唸り声をあげ、抱き上げた赤ちゃんをゆする。大抵は「ワーッ!」と火がついたように泣き出す。もう、抱かれる前から手足をバタバタさせて泣きわめいている子がいる。何のことかわからずにケロッとしている子には、もう一度、二度「ウォーッ！」で、やっと泣く子も。その度に見物の大人たちの間から笑い声が起こる。それは、幼き者を慈しみ、見守る温かな笑い声。

この「虫封じ」には、毎年遠方からも訪れるそうで、この日は十七人の赤ちゃんが抱かれ、泣いた。鬼婆の形相や唸り声の凄まじさには、いかなる疳の虫も退散するに違いないが、これは神楽の鬼や獅子舞の獅子の持つエネルギー、霊力と同じものであろう。

泣き声と笑い声が入り混じった和やかな幕間《まくあい》の後は、鬼どもの登場である。

●黒鬼

またもやジャラン、ジャランと囃しの音。黒い鬼面で「ホッホッホー」と声をあげながら出てきた鬼は、何と、黒の鎧に太刀をつけ火縄を持っている。まるで合戦に赴く兵士の姿である。

●赤鬼

続いて、赤い鬼面を被り、赤の具足姿で棒を持って現れる。

二鬼ともに跳びはねるような激しい動きで、床を踏む足の独特の所作は反閇《へんばい》のように見えた。

かくて地獄の面々が揃ったところへ、「ジャラン、ジャラン」の音に追い立てられるように、女装の亡者が出てきた。赤い着物の上に白衣を頭からすっぽりと被り、杖を手にオドオド、ヨロヨロと歩いてくる。

鬼婆は、待ってましたとばかりに包丁を振りかざし、亡者をおどして倶生神の前に引き据える。すると倶生神は、例の浄玻璃の鏡に亡者の顔を映して、この者は娑婆国《しゃばこく》中の大悪人であると言う。そこで、獄舎につながれる身となった亡者を引っ立てた二鬼は、大仰な身振りで退場する。

かつては「大序」の段の後に、広済寺建立の縁起を語る「和尚道行」「墓参」「和尚物語」の三段が演じられていたが、現在は省略されている。

広済寺は昔は廣西寺と書かれ、「廣西寺鬼堂略縁起（嘉永五〔一八五二〕年写）」には、その縁起と「鬼来迎」の由来について述べられている。そのあらすじは——

鎌倉時代の初め、薩摩国の禅僧、石屋《せきおく》が諸国行脚の途中に虫生の辻堂で一夜を過ごした時、夜半に地獄の鬼が「妙西信女《みょうさいしんにょ》」という新霊を責め苛むのを見た。

哀れな新霊は、領主、安芸守夫妻の一人娘であった。夫妻が石屋に助けを求めたので、石屋は「妙西」の法名を「廣西信女《こうさい》」と改め、卒塔婆を建て直した。その後、観音菩薩が現れて、地獄の鬼に苦しめられている娘の霊を救い成仏させた。

大いに喜んだ安芸守は一堂を建て「廣西寺」と名づけ、石屋がその住持となった。

ちょうどその頃、鎌倉の三人の仏師、運慶《うんけい》、湛慶《たんけい》、安阿弥《あんあみ》が揃ってこの虫生の里の出来事を夢に見た。そこで三人は虫生の里の石屋和尚を訪ねて、自分たちの見た不思議な夢の話をした。石屋和尚は深く感じて涙を流し、「かの三夜の鬼の呵責と観音菩薩の大悲を形に残して末世を救う一助としたい」と語った。

それに賛同した三人の仏師は、すぐさま、閻魔大王やその他の面を彫り、地蔵菩薩の像を作った。そして和尚と運慶らは、この面をつけて衆生済度と菩薩の威力を諭すために舞い始めた。

この日が七月十六日だったので、この後も毎年七月十六日に舞を奉納するようになった（現在は八月十六日に行われている）。

賽《さい》の河原《かわら》

「ナムアミダブツ、ナムアミダブツ……」。念仏の声と鉦《かね》の音が聞こえてくる。

亡者が身をかがめ、杖にすがっておぼつかない足取りで現れ、その後ろに子供の亡者七人が続く。

「賽の河原」。子供の亡者の石積み

「賽の河原」。地蔵と子供の亡者たち（光町役場提供）

白い衣で、頭に白の三角巾をつけた亡者たちは、舞台の中ほどに来ると、皆しゃがみこんで、そこにある小石を拾い、積む。「一つや二つ、三つや四つ……」と石を積んでは両手を合わせて拝む童たちのいたいけな仕草。

もし、幼子《おさなご》を喪った親が見たら、どんなにか切なく心に沁みることだろう……と、思っていると、次々とおひねりが舞台へ飛んだ。一瞬驚いたが、それはこの村里の芝居の素朴な味わいでもあった。

見ている方も、いささかしんみりとなったところへ、不意に、黒鬼と赤鬼が叫び声をあげながら躍り出て、童たちの積んだ石を蹴散らし吠えたて、亡者たちを追い回した。

「汝らの父母は娑婆にあって、朝夕ただ亡き子をいとしと思うのみで、追善供養の心がない。それは皆、汝等の罪となる」

と、童たちを責め立てている時、そこへ地蔵菩薩が現れ、亡者たちはすぐさまその背に隠れる。

白くやさしい面の地蔵は、手に持つ錫杖で鬼共を打って、追い払う。やがて鬼は退散し、童の一人を抱き上げた地蔵の後に他の亡者たちがつながって舞台をひと回りする。

「ナムアミダブツ、アミダブツ、アミダブツ……」と、静かな念仏和讃《わさん》の声で幕となる。

私が子供の頃によく遊んだ「鬼ごっこ」の中に「子とろ子とろ」という遊びがある。

その始まりは、平安中期の僧、恵心僧都《えしんそうず》源信《げんしん》が童を集めて、地獄の鬼から亡者を守る地蔵の様子を遊びにして、地蔵菩薩の慈悲を教えたことによるとされ、それを「比比丘女《ひふくめ》」と称したという。それが江戸時代には、「子とろ子とろ」と呼ばれる童あそびとなり、今に伝えられている。

その「子とろ」遊びの原型と言われる「比比丘女」そのままの情景が、つい今しがた「賽の河原」の後半で演じられたのだ。それは、日本の「鬼ごっこ」と「鬼」について考え続けている私には非常に興味あるシーンだった。

「釜入れ」

釜入れ

さて、これからはいよいよ地獄の責め苦の場となる。舞台には、作り物の大釜がでんと据えられ、かの鬼婆は渋団扇で火を煽ぎ、湯を沸かしている。

そこへ、黒鬼・赤鬼に追い立てられた亡者がやって来た。待ちかねた鬼婆は、亡者を捕らえ釜に投げ入れる。薪を投げこむ鬼婆、火を煽ぎ立てる鬼共。熱さに耐えかね、立ち上がろうとする亡者を、鬼婆と鬼共が押さえつけ、釜に沈めてさらに火を焚き続ける。

しばらくすると、赤鬼が「黒公、ゆだったぞ」。すると黒鬼は、「首でも切って喰らおうか」と恐ろしい言葉を平然と交わし、二鬼は亡者を棒に吊して連れ去る。

「死出の山」。鬼婆と鬼が亡者を追い上げる

「死出の山」。左から観音、亡者、赤鬼、黒鬼
（光町役場提供）

突如、この場面の途中で見物席から泣き叫ぶ幼い声。
「コワイヨー、コワイヨー」
「カエリタイヨ！　コワイヨ！」
必死で大人にしがみつき、しゃくりあげている様子が見えるようだった。たぶん、あの子は、この恐さを一生忘れないだろう。

死出の山

これも地獄の場面。舞台の下手にある枝葉で覆われた櫓が「死出の山」で、黒鬼がひそんでいる。舞台には鬼婆一人。そこへ赤鬼に追われて亡者が逃げてきた。

鬼婆は、椀と箸をのせた膳を亡者の前に置き、亡者がそれを食べようとすると、椀の中から火が飛び出す。驚き慌てる亡者を、鬼婆は包丁をかざして責め、赤鬼は吠え叫びながら「死出の山」へと追い上げる。

山の上には黒鬼が待ち構えていて、逃げようとしても下には赤鬼が。亡者は黒鬼に大石で打たれ、口から血を流しながら突き落とされた。そしてまた鬼共に責め苛まれ、何とも救いようのない無間《むけん》地獄の有様が続いている。

その時、ここに観音菩薩が現れた。宝冠とつややかな黒い面をつけ、錫杖と南天の枝を手にした観音は、自らがこの責め苦を代わりに受ける故、この罪人を許せと言う。

それに対し二鬼は、亡者の罪業を数え上げ、「すべては自業自得の理であって地獄の呵責を逃れる術はない」と、言い立てる。

観音は、鬼共の言うことはもっともであるとしながらも、なおも観音の大悲、功徳を説き、一本の塔婆《とうば》を立てることを約束して、罪人を呵責から解き放せと迫る。

やがて、観音は亡者を連れ去り、鬼共は力が及ばなかったことを口惜しがって地団駄を踏んでいる。

黒鬼は、卒塔婆《そとば》を引き抜き、「亡き人の今は仏となりにけり名ばかり残す苔の下露」と書かれたのを読み上げ、「さては成仏いたせしか」と卒塔婆を投げ捨てて幕となる。この時の所作で、まるで芝居の役者のように見得を切るのが面白かった。

なお、この段の観音菩薩が現れてから終わりまでの筋は「廣西寺鬼堂略縁起」に記されている事柄とほぼ同じである。

本当に恐ろしいものとは？

「鬼来迎」の四段全部が終わったのは五時頃。気がつくと全身汗びっしょりで、私自身、とても長い地獄めぐりをしたような気がした。

しかし、演じる方たちは炎天下に面、衣装、具足などをつけての熱演で、特に鬼役の方は、どれほどの汗を流されたことだろう、と、あらためて驚き、感心した。そして、房総の小さな里に、今も「鬼来迎」が伝えられているのは、文字通り「有り難い」ことだと思った。

地元では、古くから「鬼舞（鬼来迎）」をやめると疫病が流行したり、田畑が不作になるなどの災いが起こるとの言い伝えがあるという。しかし、この凄まじい地獄の芝居をひたすら演じ続け、伝えてきたのは、それだけではあるまい。

長い年月にわたって、ずっと里の人々の心の中に受け継がれてきたものは、祖先が大切に守ってきた〝信心〟であり、人としての〝心の有り様《あよう》〟だと思う。


その夜更け、浅い眠りの中で――。

広済寺の藪一面に開いたカラスウリの花に逢った。暗闇の庭のここ、かしこに、白いレースのように広がる繊細な花は夢のような美しさ。昼間、あれほど酷《むご》い地獄の様相が演じられたのは……あれも夢か幻か……。

突然「コワイヨーッ！」と泣き叫ぶ声がよみがえった。ケロッとして見ていた子が多い中で、あの声は、とても大切なことを私に伝えてくれたように思う。

本当に恐ろしいものは何なのか。私たちが真に恐れるべきものは何なのか。

地獄・極楽は他界でも異界でもなく、今、私たちが生きているこの世界と分かち難く結ばれていて、いわば、人の心の映《うつ》しそのものではないのか。

閻魔大王、鬼婆、鬼共の地獄の場面も、地蔵菩薩・観音菩薩の来迎も、今はすべてを呑みこんだように深い静寂《しじま》の庭。闇に浮かぶように咲いているカラスウリの白い花々は、あくまでもたおやかに、やさしげに風に揺れていた。現世《うつしよ》の闇、いかに深くとも……。

祈りと感謝のかたち

筑紫神社の粥占祭

［市指定無形民俗文化財］
福岡県筑紫野市原田・筑紫神社
問合せ▼筑紫神社☎092－926－5443

福岡県筑紫野《ちくしの》市原田《はるだ》にある筑紫《つくし》神社――。御祭神は、五十猛命《いそたけるのみこと》または白日別命《しらひわけのみこと》の両説がある。

●五十猛命

『日本書紀』の「神代・上の巻」では、五十猛命は、高天原を追放された素戔嗚尊《すさのおのみこと》の子。父スサノオと共に新羅の国に行ったが、やがて戻り、樹木の種を筑紫の国から蒔き始め、日本の国中を緑の国土にしたとされる。

●白日別命

『古事記』の「国生み」の話の中で、二柱の神が生んだ筑紫島（九州）には、四つの面《おも》（筑紫の国、豊の国、肥の国、熊曾の国）があって、それぞれに名がつけられた。その一つ、筑紫の国は白日別と呼ばれた。

一方、平安時代の『延喜式神名帳』に、名神大社としてその名が記されている筑紫神社は、「筑紫国魂《つくしくにたま》の神」を祀ったものとして「筑紫」という国の名の起源ともされている。

これに関して、鎌倉末期成立の『釈日本紀』の中では「筑紫国風土記逸文」によるものとして、「つくし＝筑紫」の地名の由来について、四つの説話をあげている。その中の一つに――

筑紫の国と肥の国との境に荒ぶる神（麁猛神《あらくたけきかみ》）がいて、その神によって通行する人の半分は死ぬので「人の命つくしの神」と呼ばれ、恐れられていた。そこで、筑紫の君と肥の君が占って、筑紫の君の祖の甕依姫《みかよりひめ》を祝《はふり》として神祭りをした。それから後は、荒ぶる神の害がなくなり、「筑紫神」として鎮まった。
こうした古い由緒や説話のある神社は、また、粥占《かゆうら》の神事でも知られている。

●二月十五日——「粥入れ」
粥を炊き、鉢に盛り神殿におさめる神事。

●三月十五日——「粥出し」
「粥占」の判断を行う神事。

筑紫神社

粥入れ

平成十六年二月十五日。

「粥入れ」の日。昨夜の激しい風も鎮まり、穏やかに晴れた朝。神事は九時頃からだが、少し早めに神社に行くと、氏子総代の人たちが掃除をしておられた。静かな境内に、サッサッと箒の音が清々しい。白い法被《はっぴ》の襟には「国号起源」「筑紫神社」の文字が染められている。「筑紫」という名にこめられた氏子の方たちの誇りのように……。

拝殿の前には、台が設《しつら》えてあって、その上に羽釜と、三方《さんぼう》にのせた塩・神酒・米が置かれている。総代の方が粥にする米を枡で計って釜に入れ、準備は調う。

九時になると、白衣の味酒安英宮司の後に、御幣・米・神酒・塩・釜を持った氏子総代の人々が従い、一行は神井へと向かう。

宮司が井戸の前で米を研ぐ

竈前での神事

一の鳥居の脇にある神井には、笹竹が立てられ、注連《しめ》が張られている。

井戸の前に、運んできたお供えを据えて、宮司が祝詞をあげる。白幣で祓い清めてから、まず井戸の正面で塩・米をまき、瓶子《へいし》の神酒を振りかける。同様に、井戸の四方を清め、最後に井戸の中に塩・米・神酒を捧げ入れる。

このように、水の神に礼を尽くしてから水を汲み、汲み上げた水で釜の米を研ぐ。二月の冷たい風の中で、何回も水を替えては米を研ぐ宮司の手が真っ赤になっている。

この後、一行は宮の石段を登って戻る。

拝殿の横には竈《かまど》が据えられて、ここも笹竹に注連が張られ、正面に米・塩・神酒が供えてある。シャモジ大二本、小一本、柳の箸、それに粥を入れる銅の鉢。鉢をおさめる木箱も台の上に置かれていて、粥炊きの時を待っている。

銅鉢には「文化二乙丑年」（一八〇五年）の銘がある。粥占がいつ頃から行われていたかは、資料がなくてわからないそうだが、少なくとも、この銘の文化二年よりも以前からだったのは確かである。

しばらくして、装束を改め、冠をつけた宮司が、神井の時と同様に竈の四方を塩・米・神酒で清める。それから、神井の水を枡で計り、洗い米の入っている釜に加える。粥は、〝米八合に水二升三合で炊く〟と言い伝えられているそうだ。

竈に釜をのせ、粗朶《そだ》を焚き口に入れる。

この後、一同は拝殿に上がり、神前で火起こしの儀となる。ところが、この日は火鑽《ひきり》ではなかなか火がつかないので、火打ち石で火を採って蠟燭に移し、この清浄な火を宮司が捧げ持って竈へ。パチパチと竈の火が燃え出すと、みんなの間にほっとした空気が流れる。

井戸から水を汲み、火を起こして竈で炊く。神事と庶民の暮らしの違いはあっても、ずっと昔から、私たちの祖先は日々の暮らしの中で、火の神・水の神を大切に祀り、感謝の心を忘れなかった。スイッチ一つで、何でもできる今の簡便な生活で、私たちが忘れ去ってしまったものだ。

粥が炊き上がるまでは、四、五十分はかかるが、竈の当番の方は粗朶をくべ続け、途中からは焦げつかない

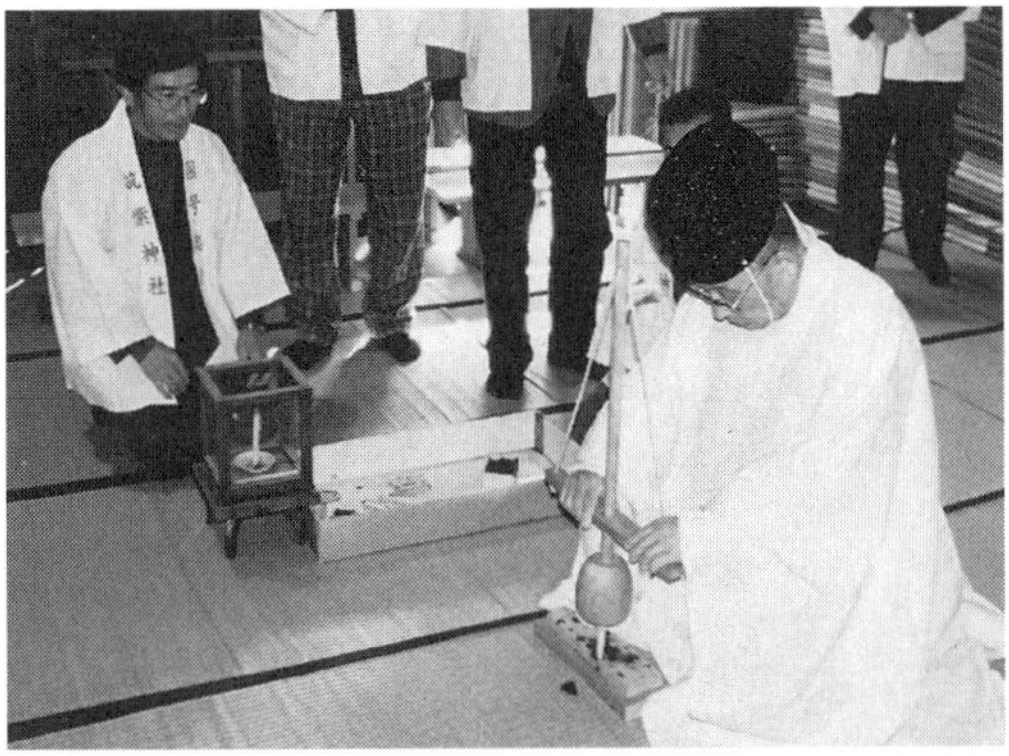

火起こしの儀

宮司が火を竈へ運ぶ

粥をかきまぜる

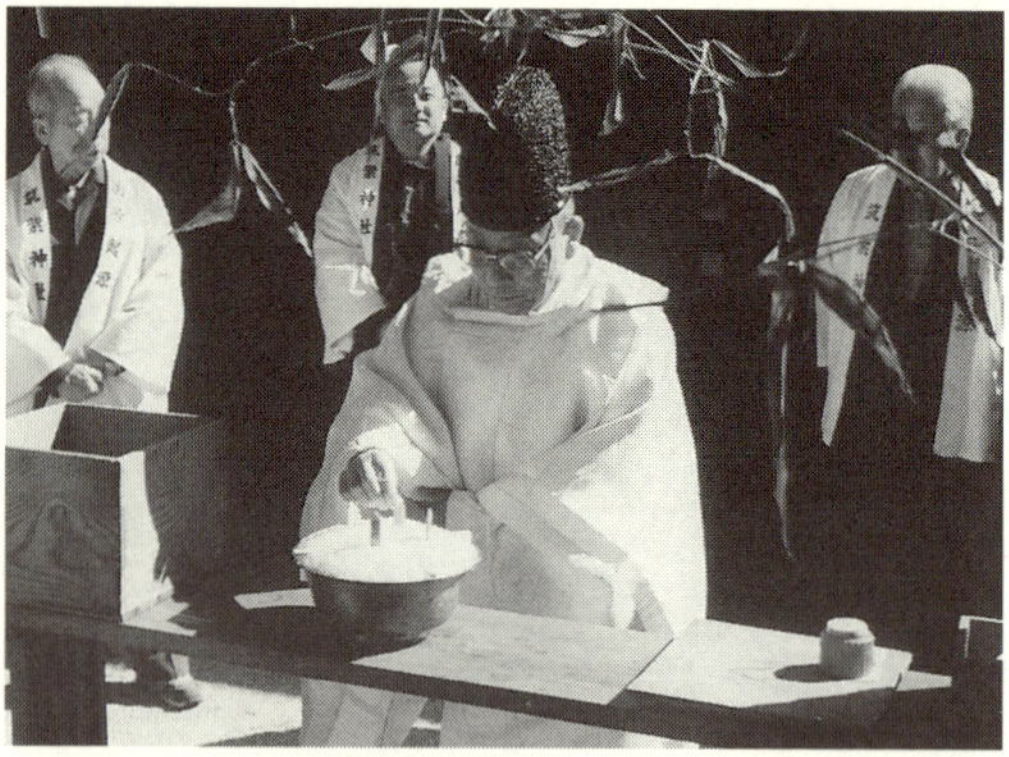

粥鉢に札を立てる

宮司が粥箱を神殿へ運ぶ

ように絶えずかきまぜたり、と大変忙しい。万一、焦げついた時は、初めから全部やり直しをしなければならないとの決まりがあるので、その責任は重大である。

いよいよ炊き上がる頃には、大シャモジで糊状になるまで根気よくかきまぜる。

十一時過ぎ、ようやく炊き上がった粥を、宮司が銅鉢に丸く盛る。その粥の表面に、二本の柳箸（前年度の宮座の御供《ごく》に添えられたもの）を十文字に渡し、四つに区切られたところに筑前（北）・筑後（南）・豊前（東）・肥前（西）の札を立てる。中心が筑紫神社である。

炊き上がったばかりの神粥は、白くつややかに輝いていて、「おかゆ様」という昔からの呼び名がぴったりの感じ。粥が少し冷めたところで、鉢は木箱におさめられ、東・西・南・北と書いた紙で四カ所に封をする。

十二時頃から粥入れの儀式となる。宮司の打つ太鼓の合図で式が始まり、修祓《しゅうばつ》、祝詞《のりと》、開扉に続いて献饌《けんせん》の儀と続く。

「おかゆ様」の木箱は、神殿の中央、奥に安置され、米、神酒、季節の野菜や果物、魚などが次々に捧げられる。次いで祝詞奏上、大祓《おおはらえ》奏上と式次第は進み、撤饌《てつせん》の後に楽の音の流れる中、神殿の扉が閉じられる。

こうして、一カ月後の三月十五日の「粥占」の日まで「おかゆ様」は神殿で静かに時を過ごされる。

現在は「粥入れ・粥占」神事には氏子総代の方たちも参加しているが、昔は、秘儀とされていたそうだ。神意を占問《うらど》うこと、それは潔斎し、神に仕える者のみに許されていたことであった。

粥出し

三月十五日。「粥出し」の日である。早朝六時、まだ明けやらぬ空には月が見え、星もまたたいている。三月半ばでも、この時刻は周囲の冷気が身に沁む。

朝闇を揺さぶり、鳴り響く太鼓の音。

一同は拝殿に座し、修祓、開扉、献饌、祝詞奏上と神事が続く。やがて「神粥出しの儀」の頃になると、辺りの明るさにつれて、宮の森で小鳥の囀りが賑やかになってくる。

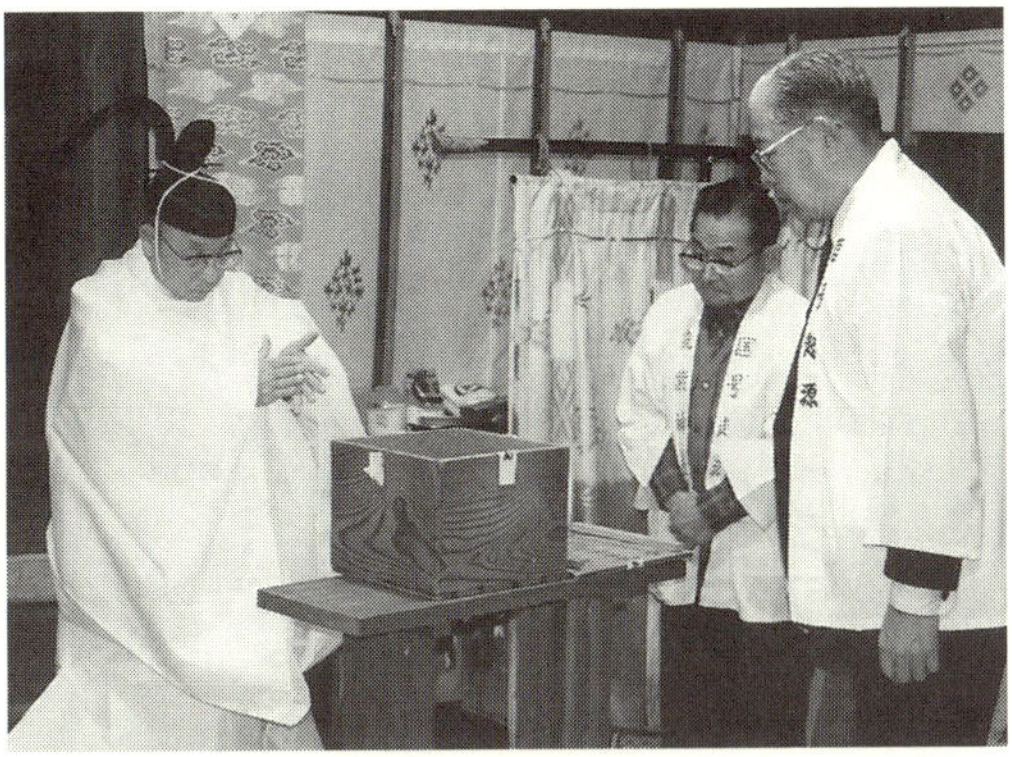

神粥出しの儀

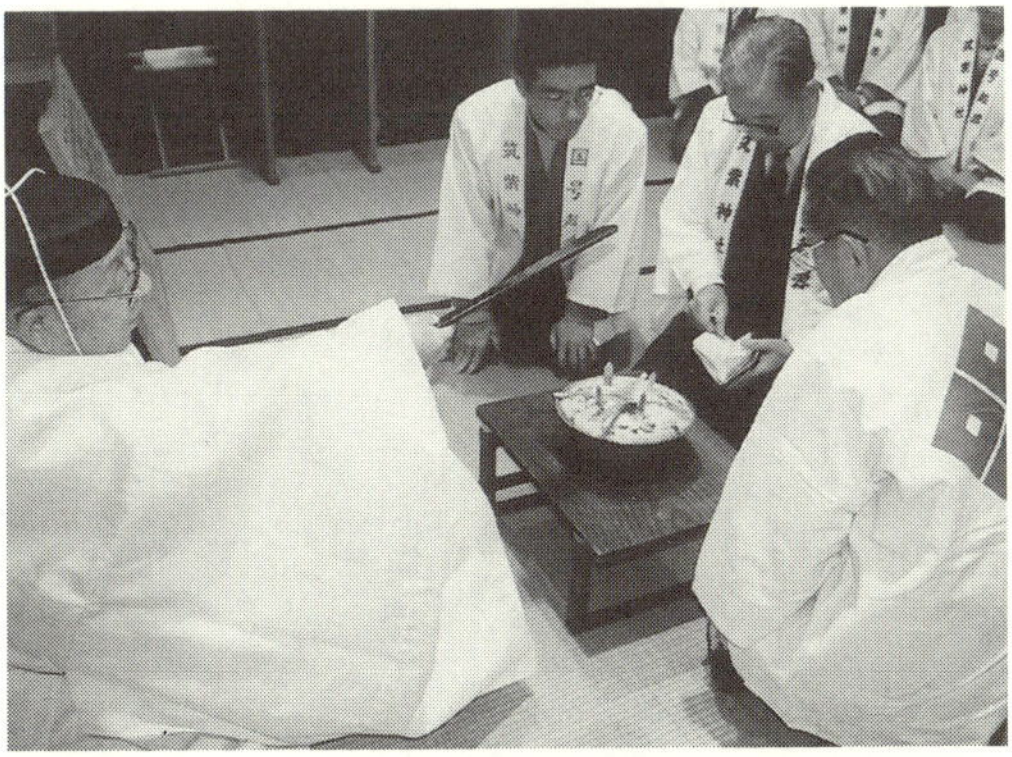

宮司と判断委員

拝殿前に置かれた神粥

宮司は、ひと月前に安置された「おかゆ様」の箱を神殿の奥より出し、用意された机の上に置く。神粥の判断を行う氏子代表の三名が、箱の封を切る。宮司、礼拝の後、おもむろに粥鉢を取り出す。拝殿内は、さっと緊張した雰囲気に。

宮司が「只今より判定をいたします」と告げ、三名の氏子と共に、粥の表面のカビを見ながら、しばらくの間評議をする。

氏子の中で、神粥の判断をする人は三~五名となっているそうだ。その長の横尾好昭さんは、もう二十年ほど粥占にかかわってこられ、横尾家は、代々、粥占判断をつとめる家柄とのこと。

やがて判断の結果が朱筆で書き入れられる。

平成十六年　神粥占判定

一、稲　作　　中の上
一、麦　作　　中の上
一、雨　　　　中
一、旱　魃　　なし
一、蝗（害虫）　多少あり
一、日　輝　　中
一、流行病　　なし
一、全般的　　中
　　順　位
　筑前1　　肥前4

神粥の鉢は拝殿の前に置かれ、今年の粥占判定を記した紙が張り出される。お詣りに来た人々は、今年は全般に「中」との神のお告げにまずは一安心。

境内のヒカンザクラの大木が、うす紅色の可憐な花をつけていた。

十時半頃から再び神事が行われる。

午後三時頃に、境内の神池に神粥が投入されて、この年も無事に粥占祭が終了した。

粥占のいろいろ

古代から、人間は未来について漠然とした不安を抱きながら、将来の吉凶や運勢を占いによって知ろうとした。

その一つ、年の初めの「年占《としうら》」は、農民にとって最大の関心事である天候や作柄を占うものとして、昔から日本各地の神社などで様々な行事が行われてきた。中でも「粥占」は、最もポピュラーなもので、かつては、家々や村などの小正月の習俗であった。

小正月は陰暦の一月十五日の望《もち》（満月）の日。この日は年神を迎えて、粥・小豆粥を供え、農作物の占いをしていた。

粥占の方法は、大きく三つに分けられる。
①細竹や葦の管を粥の中に入れて、筒の中の粥の量で占う。

②粥かき棒として、柳やヌルデの棒に割れ目をつけて粥の中に入れて、その棒に付いた粥の量で占う。また藁なども用いる。
③炊き上がった粥を一定期間置いて、カビの状態で占う。

②の粥かき棒は、ハラメン棒（孕めん棒）、イワイ棒（祝い棒）などと呼ばれ、この棒で女の腰を叩いて子孫繁栄のまじないとする風習が各地に伝えられてきた。

『枕草子』の正月十五日のくだりに、「もちがゆのせく（節供）まゐる……」と記されていて、望粥を神に供える風習が、平安の昔にもあったことがわかる。さらに、この頃すでに、懐妊のまじないとして、粥の木（粥かき棒）で女の腰を叩く風習もあって、宮中の女房たちが叩かれまいと用心している様子や、隙を見ては叩き合って興がっている様子が描かれている。

③の方法は、北部九州に多いと言われているが、筑紫神社の粥占もこれである。

筑紫神社の二月十五日の「粥入れ」は、以前は旧暦正月十五日であったが、これは先に述べた小正月の望粥《もちがゆ》の行事である。そして三月十五日の「粥出し」は、かつては旧暦二月の初卯《はつう》の未明に行われていた。卯の日は吉日として、神社の例祭などが行われるが、民俗でも、田の神まつりなど、稲作に関するまつりの日でもあった。現在では、一般に、神事や祭礼行事の日取りを、社会状況の変化に応じて定めていることが多いが、昔を辿ってゆくと、それぞれに明確な意味があることがわかる。


今年はいかがなものでしょうか?……。

人々は恐る恐る神さまにお伺いを立てる。少しでも、良い占いが出ますように、と念じながら。

今年は、まずまずの年であろうとのお告げがあれば、ほっと胸を撫で下ろし、凶の年と聞けば、一層気を引き締めて、日々の仕事に精を出す。

こうして働き続けてきた私たちの祖先には、年神さま、産土の神、山の神、水の神、田の神と、森羅万象の神々への限りない畏敬と祈りの心があったと思う。それは、飽食の時代に生き、科学万能と錯覚している現代の我々が見失ってしまった大切なものではないだろうか。

古いしきたりで受け継がれた粥占の祭りは、あらためて、昔の人々の心ばえを感じさせてくれた。

やさしい〝おかゆさん〟

これまで見てきたように、古代から、粥は神饌《しんせん》であり、ハレの日の食べ物であった。そして、現代の私たちにも粥は非常になじみ深い食物である。
●例えば、正月七日の七草（七種）粥——。
その起源は中国の『荊楚《けいそ》歳時記』の五節供の一つ、人日《じんじつ》（正月七日）に七種菜を以て羹《あつもの》（熱い吸い物）を作ったことに因る。本来は、人日に若草を食べて、全身の邪気を払う行事であったという。

我が国で、春の七草を摘み、俎板にのせて打ち、粥を炊く風習は、室町時代の末頃からのようで、江戸時代の絵草紙にも見られる。

今でも七草粥は、正月行事の一つとして一般に行われている。寒さの季節、瑞々しい若草の緑を粥に入れて頂くと、温かい湯気と共に、新しい生命の息吹が身体に沁み通る気がする。が、飽食の現代は「おせち料理を食べ過ぎて疲れた胃に、やさしい食べ物」というふうにも言われている。
●例えば、みどり児に与える離乳食の粥——。
初めて粥を食べさせる若い母親のまなざし。小さな小さな口をすぼめて粥を食べている乳児。その一匙一匙は、その児の身体と心をゆっくりと育ててゆく。日本人のＤＮＡと共に……。

●そして〝おかゆさん〟――。

幼い時から、ずっと病弱だった私には懐かしい言葉である。熱を出している私の枕元で、母が「さあ、おかゆさんよ」と声をかけてくれる。お匙に掬った熱いおかゆさんを「フーフー」と息で冷まして、私の口にそっと入れてくれる。時には卵入りのおかゆさんも。病気は辛いことなのに、「フーフー」とおかゆさんを冷ましてくれる母の横顔を見ながら、母を独占できてチョッピリ得をした気分だった。

今でも、体調が悪かったり、食欲のない時は、決まって、おかゆさんを作る。そのやわらかさ、あったかさは疲れた心と身体をふんわりと包んでくれるような、自然なやさしさがある。

遠いノスタルジーの向こう側に、今も、ふっと母の声が聞こえる。

「さあ、おかゆさんよ……」

阿蘇神社の泥打ち祭り

［県指定無形民俗文化財］
福岡県朝倉市杷木穂坂
問合せ▼朝倉市商工観光課☎0946－52－1428

福岡県朝倉市杷木穂坂《はきほさか》の阿蘇神社（下宮）では、毎年三月二十八日に「泥打ち祭り」が行われている。

この神社は、肥後（熊本）の阿蘇大明神を勧請し、初めは、杷木の集落からかなり離れた山（阿蘇山）の山頂にある巨岩を御神体として祀っていた。しかし、そこへの参詣は、山道も険しく道程も里から遠く、甚だ不便であった。そこで、里に近い「段《だん》の原山《はらやま》」に下宮を建て、阿蘇山上の神域を奥宮と崇めた。

御祭神は健磐龍命《たけいわたつのみこと》・中山祇命《なかやまつみのみこと》・高龗命《たかおかみのみこと》である。

今年の代宮司は？……

平成二十二年三月二十八日。春の盛りの穏やかな朝、下宮に御祭礼の幟が立ち、野辺にはタンポポやスミレの花が咲き、鶯の声も聞こえていた。

歩いていると、御神幸の道筋に泥を捏《こ》ねたものが、あちこちにこんもりと置いてあるのが目につく。

この泥は、「打ち子」と呼ばれる十二人の小学生が当日の朝八時頃から神田（二畝、約六十坪）の土に水を加えて捏ねたもの。それを大きな泥まんじゅうにして、御神幸の道に三メートルほどの間隔で置く。

打ち子は祭りの主役の「代宮司《だいぐうじ》」に泥を打ちつける役で「神童」とも言われるが、朝早くからの泥作りも一仕事のようだ。

十一時、一番太鼓が鳴った。続いて二番、三番太鼓が鳴って、正午に段の原山の麓にある公民館に氏子五十四戸の所帯主が集まる。男性がほとんどだが、数人の女性の姿もあった。

穂坂区の氏子五十四戸は、五組に分かれている。

阿蘇山……十一戸
表組………九戸
中組………十四戸
沖組………十二戸
古屋《こや》組……八戸

今年の「泥打ち祭り」の元方（当番）は古屋組である。

公民館に全員集合したところで、区長の挨拶と元方の挨拶がある。それから、代宮司を決める「籤引き」が始まる。丸盆の中には大豆粒ぐらいに丸めた和紙が五十四個入っている。その中に「大福」と書いた紙が一つあって、それを引いた人が今年の代宮司に決まる。

お盆が順々に回っている間、自分が手にした紙をそーっと開く人たち。白紙なのでほっとした表情の人たちの談笑が続く。

終わり近くになって「大福」を引き当てたのは飯田昭雄さん（六十八歳）だった。みんなの拍手と「おめでとう」の声。

確かに名誉ではあるのだが、かなり辛くて大変な代宮司の役。でも、飯田さんはニコニコと笑顔で応じておられた。三百年以上も続いてきた祭りの意味を、その笑顔が語っていた。

この籤を高齢者や女性が引いた場合は、誰かが代わることになっているそうだ。また、二度も当たった人もあれば、まだ一度も当たらない人もある。

今年の代宮司の飯田さんには、晒し一反と金一封が贈られ、それからお祝いの宴席である。

まず甘酒で、次に燗酒が注がれる。お膳は高盛りのご飯、おひら（蒲鉾・竹輪）、膾《なます》（いりこの尾頭つき二匹添え）、たくあん二切れ、味噌汁の五品で、これは昔ながらの献立。

広間の宴が次第に賑やかになってゆくにつれ、隣の炊事場では女性たちがお燗をつけるのに忙しい。

「若い人たちはほとんど町に出ていくので、祭りには帰ってきてもらうのだけれど、なかなか……ね」と、御苦労の多い年配の女性の話。

「大福」を引き当てた飯田さん（左から３人目）

公民館での行事は一時間ほどで終わり、午後から下宮の拝殿での神事の後に、代宮司一行の御神幸となる。

下宮は麓の鳥居から百段余りの石段を上って、さらにその上の高い所に社殿がある。小さな境内は満開の桜、ちらほらと葉桜も見えて、春の田の神の祭りにふさわしいのどかさ。

二時近くになると境内は人で埋まる。その中には、雨でもないのにビニールのレインコートを着て、カメラにもビニールを被せたりした人もあった。後になって、その用意周到さがやっとわかる羽目になるのだが、それは〝時すでに遅し〟であった。

午後二時過ぎ、拝殿には宮司、区長、代宮司、組長、今年の元方、来年度の元方など十二名が揃い、神事が始まる。修祓《しゅうばつ》の後に御祭神の神徳を称え、氏子の安全息災、五穀豊穣、今年の祭り奉納の無事を祈って祝詞《のりと》奏

打ち子

泥を捏ねる打ち子たち

上。次いで玉串奉奠《たまぐしほうてん》が行われた。

神事がすむと「種渡し」の儀式となる。これは今年の元方の代表二名から来年度の元方代表への引き継ぎの式である。しかし、実際の引き継ぎは十二月の初丑の丑祭りの後に、帳面や「泥打ち祭り」の衣装、道具などの受け渡しが行われることになっている。

お膳はおひら（蒲鉾・竹輪）、膾（いりこ尾頭つき二匹添え）、吸い物などでご飯はない。

五つ組の朱塗りの杯が宮司から順に回る。五升近い酒を次々と回し飲みするのだが、特に、代宮司はしっかり飲まされるそうだ。

いわゆる宮座の雰囲気とも少し違って、かなり御神酒の入った人たちの話し声、笑い声がいかにも楽しげで、ほほえましい。

泥打ち祭り

拝殿で儀式が行われている間に、「泥打ち祭り」の準備は打ち子たちと関係者によって着々と進められていた。拝殿前の鯰の石像の傍には「神の座」と称する泥のたまり場がある。この泥も神田から運んできた土と水を捏ねたもので、その中に打ち子十二人が交代で入って手と足で泥を捏ねている。

打ち子たちは頭に白手拭を被り、紺の法被《はっぴ》に赤い襷《たすき》をかけ、白い短パンのいでたち。「泥打ち」が始まる時には注連縄《しめなわ》の帯をつける。

ちょっと一休みしていた男の子は、「二年生の時から、ずっと祭りに出ているんだ」と誇らしげに語ってくれた。


拝殿の後方には「獅子」が待機していた。

牡獅子（赤）、牝獅子（黒）でそれぞれ二人立ちであるが、この獅子は母衣《ほろ》をまとうタイプではない。

豆絞りの鉢巻を締め、白シャツ白ズボンに紺の法被、腰に注連縄を結んだ二人が頭と胴を持って立ち動く。

獅子の胴は細長い布地に棕櫚《しゅろ》が獅子の毛のように綴じつけてあって、毛の先にはたくさんの白幣がついている。

獅子回しの役は十七、八歳から三十歳位までの青年で、御神幸の先導をつとめる。祭りの日は、朝早くから地区の五十四戸全部を祝って回るしきたりなので、かなり体力のいる役である。

獅子回し

三時近くには「種渡し」の儀も和やかに、賑やかにすみ、一同の拍手でお開きになった。

三時、宮司が代宮司と介添えを伴い奥の幣殿に入る。他の者は入ることができない。ここで、代宮司は二枚重ねの白装束に着替え、白頭巾を被る。それから、修祓、大祓えの後に「遷霊《せんれい》の儀」が行われる。「御神入《ごしんい》れ」とも言い、これによって代宮司に阿蘇大明神の神霊が宿り、代宮司は即ち神となるのだ。

やがて奥の間から宮司と白装束の代宮司が現れた。拝殿の前に獅子、打ち子たちや行事の関係者が勢揃いしており、ここでも行事の無事を祈って

「祝いましょ」（阿蘇神社前にて。秦暉尚氏提供）

泥まみれの代宮司と打ち子たち（秦暉尚氏提供）

宮司のお祓いが行われた。

二匹の獅子は代宮司を囲み、「祝いましょ」とパッカ、パッカと口を打つ。

拝殿を降りた代宮司は、「神の座」に座る。充分に捏ねられた泥の座である。これをなぜ「神の座」と呼ぶのか、この時まではよくわからなかったが、これは、確かに神霊を享けた者、つまり神となった者の座なのだと納得した。

たちまち打ち子たちが代宮司を取り囲んで、凄まじい勢いで泥を塗りまくる。袂にもたくさんの泥を入れ、背中にもたっぷり担わせる。途中で「まだ白い所があるぞ！　塗れ！　塗れ！　もっと塗れ！」と声が飛ぶ。

代宮司は「田の神さん」とも呼ばれ、泥が多くつくほど「実がつく」、豊作になると言い伝えられている。

こうして、頭からすっぽり泥人形になった田の神は、ふらふらと立ち上がり、立御幣《たてごひ》を持った若者二人に両脇を抱えられ、よろめきながら石段を下り始めた。

これから田の神の御神幸が始まるが、後に付き従う打ち子たちは、次々と泥つぶてを代宮司に投げ続ける。少しでも間があくと「打たんか！　打たんか！」と声が飛ぶ。

泥は、見物の人々やカメラを持つ人たちにも容赦なく飛んできて、あちこちで「キャー、キャーッ」とけた

代宮司神座

たましい声。しかし、この泥がつくと縁起が良いとの言い伝えがある。とはいえ、私たちもカメラの一つは使えなくなったし、コートも靴も泥だらけになった泥打ちの祭りであった。

道中で「祝え！」と声がかかると獅子はパッカ、パッカと口を鳴らす。「祝いましょ。もひとつせ、祝うて三五《さんご》」と囃子ことばを入れながらパッカ、パッカと行列の先に立って歩いてゆく。その獅子もいつか泥まみれになっていた。

御神幸の列が国道を通る時には、交通整理が行われて片側通行になる。一行が通った道筋の家々は、壁にも塀にもたっぷりの泥がついていた。路面も泥だらけで、靴底についた泥でだんだんと足が重くなるほどだった。

こうして、泥まみれの御神幸は六〇〇メートルの道程を約一時間かけて、道祖神「猿田毘古《さるたひこ》神」の碑に辿り着いた。碑の前には水神棚のような棚が設けられていた。青竹四本を立て、三尺四方の竹の簀子《すのこ》の棚に注連縄が張ってある。けれど棚には供物はない。地元では「代宮司神座」と呼んでいる。

ここで、獅子回しがパッカ、パッカと祝ってから「昇神の儀」が行われた。「御神あげ」とも言い、宮司が修祓の後に「オーッ」と警蹕《けいひつ》の声を三度発する。これによって、神霊は泥んこの代宮司を離れ、今年の「泥打ち祭り」は無事終了である。

代宮司は衣を脱ぎ、衣に着いた泥は、どさりと、棚の簀子に置かれた。代宮司が背負ってきた泥の重さは四〇キログラムほどもあると聞いて驚いた。

顔も衣装も泥だらけの祭りの人たちの間を、爽やかな風が吹き通る。中でも、文字通り重荷を下ろして、つとめを果たした代宮司のほっと

泥は代宮司神座の棚に置かれる

した表情が印象的だった。
代宮司、打ち子、獅子回しなどの泥まみれになった衣装は、婦人たちが筑後川で洗い清める。

祭りを支える人々の思い

御神幸のすんだ道を戻っていると、道路の泥をシャベルなどで片付けている人たちに出会った。

――大変ですね。ご苦労さま――と声をかけると、「あ、いえいえ」とさりげない返事。毎年のことですから……と。これも地区の人々にとっては年中行事の一つなのだろう。

この年の座元をつとめた古屋組の組長の末崎明則さんにお話を伺った。

現在、この地区には柿、ぶどうなど果樹農家が多い。昔から、穂坂は稲作に適した土地が少なかった。それ故に、稲の豊作を願う心が他よりもずっと切実で、その思いが「泥打ち祭り」という形で長い間受け継がれてきたのだろう。

末崎さんも子供の頃に打ち子をやり、獅子回しなど一通りの役を経験してこられた。祭りの元方をつとめるのも二度目で、この伝統をぜひ後々に伝えたいと願っておられる。最近の少子化の影響で、打ち子になる男子も年々少なくなっているので、中学生や他所に出た人の子にも出てもらうそうだ。

祭りの一週間ほど前に、阿蘇神社周辺の下見を兼ねて穂坂を訪ね、区長の岩本輝夫さんに地区の様子、祭りの行事次第なども色々教えて頂いた。

先祖から受け継いだ祭りを後々に伝えようとする方たちからお話を伺うのは嬉しいことである。でも、いつまで続けられるだろうか?……。

その心配はどこの土地でも同じだった。けれども、祭りの準備や行事での様々な苦労はあっても、むしろそのために住民同士の絆が強くなり、また、大人も子供も互いに理解し合えるのは何よりも大切なことだと考える人たちによって祭りは支えられている。

穂坂には水の神や山の神を祀っている所が十数カ所もあって、三月、七月、十二月の祭りの日には注連縄を新しく替え、御神酒を供えたりしている。これもその年の元方のつとめとなっているそうだ。

——ずいぶんお忙しいんですね——

「でも、これは昔からのしきたりなんで……」

その言葉に、(あ、これが神祭りの原点なのだ)と感じた。

古代から私たちの祖先は、山や川、森や林の木々にも、岩にも、天地自然のすべてに神が宿ると信じ、至る所に神を祀り、祈り続けてきた。

〝昔からのしきたり〟として、今も集落のそこここに神様を祀っている穂坂地区で「泥打ち祭り」というユニークな祭りが、三百年以上も続いているのも、そうした人々の〝思い〟があってこそなのだろう。

祭りの後、里はさっきまでの賑わいを忘れたように静かだった。

ゆったりと流れる筑後川の岸辺で春風に吹かれながら、また一つ、ふるさとの祭りの心に出会えた喜びが私を満たした。

豊前感応楽

［県指定無形民俗文化財］
福岡県豊前市山田町四郎丸・大富神社
問合せ▼大富神社☎0979-83-3450

豊前《ぶぜん》市山田町四郎丸に鎮座する大富神社——。御祭神は、宗像三神・八幡神・住吉三神である。山田町、八屋《はちや》町、千束《ちづか》町、横武町の四町の産土神である大富神社の神幸祭は、毎年四月三十日から五月一日にかけて行われている。その際、雨乞いの楽「豊前感応楽《かんのうがく》」が、四郎丸地区の人々によって一年おきに奉納される。

平成八年四月三十日——。この年は感応楽が奉納されると聞き、大富神社の神幸祭に出かけた。午前十一時を過ぎると、人々が境内に集まり始め、道の向こうから笛の音が聞こえる。華やかに飾られた傘《かさ》鉾《ほこ》が三台、揃いの法被《はっぴ》を着た大人や子供たちの囃子に導かれて鳥居をくぐる。続いて御神幸のお供をする舟が来る。紫の幕と五色の幣をつけた二メートルばかりの木の舟は、リヤカーにのせられており、それには編笠に紋付姿の船歌の十人が従っている。

十二時。花火の音を合図に、三台のお神輿《みこし》が据えられた御本殿の前で「船歌神事」が始まる。円陣を作ってうずくまり、白扇の先を地につけて歌う船歌の言葉はほとんど聞き取れないが、その節回しはどこか中世の芸能を思わせる。この舟と船歌は、氏子の明神区と住吉区が交互に受け持つことになっていて、この年は明神区の当番である。「船歌神事」がすんで、感応楽奉納の頃には、境内は多数の人で埋まっていた。

渾身の楽打ち

拝殿の横、神庭の中央には幣をつけた太い青竹が立ててある。

その前に、祭文の読立《よみたて》役の男児が正副二人。正は、大紋の直垂《ひたたれ》に烏帽子《えぼし》をつけて、幣を持つ。副の方は、麻の裃《かみしも》に侍烏帽子《さむらいえぼし》姿である。この読立を中心にして中楽《なかがく》（本楽）の青年六人と、団扇《うちわ》使いの少年二人が円陣をつくり控えている。

「感応楽」「国楽」と大書した白い大団扇を持つ少年二人が円陣の外に立つ。

読み立て

「そもそも、音楽の起こりを尋ね奉るに……」

張りのある少年の声が、感応楽の由来を述べた祭文を読み立てる。祭文の読み立てが終わると、鉦《かね》打ちが「ヨーオ」と掛け声をかけてコン、コン、コンと鉦を叩き、楽が始まる。

赤熊《しゃぐま》を被り、紺絣の着物に腰蓑をつけ、背中に白い御幣を立てた中楽の六人と、同じく紺絣に腰蓑で菅編笠を被った団扇使いの二人の円陣がゆるやかに動き出す。

笛・鉦の囃子が流れ、中楽は胸にかけた大締太鼓を打ち鳴らしながら、地を踏んで踊る。

団扇使いは、五色飾りのついた角団扇をヒラヒラと動かしながら、天を仰ぎ、地を掬うような動作を繰り返し、踊りの指揮をとる。

「ヨーオ」「ヨーオ」の掛け声と共に、鉦の拍子が次第に速く、強くなっ

中楽

てくる。

と、中楽の一人、左引き（音頭を取る役）が「ナムアーカミド」と鋭く叫ぶ。その声を合図に、笛、鉦、締太鼓が一斉に激しく鳴り響く。

楽打ちの型は十九条あって、それぞれが神への祈願と感謝の意を表しているという。絶えず跳び、踊り、太鼓を打つ若者たちの全身からエネルギーが迸る。

次々にバチさばきを変える締太鼓と調子を合わせる囃子方は、菅編笠に裃姿の笛十二人と、黒着物の鉦打ち二組である。その中には若い頃に中楽の踊り手をつとめた人たちもおられるとか。

水取りと呼ばれる二人が円陣の外に立ち、激しい輪舞を続けている踊り手たちを見守り、頃合いを見ては、つつっと近づいて、水を飲ませて回る。これは古老の役目だそうだが、強い日差しを浴び、汗だくで踊り続ける者にとっては、何よりの甘露であろう。

本来は、側楽《がわがく》（花楽）と称して、小さい子供たちが中楽の周りで踊る楽があるそうだが、最近は子供の数が減ってきて、側楽ができなくなっているという。

感応楽の由来

感応楽の由来について、四郎丸には次のような話が伝わっている。

文武天皇の御代のある年、激しい日照り続きの上、疫病が村に広まった。苦しみあえいだ四郎丸の六十五戸の人々は、揃って山田八幡宮（大富神社）に籠もり、二十一日の間、雨乞いと病魔退散を祈り続けた。すると、満願の日に一人の仙人が現れて、神のお告げとして一風変わった不思議な舞楽を教えた。そこで、村人がこぞって一心に太鼓・笛・鉦を打ち鳴らして、その舞楽を奏し祈ると、たちまち悪魔は退散して疫病は鎮まり、恵みの雨が大地を潤した。

その神恩に感謝して、四郎丸の住人は、家が三戸になるまでは、永久に、神に舞楽の奉納を続けることを誓った。

こうした言い伝えにより、「感応楽」は四郎丸の人々によって今も受け継がれているのである。

住吉お旅所へ

午後一時。住吉お旅所への御神幸の行列が勢揃いする。神社の脇を宮川が流れ、その川に面した鳥居からの出発になっている。お神輿の先導をつとめる先ほどの小舟が、川のほとりに運ばれ、鳥居の前で御出立の船歌が歌われる。

独特の節回しを聞きながら、（もしや、昔はこの宮川を下っての御神幸があったのでは？）と思った。

いよいよ御出立である。小舟と船歌の人々、苗箱、猿田彦、茅輪《ちのわ》などに傘鉾・笛・太鼓の列が続きお神輿。その後にもまた二台の傘鉾と二台のお神輿が連なる。殿《しんがり》は、馬に乗った宮司様。総勢五百人ほどの盛大な行列は、宮川橋をゆっくりと渡って住吉のお旅所へとお下りになる。

驚いたのは、お神輿の御出立の時である。耕運機に彩色飾りをしてお神輿をのせ、神職がハンドルを握ってしずしずとお出ましになったのだから。

一瞬呆気に取られたが、しかし、雨乞いと五穀豊穣を祈願する神幸祭であるから、このユニークなお乗物も、いっそ、今様の理に適っていると言うべきであろうか。

大富神社を出発した行列は、約四キロの道を五時間ほどかけて各地区を巡り、途中二十二カ所で船歌を歌い、夕刻、住吉のお旅所に御到着となる。

御神幸の行列。下は神輿をのせた耕運機

住吉お旅所——。

八屋の八尋浜にあるお旅所に近い本町《ほんまち》と上町《うわまち》には見事な山が飾られ、出番を待っている。大人も子供も揃いの法被姿で、路地の隅々にまで祭りの色が溢れている。

参道や境内の両側に、ずらりと並んだ夜店から威勢のいい呼び声。人波の中を歩いていると、子供の頃、小さなお財布を握りしめ、友達と店をのぞいて回ったあの興奮を懐かしく思い出す。

お旅所の境内の奥、正面に仮殿があり、その左脇に塞《さい》の神の小さな祠がある。ここの塞の神は、お旅所の守護神とされ、翌五月一日には、祠の前でお田植祭と茅輪神事が行われることになっている。

六時を過ぎた頃、雨もよいの夕暮れの町に、笛・太鼓の音が響く。

傘鉾の行列に続いて三台のお神輿が次々と境内に入り、仮殿に並んで安置される。

間もなく「ヤッサ、ヤーレ、ヤーレ」の掛け声も勇ましく「八屋祇園」の大舟が入ってくる。何本もの大漁旗を賑やかに立て、御神灯を明るく灯している。長さはおよそ七メートル、高さは三メートルほどの見事な大舟である。「ヤッサ、ヤーレ、ヤーレ」。大人も子供も一緒になって声を張り上げ、太い引き綱を引く。

大舟がやっとお神輿の前に据えられて、お着きの船歌が始まると、三台のお神輿の前に神饌《しんせん》が供えられる。

「あら、ありがたの……」

潮風に乗って静かに流れる船歌は、住吉の神、宗像の神、八幡の神々へと先祖代々、捧げ、祈り続けた人々の心。五穀豊穣、雨乞い、天下泰平、国家長久を願い、悪疫退散も、牛馬の安全もと、すべてを神に委ねて祈った人々の思いを伝えている。

大富神社の春祭は、もともと旧六月末の夏越《なごし》の大祓え（祇園会）であったのが、四月のお田植え神事と結びついたと言われている。しみじみとのどかな船歌も、勇壮な感応楽も、共に神への一途な祈念なのである。

お着きの船歌。奥に見えるのは大舟

天地も感応する楽

船歌神事の後、境内の中央に積み上げた薪《たきぎ》に火がつけられ、今宵の祭りのクライマックス、炎の感応楽がいよいよ始まる。

どさり、どさりと枝木が投げ込まれ、勢い良く燃え上がる焚き火の周りで繰り広げられる豪快な炎の舞。

時折の強風に煽られて、炎は一段と高く上がり、パチッ、パチッと火

炎の感応楽

の粉が飛び跳ねる。取り巻いている見物のどよめき。

とっぷりと暮れた神の庭に、笛と鉦と太鼓が響き合い、次第次第に高揚してゆく踊り手たち。

燃え盛る炎を浴びて、激しく踊り続けているのは、神か人か。その忘我の境地が、傍で見ている私にも伝わってきて、熱くなる。

「ナムアーカミドー」

突然、左引きの鋭い一声が闇を切り裂く。ナムアーカミドー。仏と神、双方への祈念にも聞こえる不思議な唱え言である。

「いやあ、この火の粉を浴びて舞う気分は何とも言えんでのう。やっぱり夜がええわ」

「私は、十歳過ぎから読立に出ましてネ、おやじから、そりゃもう、厳しく仕込まれましたよ。それから五十歳位まで、ずっと楽にかかわってきましてネ」

昔、感応楽のメンバーだった方たちは懐かしげに語って下さった。

とうとう雨が降り出した。神々も今宵の楽の見事さに深く感応し給うたか……。この楽を天地感応楽と称するのも、まことに宜《むべ》なるかな！

雨の中を、威勢の良い掛け声と共に二台の山が入ってきた。激しく揺らすほどに神は喜び給うとか。浜の男衆の荒々しい力が、まるで闇を押しのけるように山を揺さぶっている。

一方、神前では巫女舞・浦安の舞の奉納が行われている。四人の少女が白衣、緋の袴に、美しい花の冠をつけ、扇の舞、鈴の舞を舞う。その可憐で清楚な舞は、さっきの炎の舞の興奮を、山の荒々しさを、ゆるやかに鎮めてくれる。

雨はしとどに降り続いた。乙女の舞に感応する神々の涙のように……。

人々をつなぐ祭り

末社・大歳神社での楽打ち

翌五月一日。昨夜の雨は止み、すっきりと晴れた。

感応楽の人たちは、朝七時頃から、四郎丸にある十カ所の末社に次々と楽の奉納をして、夜には大富神社で還御《かんぎょ》の楽を奏する。その一つ、迫《さこ》の大歳神社で楽の一行を待つことにした。なだらかな山を背に、田に囲まれた小さなお宮である。

赤ちゃんをおんぶした若いお母さん。孫の手を引いたおばあさん。車椅子のおじいさん。互いに顔見知りの人々の笑顔の挨拶。

「あらあ、久し振りやねー」

「元気やった？」

「うん。あんたも？」

里帰りしている幼馴染みの弾んだ声。

「今日は、うちの孫が出るけんのう」

「ほんに、りっぱなお孫さんでのう」

聞いている私も、いつか、この里の住人のように、おっとりと懐かしい気分になってくる。

葉桜の緑の風。その中での楽は何という清々しさだろう。読立の少年の爽やかな声。笛・鉦・太鼓の響きが山々に谺《こだま》する。

昔から、人々は一つ一つの集落で、互いに寄り合い、助け合って生きてきた。日々倦まず働き、力の限りを尽くしても、なお及ばざる時、人々は大いなるもの、神にひたすら祈り、また、感謝の念を忘れずに、神前に芸能を捧げてきた。それが祀りであり、祭りであったと思う。

一つの社を祀り守ることは、つまり、祭りによって人々がより強く結ばれ、大いなる力、神によって守られることでもあったのだろう。

祭りは、また、少年から青年へ、そして集落の一員となるための大事な通過儀礼でもある。その厳しさに耐え、代々受け継がれた楽を、渾身の力で打つ若者たち。団扇使いの少年の、小鳥のように軽々と舞う身のこなし。このコントラストが見る者の気持ちをふっとやさしくさせる。

若者のかっこいいバチさばきをじっと見つめている幼い瞳。少年や若者の姿に、昔の自分や家族の姿を重ね合わせる大人たちのまなざし。

どこでも、時代の推移と共に、祭りの形も少しずつ変わってきて、昔のまま、というわけにはいかなくなっている。しかし、この神の庭に集う人々の、様々な思いと温かなまなざしが楽を支え、「三戸になるまでは……」と誓った四郎丸の人々の誇りが、今も楽を守り続けているのだ。

風が緑の糸のような早苗を揺らして、渡っていった。

土佐のどろんこ祭り

高知県高知市長浜・若宮八幡宮
問合せ▼若宮八幡宮☎088−841−2464

〝どろんこ〟と言えば、幼い頃のあの不思議な泥の感触を思い出す人も多いだろう。そのユーモラスな呼び名を持つ祭りがある。

若宮八幡宮

それは高知市長浜の若宮八幡宮で行われる「神田《かみだ》」の祭り、お田植え神事である。

若宮八幡宮は、平安時代末期に創建されたが、その後も武運長久、戦勝祈願の社《やしろ》として戦国時代には長宗我部氏、山内氏などの崇敬を受けた。また、旧吾川《あがわ》郡南部一帯の産土神、総鎮守として、昔から庶民の信仰篤い社でもある。

平成八年四月六日、晴。木々の緑が静かに社を包んでいる。境内の桜は、あたかも早苗の祭りを祝うように、満開の美しさであった。

午前十時半頃になると、紋付姿の大当屋《おおとうや》を先頭に、祭りの行列の宮入りが始まった。

「早苗かき」と呼ばれる、早苗の籠を天秤棒《てんびんぼう》で担いだ人。

宮出し

「カコかき」は、大きな桶を青竹のかき棒で二人で担いでいる。

桶の中に入っている白米のおにぎりをカコといい、それは神田での儀式の後、祭りの参加者や見物衆に振る舞われる。「カコを頂くと夏病みしない」との昔からの言い伝えだそうだ。

女たちは、揃いの浴衣に赤やピンクの襷《たすき》と腰巻きをつけ、手桶を持つ。

早乙女も同じ衣裳だが、青い布で頬かむりをし、笠を被っている。

男衆は、揃いの浴衣の裾を端折り、片肌を脱いで、青やピンクの襦袢を見せたその姿が、なかなか粋《いき》なものである。

総勢三百人ほどの長い行列が宮に入ると、神前で豊作祈願の神事が行われる。

やがて宮出しとなって、一行は鳥居を出て神田（儀式田）へと向かう。

御幣を飾った長い竿を持つ人、太鼓、櫃《ひつ》、「どろんこ祭り」の幟、早苗、早乙女、男衆と続き、男衆の中には橋本大二郎知事の姿も見えた。

この後から、女たちの踊りの列が溢れるように出てくる。手桶をかざして踊る女たちの赤い腰巻きがヒラヒラと揺れる様子は、豊穣の女神のようにパワフルな鮮やかさである。その中には、手を引かれたヨチヨチ歩きの幼児もいて、人々のほほえみを誘う。

「あずみ」という独特の節回しの唄が、何となく懐かしい感じで心に残った。「あずみ」に「安曇」の字を当てると聞いたが、海人族の安曇氏と何らかのかかわりがあるのだろうか。

田植え

神社から一五〇メートルほどの所に神田があり、簡素な祭壇が設けられ、ここでも儀式が行われた。早乙女が稲を植えている間中、神田の脇の櫓太鼓は勇ましく鳴り響き、神田《かみだ》踊りの列が、賑やかに神田の周りを回る。踊りの輪の中には、おぼつかない手振りで、懸命に踊っている幼い姿もあった。

「ウム、ウム、何とも愛らしいのう」

「イヤ、全く、全く」

田植え

神田踊り

「これだけ賑やかに囃されるとナ、実にええ気分ですナ。ま、我々も精々きばりますかナ」

「イヤ、全く、全く」

相好を崩した田の神、稲霊の神、八百万の神々の囁きが聞こえる。

太鼓のリズムも踊る人も、実にイキイキとしていて神々と共に喜び、楽しんでいる。〝晴れがましい〟という言葉は、こんなふうにハレの日の心浮き立つ様子にピッタリだ。

春の田植え祭で、神田や選ばれた

田で早苗を植える時に、周りで唄をうたい、舞を舞うことは、古くから各地で行われてきた。それは「田遊び」と呼ばれ、のちの田楽の母胎となったと言われている。

泥塗り

泥塗り

田植えがすんで、早乙女が田から上がると、皆ソワソワし始める。いよいよ祭りのクライマックス！

太鼓の合図で「ソーレ！」とばかりに早乙女たちが、手桶に入れた神田の泥を男たちの顔に塗って回る。昔は、元気の良い女たちが、逃げ回る男衆を追っかけては、顔と言わず、所かまわず泥を塗りたくっていたそうだ。しかも、泥を塗られた男は、なぜか「おおきに、ありがとう」と礼を言うのがしきたりだったという。少々荒っぽいが、のびのびと大らかで、いかにも南国土佐らしい風習である。

その昔、封建的な時代背景の中で、表向きには男性に対して女性はあくまで従の立場であった。それが、祭りの三日間だけは、公然と男たちを追いかけ泥を塗ることを許されているというのは、女性にとって、まことに痛快この上ない開放感に溢れたものだったのだろう。そしてそれは、社会のしきたりを支え、家を守って暮らしている男と女の日常に、一瞬の風穴をあけるという、実に巧みな計らいでもあったのかと、昔の人の知恵の深さを思う。

どろんこ祭りの起源

［その一］

戦国時代、長宗我部氏が大名だった頃のある年のことである。この辺り一帯に疫病がはやったので、長浜の日出野《ひいでの》の集落のカンジ（神地）の田、四二〇坪を神社に奉納して疫病退散を祈願した。すると、たちまち疫病が鎮まったので、人々は、奉納田で泥をかけ合って喜んだ。

昭和五十九年までは、この奉納田でお田植式が行われていたそうだが、色々な事情で、今の神田での祭りとなった。

［その二］

江戸時代前期、山内氏二代目藩主、忠義公の時のことである。名君の聞こえ高い忠義公は、領地検分のため、ある日お忍びで長浜を訪れた。

ちょうど、田植えの最中で、早乙女の跳ねた泥が運悪く、殿様の袴の裾を汚してしまった。「無礼者！」と供の侍が早乙女に斬り付けようとした時、忠義公はこれを押しとどめた。

「田植え時に田の傍を歩いた我々の方が悪いのだから、早乙女を咎めるでない……皆々、ご苦労だが仕事に励むように」と、かえって百姓たちにねぎらいの言葉をかけた。

命拾いした早乙女と、事の成り行きを息をつめて見守っていた百姓たちは、皆、泥をかけ合って喜んだ。

これら二つの説は、いずれも土佐を治めた大名の敬神、温情を示す話として、広く語り伝えられている。それにしても、それが派手に泥を塗りまくる祭りとなったのはなぜだろうか。

第一、「人の顔に泥を塗る」といえば「相手に恥をかかせる、体面を汚す」という意味になるはずなのだが……。しかも世間一般では、「泥」は悪い、汚い、という意味で使われている。いわく、泥棒、泥酔、泥水稼業、泥沼にはまる、などなど徹底して悪いイメージである。

しかし、これが「田の泥」となると話は別なのである。昔から人々は、大切な稲を育てる田には、田の神の霊力が宿ると考え、田の神まつりを行ってきた。さらには、その田の泥を身体につけることによって、神の霊力、加護を身に頂くことを願った。

それはいつの間にか、早乙女が早苗を植えた後、泥のついた手で人々をさすったり、人に泥をつけるとその人は夏病みをしない、無病息災で過ごせるという素朴な信仰となって言い伝えられている。

しかも、かつて早乙女は清浄無垢な存在として大切にされ、山の神、田の神を祀る者としての禊《みそぎ》、籠もりが厳しく求められた時代もあった。つまり、そういう神の霊力を享《う》けた存在としての早乙女に、神宿る田の泥を塗ってもらうことに大きな意味があった、と考えられる。

この日、汗ばむほどの日差しの中で、顔中に泥を塗られた男性たちは、宮司も知事も皆ニコニコと実にいい顔だった。とりわけ橋本知事にたっぷりと塗られた泥は、多分、人気のバロメーターなのであろう。

祭りに参加した人たちも皆いい顔をしている。そう言えば、近頃、こんなにたくさんのいい顔にお目にかかることはめったにないような気がする。

遠い昔から、私たちの祖先は、ひたすら働き、山の神、田の神を祀り、季節ごとのハレの日には、神々に祈り、神々への感謝を決して忘れることはなかった。天の恵み、地の恵み、そして人々のお陰を文字通り有り難いものとして感謝した。それ故にこそ、祭りの日の晴れがましさ、賑わいもひとしおのものであったろう。

昔と今とでは、祭りについての考え方や意味も大きく変化してきているのも事実である。けれど、この祭りで、どろんこの顔、顔の誰もが、とびきりのいい顔をしているのを見た時、（ああ、これが祭りなのだ）と思った。

めまぐるしく変化し続ける現代の社会で、とかく人の心の荒《すさ》みがクローズアップされるこの頃、変わらない、いや変わって欲しくない、何かとても大切なものに触れたという思い、喜びがこみあげてきて、温かく私を包んだ。サクラ咲く土佐の春風のように……。

等覚寺の松会

［国指定重要無形民俗文化財］
福岡県京都郡苅田町山口・白山多賀神社
問合せ▼苅田町教育委員会生涯学習課☎093－434－1982

平成十二年四月十六日。花冷えの日曜日、福岡県京都《みやこ》郡苅田《かんだ》町の白山多賀神社で「等覚寺《とかくじ》の松会《まつえ》」が行われた。

昼前に、麓の白川西部公民館から町のシャトルバスで神社へ向かう。棚田一面の春の野草、初々しい緑の山肌、約三キロメートルの細い山道をバスはくねくねと登る。

「昔はなあ、ずっとこの道を歩いて行ったもんなあ」「うんうん、そうやったなあ」

地元の人たちの話で賑やかなバスの中。

昔、ここに「普智山《ふちざん》等覚寺」という山岳修験の寺があったが、今は単に「等覚寺」という地名が残っているのみである。明治の神仏分離令以後に、「等覚寺の松会」は白山多賀神社の祭礼として行われている。

神社近くの道の傍らや、境内の御神幸の道筋には、ずっと松の小枝が挿してある。これは、注連《しめ》と同じ意味なのだろう。

境内には出店がずらりと並び、人の姿も次第に多くなってきた。

拝殿の柱に「天形星王筋切神」の札がかけてあって、この神社の神様は、昔から「筋切の神」として人々の信心を集めているそうだ。拝殿の横では、鉾《ほこ》に木の取手をつけたものを売っていた。それに名前を書いてお祓いを受けると、疳《かん》の虫封じとか、身体のあちこちの痛みが治ると言い伝えられている。

松会とは

「松会」とは、英彦山を中心とする豊前修験道の最大の春の祭礼で「お田植祭」を含んだ行事である。「等覚寺の松会」では、斎庭《ゆにわ》（松庭）に松柱を立てて、そこに神を迎え「お田植」「長刀《なぎなた》・鉞《まさかり》の舞」「幣《へい》切り」などを行う。なお、「幣切り」の行事は、現在は「等覚寺の松会」だけに残されているものである。

白山多賀神社拝殿

祭りの始まりを待つ松柱

境内の木立に囲まれている一段低い場所が祭りの行われる松庭で、そこには巨大な松柱が立てられている。太い蔓《かずら》で、三十三カ所をくくってある松柱は、高さ三十三尺（約一〇メートル）もあって、いかにも神の依《より》代《しろ》にふさわしく、「松会」の名の由来でもある。

この松柱には、麓の三地区から奉納された三本の大綱が架けてある。大綱は、龍を表すものとされ、その頭に当たる綱の結びは、まさに龍の

御神幸（お神輿）

天に昇らんとする躍動感があり、しかも実に美しい。

松庭の中ほどに設けられたお旅所は、木の柱を立てて横木を渡し、そこに薦《こも》が一枚、屋根として置かれているだけで、山の宮のお旅所らしい素朴なものである。

太鼓の音が祭りの庭に響き渡り、風が吹き抜ける。ふと、鶯の声。〝待つこと〟の嬉しさを思う。

多彩な行事

午後一時頃――。神殿で神事が行われる。その後、御神体をお神輿《みこし》に移し、お行列は松庭へ向かう。
午後一時半――。お行列が松庭に着く。
獅子二頭が先導し、松明《たいまつ》、「盛一臈《もれいちろう》（色衆《いろし》・刀衆《かたなし》）」の札を持つ二人の後に田行事の子供たち、施主《せしゅ》、山伏姿の人々、お神輿、神主、馬に乗った武者と続いている。
お神輿をお旅所に安置して、神前で一同揃って神事が行われ、「松会」の始まりが告げられた。お旅所の柱に「色衆・盛一臈」「刀衆・盛一臈」の大きな木札がかけてある。「松会行事」では、お田植などを行う人たちを色衆、長刀などの人たちを刀衆と呼んでいて、盛一臈はその最高位を意味している。

種撒き

花笠を被り、白上衣に碁盤縞のたっつけ袴、白襷《たすき》の施主が、松庭を田に見立てて、種籾を三方にまく。

施主とは、その年の祭り当番で、行事の最後に松柱に登って「幣切り」を行う中心人物である。松庭を見下ろす斜面は、もう見物の人で埋まっていた。そちらの方にも種籾がまかれて、これを頂くと縁起が良いと、人々が争って拾っていた。

松庭での神事

馬とばせ（やぶさめ）

狩装束の武者が神主より扇と手甲を受ける。

馬に跨った武者は、神主の先導で浄められた庭を三度回る。次に、参道と松庭の間を三回駆けさせ、人と馬は、徐々にその瞬間《とき》へと高まってゆく。

そして、いよいよ、日の丸の扇をパッと開いて走り出した。馬上の武者が放った矢は、見事に的を射た。一斉に沸き起こる拍手。「ワァ！　カッコイイ！」と子供の声。ほんと、ほんと、カッコイイ！

次々に命中する度に沸く拍手に、馬も興奮するのか、少し暴れる。武者はそれを上手に馭《ぎょ》して、全部で五回、的に当てた。

武者と華やかに飾られた馬への拍手のうちに「馬とばせ」の奉納は無事に終わった。

これは、ずっと中断されていたが、七、八年前から復活されたそうだ。

獅子舞

ここでは、獅子が舞の所作をするのではなく、二頭の獅子（二人立ち）が、悪魔を祓うために庭を走り回るものである。

鬼会

この獅子に触ると縁起が良いと言われていて、大人も子供も喜んで触りにいく。子供たちは、まるでペットと遊ぶように、はしゃぎ回っている。その昔、幼かった私には、お正月にやって来る獅子舞の獅子はとっても怖い存在だったのに……。

鬼会《おにえ》

本来、追儺《ついな》の行事である「鬼会」は、昔は旧暦一月三日に行われていたが、現在は、四月の第三日曜日の「松会行事」の初めに行っている。七難消滅、無病息災を祈願する鬼会には、鬼面でシャグマを被った七匹の鬼が勢揃いする。

まず、神前で刀を受け、九字の真言を唱え、刀を振って五方を祓い清める。次に、刀を返して榊を受け、「榊の御幣には万の神を勧請す――」と唱え、「祓い給え、清め給え……家内安全、無病息災」と繰り返しながら、参詣の衆を清めて回る。

ところが――この七匹の中には、なぜか、一匹の魔王（悪鬼）がまぎれこんでいるのだ。

それは、般若の面をつけ、一升瓶をぶら下げている黒鬼で、九字の真言も祓い清めなんぞも知らん振り。瓶の酒を呷《あお》っては、ふらふら歩き回って他の鬼たちにちょっかいを出している。

ついには、見物の中に入り込んで、「ウォー」「ウォーッ」と叫んでは子供を脅している。怖がって泣き出し、親にしがみついている幼子。そんなもん、ヘッチャラさ！　とヘラヘラ笑っている子には、さすがの魔王もお手上げのポーズ。そのうちに、「鬼さん、こちら」と手を叩く人もいて爆笑の渦。

あちこちで笑いを巻き起こしていた魔王は、ついに、六匹の善鬼によって取り押さえられ、網を被せられてしまった。これで、悪い鬼は退治され、メデタシ、メデタシ。
この鬼会の構図は、鬼の多様性、多面性を考えさせてくれて面白かった。

田行事

午後三時頃から「田打ち」など一連の田行事が行われるが、これが、五穀豊穣を祈願する「お田植祭」である。

田打ち

田打ち

絣《かすり》の上着とモンペ姿の子供十一人。白頭巾《ずきん》の上に五色の幣で飾った笠を被り、白衣の人に導かれて松庭の中央で円陣を組む。御幣をつけた小さな木の鍬を肩にかけて、ゆるやかな田打ち歌に合わせてゆっくりと回り、鍬で田を打つ所作をする。

二、三歳位の幼い子もいて、その仕草の愛らしさに、見物の人たちのやさしい笑い声と拍手が起こる。

おとんぼし

子供たちの田打ちがすむと「おとんぼし」が登場する。唐草模様の野良着でヒョットコの面をつけ、頬被りをして、馬把《まぐわ》、鍬、鎌、苗籠を持っている。

見るからにひょうきんなおとんぼしが「おとんぼしー牛はおらんかー」と歩いてくると、どこかで「牛はおらんよー」と答える。

おとんぼしは「さてさて、畦《あぜ》切りでも始めるか」と、鎌を手に畦切りをしているうちに、蜂に襲われて逃げ回る羽目に。次は、鍬で水止めと畦塗り、と働き続けて少し疲れたので、「どれ、しばらく寝るか」と藁むしろを広げ、ごろんと横になる。

蚊や蠅《はえ》がたかってくるのを追い払いながらの昼寝の後、「おとんぼし、牛はおらんか」と、また尋ねる。今度は、肥えた牛が近くにいるとあって、これでやっと代掻《しろか》きをすませることができた。

田植の準備が出来上がったところで、おとんぼしは、子供たちの一人一人に苗を渡して立ち去る。

コミカルな一人芝居で、次々と田仕事をこなした「おとんぼし」。

この「おとんぼし」とは、案山子《かかし》のことではないだろうかとの説がある。案山子のことを「とうぼし」とか「とぼし」と呼ぶ地方もあると聞く。そう言えば「おとんぼし」のあの頰被りの格好は、昔よく見かけた案山子の姿に似ているような……。

その上、古くから、案山子は田の神であると言われている。

そこで、田の神→案山子＝「おとんぼし」というふうに辿ってみると、稲を守る田の神は、ここでは「おとんぼし」となって、つまり、その姿を借りて田仕事をしている、というふうにも考えられる。

お田植祭で、融通無碍《ゆうずうむげ》なる田の神が田仕事をすることによって、その土地の田に神の霊力を与え、稲の生育を見守り、豊作への予祝を表しているのではないだろうか。

田植

コキリコと呼ばれる、苗に見立てた細い青竹を手にした子供たちは、田植歌に合わせて、くるりと回り、コキリコ（苗）を地面に立て田植の所作をする。

八百万《やおよろず》の神々の慈しみのまなざしが、たっぷりと注がれているような愛らしさ。早乙女の役は、以前は男の子だけだったそうだが、この年は十一名のうち、男子は二名であとは女の子だった。

また「松会」の行事は、以前は等覚寺の山伏の血筋の人たちによって行われてきたが、現在は苅田町の人々や地区の小学生たちの応援、参加によって、地域の祭りとして受け継がれているという。

孕《はら》み女

子供たちが田植をしているところへ、お多福の面をつけた孕み女がのっしのっしと出てきた。大きく突き出たお腹に、絣の着物の上から白い布で腹帯をしている。男性が扮しているので、その動作の一つ一つが一層おかしい。神前に礼をして、お椀に盛ってあるお供えのご飯を、子供たち一人ずつに分け与える。そして立ち去る前には、裾をまくって、おしっこをする仕草で、また皆を笑わせる。

稲穂の孕みと稔りを意味する孕み女、その姿に、母なる大地と豊穣の象徴である地母神の堂々としたイメージが重なった。

「長刀《なぎなた》・鉞《まさかり》の舞」と「幣切り」

これから行われる「長刀・鉞の舞」とその後の「幣切り」は、「松会」が修験道の祭礼行事として伝えられてきたことを、はっきりと示している。

長刀四人舞

長刀・鉞の舞

●長刀二人舞

口に榊葉を含んだ山伏姿の二人。四方を拝んで反閇《へんばい》の足踏みをしてから長刀を投げてお互いに交換する。長刀をくるくると手で器用に回す。

●長刀二人舞

別の二人が出て、向き合って礼を交わし、反閇を踏み、そのまま前進して礼、足踏みを繰り返す。

●鉞舞

山伏二人。重さ約二〇キログラムの鉞をしっかりと、頭より高く持ち上げる「肩上げ」。

次に「刃合せ」で、鉞の刃をぶつけ合う音がカーンと鋭く響き、一瞬火花が散ると、「おお！」と人々のどよめきが起こった。それから、お互いに鉞を取り替え、地面に立てて印を結び、九字を切る。

「追い回し」の業では、鉞を斜め上に構えた二人が、互いに追いかけるように松庭をぐるぐる走り回る。その鉞が、二〇キロもの重さであることが信じられないほどの身の軽さであった。

●長刀四人舞

これは舞というのに相応しく、二人舞の時の動作に加えて、四人揃っての動きで、なかなか迫力のある見事な長刀使いである。

これら長刀・鉞の舞は、かつての山岳修験者たちの有様を髣髴《ほうふつ》とさせるものであった。

幣切り

さて、これから行事の最後、待ちかねた「幣切り」が始まる。

これを行う施主は、松会の主役で、その任は重く、夜中に禊《みそぎ》をすませてから松会に臨むことになっている。

いよいよ時至り、太刀をつけ榊葉を口に含んだ施主は、神前に置かれている大白幣を頂き、肩に担ぐ。

法螺貝を吹き鳴らす三人を従え、施主は松柱の下をゆっくりと三回まわる。それから、大幣を白布で背中に斜めにくくりつける。

神宿り給う松柱を拝んでから縄梯子を登り始めると、ひときわ大きく法螺貝の音。

「ガンバレー!」「ファイト!」「ガンバレー!」。あちこちから子供の甲高い応援の声。

施主が縄梯子を登る

柱にくくり付けられた蔓を伝い、松柱を回りながら登って行く施主。ハラハラ、ドキドキしながら見ているこちらの肩に思わず力が入る。時が動いているような、止まっているような、不思議な感覚。

施主は、松柱の頂に登りつめると、花笠を脱ぎ、祈願文を読む。

次に施主は、おもむろに白布を解き、背負っていた白幣を手にして、大きな身振りで天地四方を祓い清める。青空に真白な大幣がひるがえり、サワサワと風にはためく。見上げている私たちの胸にも清々しい風。

やがて ―― 施主は刀を抜き、幣切りの構え。〝固唾《かたず》を呑む〟という言葉そのままの緊張と静寂が松庭に満ちている。

「エイッ!」と気迫の一太刀が周りの張りつめた空気を切り裂き、白幣の青竹の柄を切り落とす。

まさにクライマックスの一瞬。

祈願文を読む

幣竹をまさに切らんとする瞬間

「ワーッ！　すごーい！」。歓声と大きな大きな拍手が杜《もり》にこだまする。

この後、施主が白幣を刀で切って落とすと、純白の幣紙はひらひらと風に舞いながら降りてくる。それを拾いにどっと人が群がる。

かくて、天地四方《あめつちよも》の神々をここに勧請し、天下太平、国家安全、五穀成熟を祈り願った「等覚寺の松会」は、今年も無事に終わった。

まだざわめきの残っている庭で、松柱は、静かに厳かにそこに聳《そび》えていた。

楓《かえで》の大樹の若葉は、やわらかな色合いで、湧き出るように、溢れるように空を彩っている。

銀杏の巨木にも一面に小さな緑の芽。チカチカとまるで星のように夕暮れの光の中に息づいていた。

もしかしたら……これらの樹々は、こうして祭りに集う神々をここでお迎えしてきたのかもしれない。

年ごとに新たな生命の芽吹きで美しく装った古木たちは、神々と共に祭りを楽しみ、山深いこの地を、人々をずっと見守ってきたのだろう。天地自然の大きな恩恵を受け、時には厳しい試練にさらされながらも、孜々《しし》として働き続ける人々の、祭りに託した祈りや願いを大らかに受け止めて……。

松庭を囲む樹々を見上げ、心地良い風に吹かれていると、ふっと、そんな思いがわいた。

仁比山神社の大御田祭

［御田舞＝県指定無形民俗文化財］
佐賀県神埼市神埼町仁比山・仁比山神社
問合せ▼神埼市商工観光課☎0952—37—0107

佐賀県神埼《かんざき》市神埼町仁比山《にいやま》に鎮座する仁比山神社。城原《じょうばる》川のほとりにあって、大樹に覆われた境内は、四季折々の眺めが美しい。御祭神の大山咋《おおやまくい》の神は、豊穣の神として広く信仰を集めている。

ここには、天平元（七二九）年に行基が松尾明神を勧請《かんじょう》したのを創始とし、承和十一（八四四）年、慈覚大師（円仁）が近江の日吉山王《ひえさんのう》社を合祀したとの由緒があり、日吉山王大権現を祀る神社として、土地の人は「お山王さん」と呼んでいる。「お山王さん」では、十三年目ごとの申《さる》年には、四月の初申の日から二の申までの十三日間にわたって「大御田祭《ううおんださい》」が行われてきた。

山王大権現の神の使いは猿と言われており、猿＝申で、この祭礼も十二支の申と深くかかわっている。

平成十六年の申年——。四月十一日から始まった祭りは、中日の十七、十八日に例大祭があり、二十二日は下宮《しものみや》への遷幸《せんこう》（お下り）が、二十三日には還幸《かんこう》（お上り）が行われた。

この期間中には、毎日、本宮の境内、または下宮で「御田舞《おんだまい》」が奉納される。「御田舞」は民俗芸能の「田遊び」の一種で、田打ちから田植えまでを、舞と楽《がく》で演じて豊作を祈願するものである。

その舞台は、祭礼の度ごとに境内と下宮の両方に新しく造られることになっている。横四・六メートル、縦七メートル、床高一・四五メートルの切妻造素屋根で、木の香ただよう立派な舞台である。

お下りの行列

遷幸

四月二十二日、晴。本宮から仁王門近くの下宮（十禅寺社《じゅうぜんじしゃ》）への御神幸なのだが、お行列は一旦、その一キロほど先にある小渕《おぶち》のお旅所（石堂の地蔵屋敷）まで行く。

下宮の十禅寺社を地元では「じゅぜっさん」と呼ぶ。ここには大山咋神の母神である天知迦流美豆比売神《あめのちかるみずひめかみ》が祀られている。

十三年目ごとの御神幸については、初め大山咋神が「三年目ごとに会いましょう」と言われたのだが、耳の遠い母神さまが「十三年目ごと」と聞き間違えられたから……との伝説がある。

十一時半頃――。本殿から人々に担がれて下りてきたお神輿《みこし》は、注連縄《しめなわ》を張ってある「神輿石」の上で一休みの後、紅白の幕を張り巡らした車にのせられて参道を下ってゆく。

参道には、出店がずらりと並び、行き交う参詣の人たちで賑わっている。

仁比山神社の幟を先頭に、先祓いの帚、神水樽、太鼓、大榊、大鳥毛などなどに続き、幣馬、騎馬、神輿、神職、御田役者と総勢百人ほどの華やかなお行列。

中でも目を引いたのは、紋付姿の数人が小さな猿の木像を胸に抱きかかえている「抱猿《だきざる》」と、猿の木像二体を輿にのせて担ぐ「輿猿《こしざる》」であった。いかにも「山王さん」のお祭りという感じで、晴れ着を着て、久し振りに春の日差しを浴びたお猿さんたちは、（何とも心地良いワイ……）と目を細めてうっとりしておられる様子。

御田役者の中で、稲童《とうどう》と呼ばれる早乙女役の子供たちは肩車をされている。やはり、早乙女は神聖なもの、そして子供を神の憑坐《よりまし》と考える故であろう。

参道を下った一行は、仁王門の辺りから旧道に渡り、また広い国道に出る。

濃く、淡く、緑のグラデーションに彩られた背振の山並を背景にして、ゆっくりと進むお行列。まるで、絵のようにのどかな光景である。もし、ひっきりなしに走り過ぎる車がなければ、このまま、ふっと何百年もの昔に戻ってしまいそう……。

十二時半、小渕のお旅所に着いた一行は、神事の後、しばらく休憩してから引き返して下宮へと向かう。下宮に安置されたお神輿は、ここで久し振りに、母神さまと一晩を過ごされる。

二時半から、下宮の舞台で「御田舞」が奉納された。

還幸

四月二十三日、快晴。

午後一時からお上りがあって、二時半からは、本宮境内の舞台で「御田舞」奉納がある。

この日が最後とあって、拝殿への石段や舞台の周りには、早くから大勢の人がつめかけていた。

若葉の香りに包まれた境内に溢れる陽の光。咲き始めたツツジの彩りの鮮やかさ。参詣の人の中にはお年寄りの姿も多い。杖にすがって、やっと石段を登ってくる人に、周りの人たちが手をさしのべている。やれやれ——と腰をのばして、

「何しろ十三年ごとじゃけん……」

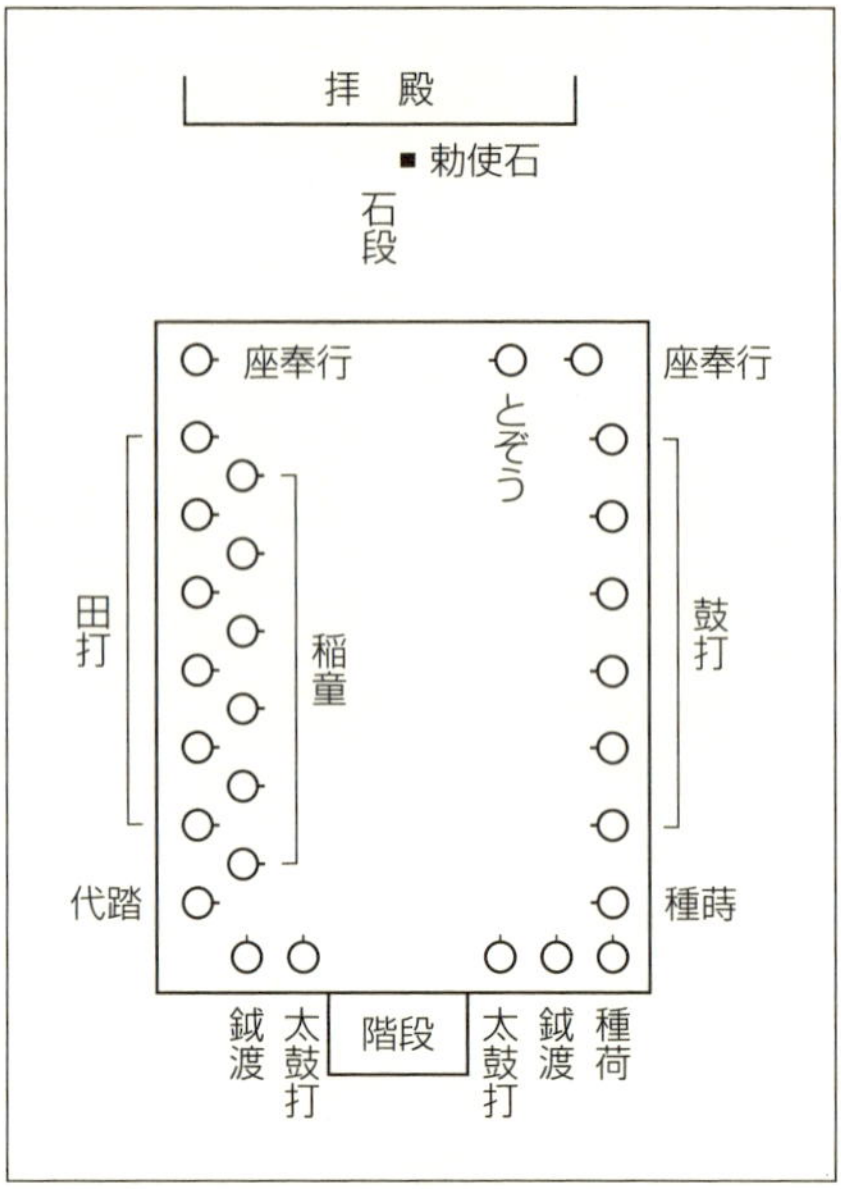

役者配置図

「御田舞」の役者は、男性・少年のみと定まっている。
平成十六年度の役者三十一名の役割。

・勅使　一名（最年長の古老）
・とぞう　一名（古老）
・座奉行　二名（壮年）
・太鼓打　二名（青年）
・種蒔《たねまき》　一名（青年）
・種荷《たねにない》　一名（六歳）
・代踏《しろふみ》　一名（青年）
・鼓打　六名（青年）
・田打　六名（小三～中一）
・稲童《とうどう》　六名（小二～小四）
・鬼舞　二名（中学生、青年）
・鉞渡《まさかりわたし》　二名（六歳）

いよいよこの年最後の「御田舞」が始まる。

●まず、勅使が拝殿前の勅使石に腰をかける。
●舞台の上に、とぞう、座奉行、代踏、種蒔、種荷など、役者たちが上がり、それぞれの位置に座る。
●勅使がとぞうに「御田舞し奉れ」と命じる。
●とぞうは「かしこまり申す」と答え、高足駄《たかあしだ》を履き、長い竹の杖をついて、舞台を三周する。

その高足駄は一尺二寸（約三六センチ）の高さで、見ている方はハラハラしたが、とぞう殿は、ゆったりと落ち着いて歩かれ、さすが古老の風格と感心した。二メートル余りの竹杖には、日・月を朱で描いた軍配団扇《ぐんばいうちわ》がついている。三周した後、とぞうは「今日の日も西山に傾けり。早々おん始め候え」と舞をうながす。

この〝とぞう〟については、よくわからないが、田下駄を履いて、田の見回りをしている田主《たあるじ》との説もある。また、田祭りの主催者としての田主とも言われている。

●鼓打が立ち上がり鼓を打って、「七社《ひちしゃ》の社《やしろ》の誓いとて……」と御田歌を謡《うた》い出す。途中で向きを変え、舞殿の外に向かって謡い、打つ。社の神々へ、山の神、田の神に「御田舞」の始まりを告げるが如くに……。

●太鼓打は、両手のバチを高々と上げ、厳かに打つ。のびやかな御田歌と力強い太鼓の響き。

とぞう

田打

●稲童六人は立ち上がって、舞台の右側へ移り、鼓打の前に座る。

稲童は、緋の袴に打掛風の表着《うわぎ》、紅襷《たすき》を掛け、桜の花と三面の鏡で飾られた花笠を被っている。それは、早乙女として田の神を祀り、その霊力を身に宿すもの、神の依代《よりしろ》であることを示している。長い黒髪を束ねた鬘《かつら》をつけ、化粧をした稲童は、少女のように愛らしく美しい。古文書には「美少年を撰ぶ」とあるそうで、神も美しき稚児を愛で給うのであろ

種蒔

う。

●田打の少年六人が木の鍬を肩にして舞台の中央に進み、鍬の柄を扇子で叩きながら謡う。

「天《あんま》の川原をせきあげて……神の御田《おんだ》にかくる水」

●種蒔と種荷

苗代田の用意ができたところで登場し、舞台を三周する。この時、種荷の少年は舞台の角々で、対角線の位置で種蒔と向き合っては、扇を高く掲げて「ハレワイサー」「コレワイサー」と叫ぶ。

六歳の少年の澄んだ声が響く度に、温かい拍手が起こる。童狩衣《わらわかりぎぬ》姿が似合って、とてもかわいい。三升三合の種籾が入った福桶を担いだ少年の懸命な所作の初々しいこと！　まだ眠っている稲魂《いなだま》さまも、つい、揺り起こされそう……。

●次に、種荷から福桶を受け取った種蒔は、「吉祥天《きちじようてん》の御室《みむろ》より、福負う男も参りたり、種蒔く男も参りたり」と朗々と謡う。

それから、種籾をつかんで、正面へ、右、左へと向きを変えながらパッとまく。

この種籾を混ぜてまけば豊作になる、と昔から言われていて、見物人は拾うのに大童。中には傘を逆さにして待つ人も。

ところが――種蒔の青年は、右へまくと見せてパッと左の方へ投げたり――と、いつも人々の予想を裏切る。

いっとき、境内は種蒔とのかけひきを楽しむ人たちの和やかな笑い声に満たされた。

善哉《ぜんざい》――善哉――。

●再び田打が鍬を持ち、「卯月の空のあけぼのに春田打つこそやさしけれ……」と謡い、植え付け前の田を耕す。

まだ、どこかに幼さの残る少年の声。爽やかな緑の風が吹き抜けてゆく。

●代踏と稲童が中央に出て、代掻きと田植えが行われる。代踏が、エブリ（長い竿の先に三日月形の板がついたもの）を手に「あさんどる苗二葉にさえて……」と太い声で代踏歌を謡い、大きな身振りで田の面をならす。稲童らも右手に扇子、左手に早苗を描いた畳紙《たとう》を持ち、「祝いには田をこそ植ゆれみるべけれ……」と、扇子を苗に見立てて田植えの所作をする。

鼓、太鼓が鳴る。代踏は、時に「ホオーッ！」と大声をあげて、エブリを高くかざして地に突き立てる所作。この声が長ければ長いほど、稲の穂が伸びると言われている。

大空の舞

●大空の舞

さてさて、田植えも無事にすんだ、というので、サナブリの祝いの舞となる。「大空に鼓も打たず楽もせずされど月は舞うてこそゆ――」。

代踏の先導で、稲童と鼓打が円陣を作って舞台を巡る。

「大空にィー」と精一杯声を張り上げて謡う稲童たち。早乙女の花笠の鏡がキラキラ輝いている。誘われてか、蝶も舞う。何という清々しさ。何というのびやかな美しさ。神々の嘉《よみ》し給うしるしであろうか。風がごうごうと唸り、杜《もり》の木々が激しく揺れた。

●「御田舞」のフィナーレは鬼の舞である。

鉞渡の少年二人が鉞を持って登場。種荷と同じ装束である。

舞台の上に、突然立ち現れた鬼役二人。鬼が少年から鉞を受け取った

鬼舞

その時、「ハイッ！」と大きな掛け声と共に、太鼓がドドッ！ドドドッ！と鳴り渡った。

鬼は鉞を手に、舞うというよりも、飛び、跳ね上がり、床を踏み鳴らし、鉞の柄を床板に打ちつける。

床板が割れると、見物の人々から「ホゲター！」と歓声があがり、大きな拍手。

御田舞の期間中は、毎日、鬼の鉞で床板の一部が破られ、人々はそのかけらを、豊作、悪霊除けのお守りとして持ち帰る。

――危なくはないんですか？――

「大丈夫、毎日、床板の修理をしますから」

この鬼舞は、稲の害を防ぐ舞と言われるが、地底の悪霊を鎮め、大地の精霊を呼びさます呪《まじない》とも考えられている。中世の俤《おもかげ》を遺す「御田舞」は、それぞれの所作や言い伝えの中に、厳しい自然と向き合って生きてきた私たちの祖先のひたすらな願いがこめられていた。

「エンヤー」と急調子の太鼓。「エンヤー、ホッホー、ハッ」と小脇に抱え込んで打つ鼓は、次第にテンポをあげてゆく。

それにつれて舞も早くなり、昇りつめてゆく緊張感と興奮が頂点に達した瞬間《とき》――囃子はパッと途絶え、突如、鬼舞は終わった――。

役者たちは、舞台に上がった時と同じように、それぞれが社殿に向かって一礼して、静かに舞台を下りる。

この折目正しさも「大御田舞」と共に伝えられてきたものであろう。鳴りやまぬ拍手が、山に、森に、野に広がってゆく。

（何と何と、この年もみごとな「ううおんだ」であったことよのー）

（いや、まことに、まことに楽しい十三日間でありましたなぁ）

（それにしても、次の申年が待たれることよのー）

（さよう、さよう、それまで、われらは、しっかりと、この地の人々をまもりましょうぞ）

仁比山に鎮まる神々の悦びの声を、心地良い風が運んできた。

受け継がれゆく御田舞

「御田舞」の起源については、はっきりしていない。かつては、佐賀藩の全面的な援助の下に伝承されてきたという。最も古い資料は、寛永二十（一六四三）年の古文書とされるが、それ以前より行われていたのは確かである。また、のびやかな節回しの御田歌は、中世の歌謡にも通じるものがあるという。

この年の「御田舞」について、師匠として指導に当たられた狩野常次さんに色々教えて頂いた。

御田役者三十一名は、仁比山と小渕の両地区から選ぶことになっている。平成十六年は仁比山から九名、小渕から二十二名が出た。昔は、御田役者になることは一生の名誉とされ、希望者も多く、籤《くじ》で選ぶこともあった。今は、社会状況の変化や、少子化の影響で人を集めるのに役員たちは苦労しているとのこと。

「御田舞」奉納までのスケジュール。

①正月二十日に「役者割」で三十一名の役割決め。

②翌二十一日から稽古に入る（この年は大雪のため、二十六日からだった）

③二月十五日夜、拝殿前に両地区の役者が揃い、この後は一緒に稽古する。
④三月三日の「舞台上り」。この日から稽古衣裳を着て、舞台での稽古となる。
⑤四月の初申の日、役者一同は、早朝に城原川で禊《みそぎ》をする。

――ずいぶん、大変なんですね――

「はい、でも、これは昔からのしきたり、決まり事なので……」「稽古も昔は口伝でしたが、今はテープやビデオがあるので助かります」

そう話される常次さんは、昭和四十三年に「代踏」を、昭和五十五年に「種蒔」をつとめられた。

そして、御子息の常徳さんは、今回は「種蒔」の役を、平成四年には「鬼舞」の鬼の役をされたという。

「周りの人たちの御田舞を見て育ったので、仁比山に生まれた者は、みんな舞うのだと、ごく自然に思ってきた」「先輩や小・中学生と一緒に練習を重ねて、無事に十三日間が終わった時の、みんなでやり遂げたという達成感がすばらしい」と語る好青年である。

あの「ハレワイサー」の掛け声が、今も耳に残っている「種荷」の少年、強司くん。お父さんの真島正治さんは、昭和五十五年にやはり六歳で「種荷」の役をされたそうだ。

父から子へと、代々受け継がれてきた「御田舞」。昔からのしきたりを大切に、誇りと悦びをもって後輩を導いておられる古老や師匠の方々。とりわけ寒さの厳しかったこの年に、一月末から毎晩稽古を続けた役者たち。特に、子供たちと毎日付き添ってきたお母さんたち。そして、支え、励ましてきた地区の人々。

仁比山に谺《こだま》したあの万雷の拍手は、それらすべての人々への讃辞であり、何よりも今日まで「御田舞」が継承されてきたことへの〝有り難さ〟であったと思う。次の申年は平成二十八(二〇一六)年。

もう一度見る機会に恵まれれば、まさに「命なりけり、佐賀の仁比山」であろうか。

志式神社の早魚祭

【県指定無形民俗文化財】
福岡県福岡市東区奈多・志式神社
問合せ▼早魚行事保存会☎092－606－2292

福岡市東区奈多《なた》にある志式《ししき》神社では、毎年十一月十九日、二十日のくんち（宮日）に、早魚《はやま》祭が行われている。

志式神社

平成十九年十一月十九日──。秋日和の午後、志式神社の境内では巫女《みこ》姿の少女たちの明るい声が聞こえていた。今年の早魚祭に「浦安の舞」を奉納する少女たちである。十四人の舞姫は奈多小学校の四・五・六年生で、宮司の奥様が長年にわたって舞の指導をなさっておられる。

──練習は大変でしょう？──

「いいえ、それほどでも。練習は七回位ですが、自然に先輩が後輩に教えるようになっていますので。それに、正月三日の元始祭、七月の祇園祭、十一月の早魚祭と年に三度は舞っているので、みんな上達が早いですよ」

午後三時から、拝殿で神事の後に「浦安の舞」と「宇美神楽」が奉納された。奈多の浜辺の静かな社に楽の音が流れ、晴れ晴れと舞う少女たち。

境内の銀杏や木々の葉の彩りが美しく、西日を受けた社殿が一層神さびて輝く。かつて、志志岐三良《ししきさぶりよう》天神と称えていたこの社の神々の威光であろうか。

その由緒は――

初めは三良天神と称し、御祭神は火明神《ほあかりのかみ》・火酢芹神《ほすせりのかみ》・豊玉姫神《とよたまひめのかみ》。これについては、神功皇后が新羅遠征に際して、奈多の吹上の地に三神を祀り、神楽を奏せられたとの話が伝わっている。

次に、聖武天皇の御代に肥前長崎五島の志志岐大明神を勧請した。志志岐の神は十城別神《ときわけのかみ》・稚武王《わかたけおう》・葉山姫神《はやまひめのかみ》の三神。

慶長二（一五九七）年、二社を合わせ祀り「志志岐三良天神」と称したが、明治維新後に「志式神社」となった。

初め、この神社は玄界灘に面して北向きに建てられていたが、今は東向きの社殿で、土地の人は「三郎天神」と呼んで親しんでいる。

午後八時。新築の公民館には近隣の人たちがつめかけていた。これから「浦安の舞」と宇美神楽座による「神楽八番」、そして「早魚神事」が行われる。

この行事は、ずっと以前は座元の家の庭で行われていた。その頃の早魚舞台は、木臼を台にして置床を並べ畳十二枚を敷き、屋根には船の帆二枚を用いたそうで、いかにも浜辺の漁師の祭りらしい趣が感じられる。

公民館の舞台の幔幕には二匹の鯛が勢い良く跳ね、上部の飾り幕には波間を泳ぐ鯛の群れが描かれている。稲光清孝宮司の「かけまくも……」の祝詞《のりと》で今宵の祭りが始まる。

深夜まで続く神楽

榊《さかき》舞

まず神楽の「榊舞」で、榊と鈴を手に舞台を清める一人舞。

和幣《みてぐら》舞

次いで「和幣舞」は、「集まり給え……」と四方の神々を招く二人舞。ゆるやかな舞い出しが次第に激しい早舞になってゆく、力強い舞である。たくさんの子供たちが舞台の「かぶりつき」に陣取っていて、神楽の手振りをまねて動き回っている。

神楽囃子のリズムは今の子供もお気に入りのようだ。囃子は太鼓一、笛三、鉦一。その中で、笛の岸原繁司さんは九十六歳の御高齢、とアナウンスが流れると一斉に拍手が起こった。

「浦安の舞」

浦安の舞

昼間に拝殿で舞を奉納した少女たちは、緋の袴に白い千早、花冠をつけ、ゆるやかに優雅に舞い始める。

扇を開き大きく手を広げた舞姿に、乙女の瑞々しさが匂い立つ。

次には五色の帛《きぬ》をつけた鈴を採り、高々と掲げ、帛をなびかせて舞う。

見物席では、何人かの女の子たちがその仕草をまねている。「あのお姉

「蛭子舞」のエビス様と子供たち

ちゃんは、うちの隣なんよ」と得意げな子も。抱っこされて神楽囃子を子守歌のように聞いている幼い子もいる。こうして、子供の時に見聞きしたものは、自然に心の中に沁みこんでいくのだろう。

蛭子舞《ひるこまい》

エビス舞とも言い、神楽の中では子供たちに一番人気のある舞。

太夫二人の扇舞の後にいよいよエビス様が登場すると、待ちかねた子供たちが舞台の前に押し寄せる。そこで、エビス様は袋や籠を手にした子供たちの期待に応えて、見物席に向かって後から後から菓子をまく。

「こっちに投げてヨー」「こっちだヨー」

キャーキャー、ワァーワァーと叫ぶ声は神楽囃子を打ち消すほどである。菓子でふくらんだ袋を得意げに見せびらかす子。一つも拾えずに、泣き出す子。笑いながら見ている大人たちは、そこに自分の幼い日を重ねているのかも……。

騒ぎが一段落してから、エビス様は見事な鯛を二匹釣り上げ、「ほうれ！」とまさにエビス顔。釣った鯛を見せびらかしながら退場するエビス様に、和やかな大きな拍手が続いた。

この後も「久米《くめ》舞」「大蛇《おろち》退治」「蟇目《ひきめ》舞」「磯良《いそら》の舞」と深夜まで神楽は続く。

この早魚祭での神楽の奉納は、昔は糟屋郡内の神職によって行われていたが、明治三十六（一九〇三）年以後は「宇美神楽座」が引き継いでいる。

宇美神楽座は宇美八幡宮（福岡県糟屋郡宇美町）の氏子たちによって組織運営されている神楽座。出雲系の神楽で、座員は三十歳代～九十歳代の十数名である。

この春、宇美八幡宮を訪ねた折に、座長の吉原国美さんは「昔からの伝統、格式をきちんと守り、何よりも神に捧げるものとして、祈りの心、感謝の心をもって舞うことを旨としている」と話しておられた。

早魚神事

やがて真夜中という時に、いよいよ「早魚神事」が始まる。この頃になると部屋は超満員、廊下まで溢れた人たちの熱気でムンムンしてくる。

「天神尋ね」

天神尋ね

奈多独特の神楽で、乙太夫が三良天神を尋ねるという話。乙太夫は鈴と御幣を手に「天神様はいずれにましますぞ……」と火難、盗難、安産の守り神である「三良天神」を尋ね歩く。

出雲の国へ、伊勢の国へと旅して探しあぐねているところへ、一羽の雀が飛んできて「筑奈《ちくな》、筑奈」と鳴いた。もしや、筑前奈多の里のことでは？と尋ね来てみると、果たしてこの吹上の地に鎮座されていた。

さて、お詣りをして御神徳のお陰を頂きたいものよ、と天神様に御神酒を差し上げる。

天神様に扮した稲光宮司が盃に注がれた酒を飲もうとすると、乙太夫が「まあず、お待ちなされ」と言って、「火難、盗難除き幸《さきわ》え給え」と願い事

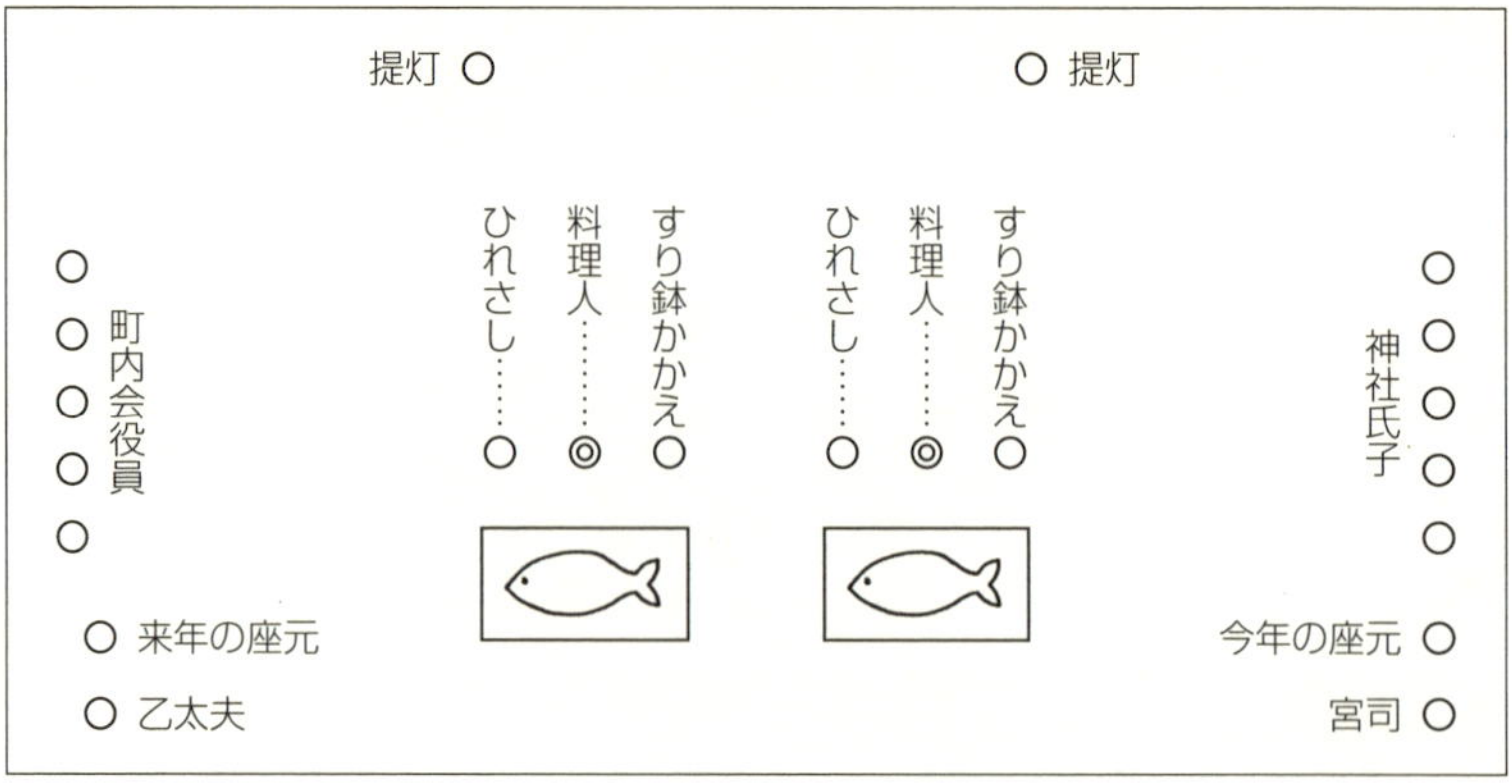

献魚包丁式の配置図

を唱える。では、と天神様がまた盃を持ち上げると、「まあず、お待ちなされ」と再びそれを止《とど》めて「大漁満足守らせ給え」と祈願し、二拍手拝礼して引き下がる。

そこで、天神様はやっと御神酒を召し上がって、盃と榊を手に「千早振る神代の手振り奏でして、御代を寿《ことほ》ぐ奈多の夜神楽」と舞い始め、そして「あな面白し、あな楽し、あなさやけおけ」と、めでたく舞い納められる。大らかにゆったりとした天神の舞は、宮司家に代々伝えられているものである。

この神楽の後に、「早魚神事」のクライマックスである「献魚包丁式」が行われる。

「今はまだ準備中ですのでもう暫くお待ち下さい」と館内のアナウンス。甘酒が振る舞われ、顔見知りの人たちの、おしゃべりや笑い声が賑やかで、深夜の公民館は楽しいお祭り気分に満ちていた。

献魚包丁式

この儀式が早魚祭の核であるが、そのいわれは、奈多の里人が神功皇后に大鯛を料理して献上したことによる、とされている。

古老の話によると、昔は、網元同士の競争で、速く魚をさばいて座元に届けた方を勝ちとして、良い漁場を与えられた。それは漁師たちの生活がかかっている真剣勝負であり、血気にはやる若者たちの間では血を見ることもあったという。

現在では、古式に従って包丁さばきの速さを競う神事として、奈多の四町を二組に分けて浜崎家（高浜・牟田方）と木下家（西方・前方）が一年おきに奉納する。平成十九年度は、浜崎家が座元をつとめ、高浜と牟田方の二町で競った。

料理人、ひれさし、すり鉢かかえの三人一組で魚をさばく。かつては、十九日の夕方に関係者一同が集まって、二十四、五歳の青年の中から籤《くじ》で選んでいた。しかし、今は町内の若者も減少しているので年齢制限も難しく、包丁式に出てくれるように、かなり早い時期から頼みにいくそうだ。

当日、青年たちは夜七時頃に各町の公民館に集まり「早魚けいこ」として、先輩や長老から魚をさばく練習や作法の指導を受ける。

夜十一時頃、志式神社近くの浜辺で素裸になって禊《みそぎ》をする。その後公民館に戻って、袷《あわせ》に角帯、白足袋に着替える。この着付けなどの世話は男衆だけで行う決まりになっている。

鯛見せ（奈多自治会提供）

早魚舞台が清められ、一同が舞台に並ぶ。

●魚をさばく三人と提灯持ち一人の四人の若者が二組、舞台後方の中央に立つ。

●宮司のお祓いがあった後に、俎板《まないた》を持つ料理人が一歩前に出る。

●袖をまくり上げて、塩でしめた鯛と包丁がのっている俎板を、そのまま頭上高く差し上げた。

●「構えて……」「ゆっくり、ゆっくり」と大きな声がかかる。

●料理人は、俎板を差し上げたままで爪先からゆっくりと東へ、正面へ、次に西へ、また正面へと静かに向きを変える。

●大向こうから「よいしょ！」と声がかかり、料理人は後ろ向きになって、反り身で俎板を高々と掲げて見せる。これは「鯛見せ」

献魚包丁式（奈多自治会提供）

という所作で、料理人のかっこいい晴れ姿に拍手が沸く。

●料理人が俎板を正面に据えて座ると、ひれさしとすり鉢かかえが、さっと両脇に座って袖をまくり上げる。

●宮司が「見事なお魚お料理なされ」と、合図の太鼓をドンと打つ。

●料理人は鯛と包丁をのせたまま、俎板を振り上げてドン、トン、トンと床に打ちつける。

●それからは、料理というより力任せの魚さばきの早技で〝ひれ〟を落とす。

●ひれさしは、すぐさまその〝ひれ〟を折敷《おしき》にのせて座元に届ける。そのスピードを競うのが神事の要点の一つであった。

●次いで頭を切り落とし、三枚下ろしにしてすり鉢かかえに渡す。

〝早魚〟の名の如く、それは一分もかからないあっという間のことであった。その間中、「ほい、ほい、きばらんか！」「よし、よし」「よっしゃ！」と怒号のような掛け声が大向こうから続いていた。

最後は「よっしゃ！」「りっぱなこっちゃ！」の声と満場の拍手で締めくくられた。

そして調理された鯛は、後に小さく切り分けて、祭りの場に居合わせた人たちに与えられる。

昔から「安産のお守り」と言われていて、身籠った人たちも頂きにきたそうだ。

ひれ舞

座元に届けられた鯛二尾の〝ひれ〟は、女竹十二本（閏年は十三本）を束ねたものに結びつけられる。

この「ひれ竹」を採り物にした神楽が舞われて「早魚神事」の奉納はすんだ。

天《あま》の磐戸《いわと》

この日の最後は宇美神楽座の「天の磐戸」である。舞台中央には磐戸を表す作り物が榊と白幣で飾られている。まず思兼神《おもいかねのかみ》が出て、次々と神々を呼び出す。続いて児屋根命《こやねのみこと》、鈿女命《うずめのみこと》が出る。緋の衣の鈿女命は、磐戸に隠れた天照大御神《あまてらすおおみかみ》を誘い出すために、愛らしく軽やかに舞う。

やがて、手力男命《たぢからおのみこと》がダイナミックに舞った後に、怪力で磐戸を開いた。その中には、天照大御神のシンボルの鏡があった。それを恭しく捧げ持つ思兼神に従って、神々は退場する。最後に手力男命の力強い舞で、神楽はすべて終わった。

宮司とひれ竹

この演目の頃は、もう午前一時を過ぎていた。久し振りに聞く深夜の神楽囃子は、しみじみと懐かしく心に残った。

ひれ納め

翌二十日は明け方から冷たい時雨が降り続いていた。

午前十時——志式神社の拝殿で「ひれ納め」の神事が始まった。宮司の打つ太鼓の音が響く。ドドン、ドドン、タッ、タッ、ド、ドーン。合の手のように鋭いモズの鳴き声。

祝詞、修祓《しゅうばつ》など神事の後に神楽二番が奉納された。

それが終わると、神前に供えられていた昨夜の「ひれ竹」を持つ宮司を先頭に、氏子総代、役員の一行は奈多の浜へ下りてゆく。

海は激しくうねり、波の音、風の音も荒々しい玄界灘。巨大な岩がそそり立つ浜の突堤に上がった一行は、海に向かって一礼する。そして「ひれ竹」は宮司の手を離れ、大きく弧を描いて逆巻く波の中へ……。

宮司、一同の拍手礼拝で、「ひれ納め」の儀式と、今年の早魚祭は無事終了した。こうして海へおさめられた〝ひれ〟は、網に掛かったり浜に打ち上げられたりしたことは今までに一度もない、と言われている。

年の終わりに豊漁を感謝し、来年の漁の安泰を祈願する神事としての祭りは、今も火難・盗難除けを、安産を、と数多の願いをこめて受け継がれている。

ひれは海に納められる

「ひれ納め」は、神社関係者など十余名だけの儀式だったが、「早魚祭」行事の中では非常に重要な部分だと感じた。現在は塩でしめた鯛を使っているが、昔は生きた大鯛を料理して〝ひれ〟を神前に捧げたそうだ。

その〝ひれ〟を丁重に、礼を尽くして海に戻す儀式は、つまり大いなる祈りと感謝と共に、大鯛の霊を海神《わたつみ》のもとへ送り届けることであろう。

我が国には昔から「○○供養」と称して、私たちの生命を養ってくれた生き物たち、さらには、役立ってくれた道具なども、その霊を懇ろに祀り、感謝する風習があった。

そう考えてみると、千年の歴史があると言われるこの行事の「ひれ納め」にも、私たちの祖先がずっと抱き続けてきた自然への畏敬、万物への感謝が込められていて、現代の私たちにとっても、忘れてはならない大切なメッセージのように思われた。

豊玉姫神社の水からくり

［薩摩の水からくり＝国選択無形民俗文化財］
［知覧の水車からくり＝県指定有形民俗文化財］
鹿児島県南九州市知覧町
問合せ▼南九州市商工観光課☎0993−83−2511

鹿児島県南九州市知覧《ちらん》町は、薩摩半島南部のほぼ中央に位置し、南は東シナ海に面した細長い町である。ここには、中世の山城「知覧城」や江戸時代の武家屋敷群とその庭園が残されており、しっとりと落ち着いた雰囲気で、薩摩の小京都とも言われている。

薩摩半島を流れる万之瀬《まのせ》川の流域では、かつて「薩摩の水からくり」と呼ばれる、水車によるからくりがいくつもあって、六月灯《ろっがつどう》の祭りの出し物として人気があった。しかし、それらのほとんどは途絶え、今も残っているのは加世田市の竹田神社、吹上町吹上温泉、そして知覧の豊玉姫神社の三カ所のみとなっている。

豊玉姫神社

豊玉姫《とよたまひめ》神社――。知覧の総鎮守で、薩摩二の宮である豊玉姫神社では、毎年七月九、十日の両日に、「水からくり」が上演、奉納される。

豊玉姫は、綿津見神《わたつみのかみ》（海神）の娘で、日子穂穂手見命《ひこほほでみのみこと》（山幸彦）の妃となり、鵜葺草葺不合命《うがやふきあえずのみこと》を生む、と、記紀神話の中でも特にドラマチックな存在のヒメである。

水からくりやかた

水からくり

平成十五年七月九日――。一面の田畑の続く道の向こう、深い緑の木立の中に鳥居が見えた。

（やっと来ましたよ。トヨタマヒメさま）

万之瀬川上流の麓《ふもと》川が知覧の町を流れていて、そこからの用水路が神社の前を通っている。

用水路に設けられた直径二メートル余りの朱塗りの水車がひときわ目を引く。「水からくり」は、この水車の動力によって人形を動かす仕組みである。平成元年に建て直された立派な「水からくりやかた」があって、水路側はからくり装置、境内側が舞台となっている。

舞台の前には、もう多くの人が、からくりに見入っている。この年の演目は、NHK大河ドラマと同じ「武蔵」である。舞台は、佐々木巌流と宮本武蔵の、例の巌流島決闘の場面であった。背景は、白雲湧き立つ青空と大海原、岸に打ち寄せる波。

舞台左手には、立ち会い役として細川藩の奉行二人、武士三名、家来三名が控えている。右手の小島には、お通をはじめ又八、朱美、お杉、権之助らがひたすら武蔵の勝利を念じて手を合わせている。その手前に、武蔵をのせてきた小舟と船頭。これらの人形が立ったり座ったり、首を動かしたり、また、向きを変えたり、と、それぞれの役に応じた動きをしている。

そして、舞台中央に相対する武蔵と小次郎。今や、宿敵同士の雌雄を決する時至れり。

平成15年の演目「武蔵」

小次郎は、ツツッと進み出で、頭上高く太刀を振り上げ、武蔵めがけて斬りかかる。

その時早く、地を蹴った武蔵の身体は高々と跳び上がった。と同時に、櫂の木刀は小次郎の脳天を直撃。

小次郎は倒れた――。

「潮の流れに空しく散った、若き剣士を偲ぶため、巌流島と人は呼ぶ――」。「浪花節」（四代目天中軒雲月）の名調子が、見物の心をその昔へ、潮騒の地へと誘う。

舞台前方の右端に「晩年の武蔵」と書いた木札があった。そこには眼光鋭い男がいて、立ち上がっては二振りの太刀を使う所作を繰り返している。彼の顔に刻まれた深い皺。じっと睨みつけているその先に、武蔵は何を見ているのだろうか。

もう真夏の日差しの午後、朱塗りの水車はゆるやかに回り続け、スピーカーから「浪花節」が流れ、蟬しぐれがそれに和している。一シーンが終わると拍手が起こり、また次の見物人が椅子にかける。

こうして、九日、十日の二日間は、朝九時から夜十時まで「水からくり」はエンドレスに繰り返される。

毎年替わる演目を楽しみに、人々は三々五々と神社に詣でている。

この神社の「水からくり」の始まりは、安永九（一七八〇）年、山下堰《せき》の築造後、神社前に用水路が作られてから、と言われているが、詳しいことはわからない。ともあれ、古い伝統のある「水からくり」だが、明治の終わり頃から大正、昭和にかけては、時代の影響を受けて、何度も中断、復活を繰り返してきた。

大きな歴史のうねりの中で、日本が次々に戦争へと駆り立てられていった、それらの時代。そして、昭和二十年の敗戦。そうした混乱や困難を、誰もが必死に乗り越え、生きようとしている時にも、用水路は、静かに流れ続けて田畑を潤し、生命の水を与え続けた。

水の恵みの限りない大きさ、受け継いだ生命の重さ、子孫に残すべき伝統・伝承の大切さに、人々があらためて気づいた時、「水からくり」はよみがえったのであろうか。昭和五十四年に、町民たちの協力によって保存会が結成され今日に至っている。

「水からくりやかた」には小さな出入口があって、そこから舞台下のからくり装置を少しだけ覗き見ることができる。もちろん、内部は「関係者以外立入禁止」だが、素人目にも歯車やベルトやバネの複雑さは相当なものとわかった。

境内にからくりの工作室があって、そこで宮司の赤崎千春さん（保存会代表）からお話を伺った。

保存会会員は約三十名。その中で、人形やからくりの製作に携わるのは十五名位とのこと。

毎年、演目を替えるので、人形もからくりも、すべて新しく作り直すことになる（何年か後には同じテーマのものもあるが）。六十～七十歳代の方たちが中心で、いつも去年よりも良いものを、とみんなで研究し智恵を出し合って、約三カ月かけて作りあげてゆく。

――大変なご苦労ですね――

「何しろ素人集団ですから……」と謙遜なさる宮司さまも、二十年以上もの間、人形の製作を続けてこられた。人形の衣装など、女性の方たちの協力も支えとなっている。

工作室の中には、色々な工作機械や道具が所狭しと置かれ、棚には以前の演目で使われた人形たちがひしめいて、こちらを見つめていた。

六月灯

六月灯の行事は、薩摩では昔から寺社などで盛んに行われていたようだ。これは豊作を祈願し、また疫病退散・家内安全を祈る祭りで、氏子たちは灯籠《ツロ》を奉納する風習があり、この年も拝殿の横にたくさんの灯籠が吊されて風に揺れていた。

薩摩のツロは四角い灯籠で、上の四隅には「耳《ミン》」とよばれる飾りをつけ、灯籠の下には「袴《ハカマ》」と呼ばれる白紙を切ったものを長く垂らしてある。ツロに描かれた絵は、昔は武者絵などが主だったというが、今は、マンガやアニメのキャラクターのものがほとんどのようである。

六月灯のツロ

七月九日の夕べ、豊玉姫神社の六月灯の祭礼には「神舞《かんめ》」も奉納され、薩摩独特の舞もあると聞いて楽しみにしていた。
五時半過ぎ、拝殿に「水からくり」の関係者、氏子総代、来賓の方々が集まって、太鼓の音が神事の始まりを告げる。祝詞《のりと》奏上、修祓《しゅうばつ》と、神事の間にも参拝の人たちの鳴らす鈴の音は絶えず、子供たちの声も響いて、

宮毘舞

巫女舞

賑やかな祭りの宵であった。

神舞

薩摩では、いわゆる神楽を「神舞」という。江戸時代には、四十番もあったそうだが、現在は「宮毘舞《みやび》」「鬼神舞《きじん》」「荒神舞《こうじん》」「田《た》の神舞《かんめ》」の四番だけが残っていて、いずれも一人舞である。

宮毘舞

黒髪で冠をつけた姫面の一人舞。紙垂《しで》をつけた青笹と扇を手にした姫が、笛に合わせて「みやまにはあられふるらしとやまなる……」と歌いながら静かに舞う。

巫女舞

「神舞」とは別に、四人の乙女の舞。冠を被り、緋の袴に白上衣の少女たちが、五色の布をつけた鈴を手に舞う。

蒸し暑い夏の夕暮れに、ひとときの爽やかな風を呼ぶ舞であった。

鬼神舞

赤熊《しゃぐま》をつけた鬼神面の一人舞。木刀を肩に現れた鬼神は、扇を手に舞った後、木刀で何かを打ち据える所作をする。力強い舞で、「そもそもこれは手力男《たぢからお》の……」と名乗る。手力舞ともいう。

荒神舞

白熊《はぐま》をつけた荒神面の一人舞。剣を肩に鈴を振りながら、左に右に舞い歩く。次に剣を突き立て、鈴を振り、扇をかざして舞う。

スサノオノミコトの、例の大蛇退治の舞である。鬼神も荒神も、共にその荒々しく力強い舞によって、邪を祓い災を防ぐことを表しているのだろう。

鬼神舞

荒神舞

田の神舞

田の神舞

二つ折りの藺《いぐさ》の笠を被り、メシゲ（しゃもじ）と鈴を手にヒョイヒョイという感じで舞い出でたのはタノカンサア（田の神）。その面は、大黒さまと恵比寿さまを一緒にしたような、柔和そのものの表情で、見ている方もつい顔がほころんでくるような。

紙垂をつけた笹竹を大きく振りながら、ゆっくりと回り、また右を向き左を向いては、田の神の唱え言を言い「ワッハッハー、ワッハッハー」と大らかに笑う。タノカンサアのこの豪快な笑いは、もろもろの災いを笑い飛ばして、きっと今年も豊作をもたらしてくれるのであろう。

タノカンサアは、稲の生長を願って田の土手などにたてられた薩摩独特の石像である。私も旅の途中、あちこちでお目にかかったが、中でも鹿児島神宮の神田の石像は、この神舞のタノカンサアそっくり、今にも「ワッハッハー」の笑い声が聞こえそうで忘れ難い。

知覧では、田の神は、五月に里に下り、九月に山に帰ると言われている。それで、その時期の引越しは、田の神の通り道を塞ぐことになるといって、昔から禁じられているそうだ。それは多分、農作業が忙しい頃だからであろうが、タノカンサアへの、土地の人々の素朴な親しみを表している話である。

知覧の習俗

宮司の赤崎千春さん宅をお訪ねしたことで、赤崎家や近辺に、今なお残っている薩摩の貴重な習俗の一端に触れることができた。赤崎家は、その昔、豊玉姫に随って知覧に来たという由緒を持つ家柄である。

オカンギンジョサア（看経所）

宮司家の屋敷の中にある江戸時代の建物で、元は豊玉姫神社の本殿であった。昭和十五年に御本殿を新しく建て替えた時に宮司宅に移されたという。

ここには豊玉姫の御分霊、各区の神社の神々が祀られていて、宮司は毎日礼拝する。

ウッガンサア

庭の奥、木立の中に小さな社がある。ここには赤崎家の氏神が祀られていて、毎日礼拝する。「ウッガンサア」は、氏神さまとも、内神さまとも言われている。

知覧とその周辺には多様な「ウッガンサア」があり、その祭りは毎年秋から冬にかけて、集落、門《かど》、家ごとに行われるそうだ。

荒神さま（火の神）

宮司さまはお忙しいにもかかわらず、「ついでにうちの台所も見て下さい」と誘って下さった。

今風のダイニングキッチンだが、食器棚の上に荒神さまが祀られている。白い和紙を切り抜いたもので、初めて見る不思議な像《すがた》だった。

この和紙の荒神さまは、正月十五日の赤崎家の氏神まつりの時に、宮司が新しく作り替えるとのこと。

火伏せの神としての荒神さまを祀ることは、赤崎家はもちろん、それぞれの地区、集落でも大切なまつりとして伝わっている。何よりも皆の無事息災を願って、鎮守の神を祀り、家の神を祀り、荒神さまを祀ってきた風習は、これまで、日本人の心を豊かに育んできたものの一つであったと思う。

「しかし、まあ、この頃は、いろんなことを頑固に守ってゆくのは、だんだんと難しくなってきまして……」

――そう、今は、どこでも

オカンギンジョサア

ウッガンサア

荒神（右）と木彫りの大黒・恵比寿

その嘆きがありますね――

カセダウチ

食器棚の上、荒神さまの横には、木彫りの大黒さまと恵比寿さまがお揃いでにこやかに座っておられて、その後ろには〝福の神〟と書かれた財産目録がある。

「これはカセダウチといいまして……」

宮司さまのお話によると、「カセダウチ」は、新築を祝うものとして、知覧中部地区を中心に伝わっている民俗行事である。

小正月（一月十四日）の晩に「出雲から参った……」と、里の人たちが七福神や様々な神に変装し、覆面して新築の家へ祝福に訪れる。そして、祝いとして大黒・恵比寿の置物と福の神の財産目録を贈る。

その財産目録には、三の字尽くしの数を書くのがしきたりで、例えば――

一、家屋　参百参拾参萬棟

一、子供　参百参拾参萬人

など、豪勢この上ない数である。変装した神々は、声色を使ったりしているので誰が誰やら全くわからず、家の主人とのトンチンカンな遣り取りが面白い。

それから、訪れた神々への接待の祝い膳が出される。そのメニューは、オタマジャクシの泳ぐ吸い物、茶の実、松笠、鶏の頭、ワサビをたっぷりつけた刺身などで、食べられないものばかり。さらには、塩を入れた焼酎や酢を無理に勧めて神々を困らせる。そうして、あれこれと主人側も神々も智恵をしぼり、ユーモアたっぷりの応酬を楽しむ。神も人も共に喜び、共に遊んだ古代人の息吹が感じられる行事である。

そういえば、知覧には、豊玉姫と玉依姫についての面白い伝説がある。

姉妹の父の海神は、姉の豊玉姫には川辺を、妹の玉依姫には知覧を治めるようにと言われた。

父の命をうけて出発した姉妹は、「取違《とりちがい》（トイタゲ）」の集落で一泊することになった。

この時になって、玉依姫は、姉が治めることになっている川辺の方が水田が広いことを知った。

そこで、玉依姫は、翌朝未明に馬で宿を発ち、さっさと川辺へ行って、そこを自分の土地とした。

妹に先を越された豊玉姫は、やむを得ず牛に乗って知覧へ向かった。

姉妹の姫が、この集落で行く先を取り違えたというので、ここを「取違」と呼ぶようになった。

すばしこい妹と、おっとりした姉の話は、そのまま人間の世界と重なる。

豊玉姫陵墓

この他にも知覧には、

- 豊玉姫がここで髪に櫛を入れられた（鬢水《びんみず》峠）
- ここで化粧直しをされた（御化粧水《おごそみず》）
- ここで昼食をとられた（飯野《いいの》）

など、地名に因む豊玉姫伝説がいくつもある。

また、豊玉姫の陵墓と言い伝えられている所もある。

上郡《かみごおり》地区の田園地帯、青々と穂の出揃った稲田の中央に鳥居が建ち、その向こうに齋垣《いがき》に囲まれた一区画があった。

記紀神話とは異なった豊玉姫のこれらの伝説は、確かに、南国の陽光《ひかり》の中で生まれた神々と人間への限りない讃歌であろう。

鎮魂の平和公園

知覧は、薩摩の古き良き時代の面影を今なお残している町である。しかし、この静かな町の名は、第二次世界大戦の末期、特攻基地となったことで私たちの心に深く刻みつけられている。

きれいに手入れされている平和公園の中に立った時、私の心の内に不意につきあげてくるものがあり、思わず涙が滲んできた。

石灯籠

まさに――ここは、還らざる若き兵士を悼む鎮魂の場。

平和会館には、特攻兵たちの遺品・手紙、遺言の数々が展示されている。当時女学生であった私といくつも違わない若人たちの覚悟の潔さ、家族を思いやる心根のやさしさに打たれ、この若人たちを死に追いやった時代と戦争の残酷さを思う。

それにしても、今、私がこうして生かして頂いていることの何という不思議さ、有り難さだろう。

会館の一隅で、白髪の男性が声を張り上げて、特攻機のこと、特攻兵のことなどを来館者たちに話しておられた。その方は、語り部として使命感をもってがんばっておられるのだろう。

私の横で展示を見ていた若い女性が、しきりに涙を拭っていた。人それぞれに涙の意味は異なっているだろうが、時流に流されず、戦争のことも自分の涙の意味についても、今こそ、しっかりと考えてみるべきだろう。

平和公園へのなだらかな坂道の両側には、若き英霊への供養の石灯籠がずーっと続いている。

全国からの寄進によるもので、それらの石灯籠には、特攻兵の上半身の姿が浮彫りされている。その一つ一つが、どれも童子のようなあどけなさで、菩薩《ぼさつ》のように深々としたやさしさを湛えていた。

石灯籠にそっと手を触れた時、私を捉えたあの胸拉《ひし》がれる思い……。

この時、知覧中の蟬がここに集まっているかと思うほどの激しい蟬しぐれが、辺りを満たしていた。

逝きし人と残されし者の慟哭《どうこく》のように。

八女福島の燈籠人形

［国指定重要無形民俗文化財］
福岡県八女市本町・福島八幡宮
問合せ▼八女市文化課☎0943－23－1982

福岡県南部の八女《やめ》市は、昔から銘茶、和紙の産地としてよく知られている。

ここにある福島八幡宮では、国指定重要無形民俗文化財の「八女福島の燈籠人形」の奉納公演が毎年行われ、秋分の日を含む三日間に、毎日、六回上演される。


八女市から南へ約三〇キロの山鹿《やまが》市は、大宮神社の燈籠祭に奉納される千人踊りで有名である。大勢の女性たちの踊りにつれて、頭上の燈籠の灯りが薄闇の中に揺れ動く様は、実に幻想的である。また、この御祭礼には、山鹿の各町から「山鹿燈籠」が奉納される。これは、和紙と糊だけで城や寺社などのミニチュアを作りあげた、非常に精巧な飾り燈籠である。この「山鹿燈籠」の奉納は室町時代に始まり、江戸時代には細工も一層華麗になってその名が広まった。

かねてから、山鹿とは産業・経済面での交流の深かった八女福島では、江戸初期の八幡宮創建の頃より「山鹿燈籠」を譲り受けて八幡宮に奉納していた。その中には人形の燈籠もあったのだろう。

その後、江戸中期の延享《えんきょう》元（一七四四）年になると、福島でも独自の「人形の燈籠」を作って八幡宮に奉納した。これが「燈籠人形」の始まりと伝えられている。それが後には飾り物の人形燈籠ではなく、〝からくりで動く人形〟の奉納へと変わっていった。そして、江戸末期になると、屋台《やたい》で上演される人形のからくりの仕組みも益々巧妙になり、人々の喝采を受けた。

今日では、燈籠ではなく「からくり人形」が民俗芸能として伝承されているのだが、「燈籠人形」の名称は当初のまま残されている。

いのちを吹きこまれる人形たち

平成十四年九月二十三日。

福島八幡宮の辺りは、かつての福島城の城下町の名残を留める町並みが保存され、奉納公演の三日の間は、福島の「町屋まつり」としても賑わう。夜になって、大分涼しくなった町屋の通りを行き交う人にまぎれて歩いていると、ゆったりと昔が戻ってくるような気がした。


福島の町の氏神である八幡宮は、旧福島城の辰巳櫓《たつみやぐら》の跡地に建てられている。境内の上段に社殿があり、下段の広場には、からくりを演じる三層の屋台が組み立てられ、第一層は屋台の基礎部分で、第二層は舞台、第三層は囃子方《はやしかた》の部屋である。

福島八幡宮拝殿

開演前の屋台

唄方、三味線、太鼓、鼓の面々（第三層）

軒下にずらりと吊り下げた提灯《ちょうちん》の明かりが、お祭りの日の懐かしさへと心を誘う。

この年の芸題は「吉野山《よしのやま》狐忠信《きつねただのぶ》初音《はつね》之鼓《のつづみ》」。有名な浄瑠璃「義経千本桜」の物語である。

屋台の正面は、城の名残の石垣跡で、丸石をはめ込んだ見物席となっているが、そこも、高台も見物の人で埋まっている。

私の目当ては、この三日目の最終公演、夜九時からの舞台である。

前の年（平成十三年）には、一般公演の前夜の口開け（リハーサル）で「玉藻之前《たまものまえ》」を拝見した。その時、からくりの仕掛けなど色々説明して頂いた保存会会長の川口利明さんが、「次は千秋楽をぜひに……」と勧めて下さったので。

九時近くなると、第三層の障子が開け放たれた。唄方、三味線、太鼓、鼓の面々が勢揃いしている様は屋台を一段と華やかに見せている。

最後の上演に先立って、出演者、保存会のメンバーの紹介があった。太鼓、鼓方には、高校生など若い人が多く、見物席から元気の良い声がかかり、誰彼が顔見知りの気安さと活気があった。

突然、高台の立見席から「オジイチャーン」と幼い声。屋台の囃子方に座っているオジイチャンは笑顔で手をあげて応える。

「オジイチャン。ガンバッテー！」精一杯声を張り上げての愛らしい応援に周りはほのぼのとした気分。

いよいよ、千秋楽——。拍子木《ひょうしぎ》の音《ね》で囃子が始まる。唄も三味の音もかなりの年季が入った玄人《くろうと》はだしの芸に聞き惚れていると、また柝《き》が入って舞台の幕が開く。

背景は花の霞の吉野山。パッと明るい情景の舞台の左手には、義経と小姓の人形が飾人形（動かない人形）として据えてある。舞台手前の両脇にある後見《こうけん》の座には、男児が一人ずつ座り、真剣な表情で舞台を見つめ、手にした扇子で拍子をとっている。

義経を慕う静が、舞台の橋の上に現れ、囃子に合わせて舞い、次いで腰元も出て舞う。橋は中央で左右に分かれるようになっていて、橋の上の人形を動かすのは、舞台の左右の楽屋にそれぞれ六人ずつの「横遣《つか》い」の人たちである。さらに、橋の左側から右側へと人形が移る時には、橋の中央で人形の遣い手も右側の「横遣い」へと素早くバトンタッチして替わる。

観客には、いつの間にか人形が移動しているだけに思われるのだが、これは「送り渡し」の技といって、双方の呼吸がピタリと合い、熟練の域に達していなければできない非常に難しいものという。

橋の上で二人の美女が舞っていると、急に橋の下から白い煙が湧き出し、そこに立ち現れたのは一人の凛々しい若者だった。

そして橋の上と下で三人の舞が続くうちに、この三人の衣装がパッと換わる。その巧みな早技に「わぁー」と盛んな拍手が起こる。

これを「素抜《すぬき》」と呼んでいるが、

後見の男児

公演中の舞台（第二層と第三層）

橋の上の左が腰元、右が静、橋の下は狐忠信

「素抜」で３人の衣装が換わったところ

芝居の「引抜き」と同じである。

　橋下の若者の衣装は、白地に赤い狐火の模様に換わっていて、彼が「狐忠信」と知れる。続いて「鼓の藤太」が登場し、鼓を打つ。この忠信と藤太を操るのは「下遣い」の人たちである。

　前の年、屋台の楽屋を見学した時に、「下遣い」は屋台の第一層、つまり舞台の下のかなり窮屈な場所での作業であって、これも大変なものとわかった。また、舞台の背景は芝居の進行につれて次々に変わるが、その鮮やかな場面展開の度ごとに「おーっ」とどよめきと拍手が起こる。この背景の大きな重たい幕を一気にさっと引き落とすのにも、裏方の人たちの呼吸が合わないと危険なこともあるそうだ。

　からくりを上演する屋台は、高さ八メートル、幅一四メートル、奥行き六メートル余りの漆塗りの立派なものである。これほど大きな三層の屋台が、毎年の公演の度に組み立てられ、釘や鎹《かすがい》などは一切使っていないと聞いて驚いた。

　やがて、芝居の終わり方に、また白煙が立ちこめる。と、その中から白い狐が現れ、宙を飛び、花の盛りの山奥へ消える。と、見る間に、狐は屋台三層目の窓から再び姿を現し、屋外に張られた綱を渡り、戻る時には、口にくわえた巻物をさっと垂らした。「御花御礼」の鮮やかな文字で、三日間の公演は無事に終了。

この後、保存会の役員、出演の方々が勢揃いしての挨拶で幕となった。

テンポも良く、変化のある楽しい舞台を支えている多くの人たちの目に見えない努力、熟練の技、それに、皆の呼吸《いき》が一つになった時、人形はいのちを吹きこまれるものとあらためて感じた。

出演者は、福島校区の氏子の人がほとんどで、高校生から八十歳過ぎの方も、と年齢の幅が広く、職業も様々である。また、毎年の上演には、福島二十三町の町内会の方々や保存会のメンバーの協力、支えが大きな力となっている。だが、ここでもやはり後継者の育成が大きな課題とのことであった。

終演の挨拶

受け継がれる技と心

八女福島の「燈籠人形」は、矢部川、星野川など、自然の恵みを受けた田園地帯で、人々の祈りと願いをこめて八幡さまに奉納され、また人々を楽しませながら受け継がれてきた。

初めは飾り物の人形の燈籠であったものが、からくり人形となっていった過程では、まず、松延甚左衛門の名があげられる。

甚左衛門は福島組大庄屋職であったが、宝暦の百姓騒動を機に職を捨て大阪に出奔。当時大阪で盛んな「人形浄瑠璃」の世界で才能を発揮し、豊竹座の作者仲間筆頭にもなる。後に福島に戻った彼は、土地の人たちに人形を動かす技術を教え、それが八幡宮の放生会《ほうじょうえ》に奉納された。

幕末になると、久留米のからくり儀右衛門（田中久重）が独創的なアイデアで色々な仕掛けを作り、福島の氏子たちもそれを学び、また競い合って、からくり人形は一層面白いものになった。

こうして「燈籠人形」にかかわる様々な創意工夫や技術の向上は、八女福島の提灯、仏壇などの伝統工芸品を生み出してきた。

土地、そこに暮らす人々、その芸能、この三者が互いに響き合い、育て合う時、人々の心は豊かに、土地も潤い、芸能も盛んになってゆくのであろう。近年は、社会状況の変化によって、各地でこの三者の幸福な関係が崩れ、失われつつあるのも事実である。

「燈籠人形」はその長い歴史の間には、何度かの中止、中断もあったし、最盛期から見れば、屋台の数も演目もかなり減ってきている。しかし、この貴重な芸能は今も町の誇りであり、確実に人を育み、人々の心のふるさとであることに変わりはない。

小さい時から「た、た、ぽ、ぽ、たっぽん、たっぽん」と鼓を打つまねをしてよく遊んだんですよ、と、町屋の奥さん。

子供の時から、ずっとこのお祭りに来ているから、やっぱり毎年八幡さまにお詣りして「燈籠人形」を見ないと、何だか落ち着かなくてね——と、見物の人たち。

石垣跡の丸石の上に、チョコンと上手に座って見ている子供たち。お父さん、お母さんに抱かれて、目をまん丸にして見ている幼い子。囃子と唄ののびやかさ、動く人形の面白さに子供たちの心は吸い寄せられているようだ。

その光景は、百年、二百年前の八幡宮の放生会と重なって見えてくる。

赤子を背負ったおかみさん。わんぱく盛りの子供たち。孫の手をひいたご隠居さん。ちょっとおめかしの娘たち。坊やを肩車した父親。威勢のいい若い衆。そう、みんな今と同じように歓声をあげ、手を叩き「よっ〇〇!」と声をかけて――年に一度の八幡さまのお祭りで、誰もが、それぞれに、からくり人形を楽しんでいたのだ。

昔と違って今は、娯楽も遊びも巷《ちまた》に溢れていて、誰でも簡単に楽しむことができる。しかし、時代が移っても、どんなに世の中が変わっても、変わらないもの、日本人の感性や心の有り様《あよう》を私たちは今もきっとどこかに受け継いでいるはず。

何となく人の心がささくれ立っているように感じることが多いこの頃――。そんな時に「燈籠人形」は、忘れていた子守歌のように、思いがけない懐かしさで私の心を満たした。

神と舞い、仏と遊ぶ

神楽の里を訪ねて

備中・石見への旅

備中神楽■〔国指定重要無形民俗文化財〕
岡山県高梁市川上町・清実神社
問合せ▼川上地域局地域振興課☎0866－48－2203
石見神楽（大元神楽）■〔国指定重要無形民俗文化財〕
島根県邑智郡邑南町・諏訪神社
問合せ▼邑南町商工観光課☎0855－95－2565

備中神楽

岡山から伯備線で高梁《たかはし》へ、車窓から眺めるゆったりとした川の流れ、色づいた草もみじに、ふと秋を感じる。高梁からバスで成羽《なりわ》へ、そこからタクシーで山道を三、四十分も走って、やっと川上町の民宿に着く。清実《きよざね》神社の宵祭りの宮神楽と、翌日の秋祭りを楽しみにやって来たのだが、はるばる旅をしたような気がする。

平成四年十一月二日。

神楽の始まる八時頃、神社に行く。赤々と燃える焚火を囲んで人々が集まり、子供が走り回っている。小高い丘の上の清実神社は川上町下大竹の氏神で、氏子は七十八軒、いかにも村の鎮守様というたたずまいである。去年の台風で壊れ、新しく建て替えられた拝殿には神楽の幕が張ってある。拝殿を半分ほどに仕切り、舞殿としてシメを張り、その中央に小さな白蓋《びゃくかい》が吊り下げられている。その残りが見物の桟敷で、ストーブの周りに人が集まっていた。

「どこから来なさった？」

――九州の太宰府から――

「へぇー、そりぁまあ、ようおいでた」

遠方からの物好きな旅人を「さあさあ、こちらへ、火の傍においで」と土地の人はとても温かく迎えて下さった。

この日は、たまたま神楽太夫の日向《ひなた》豊さんが、足の怪我で出場できずに見物席におられて、色々と丁寧に教えて下さったので助かった。

備中神楽「猿田彦命」

神楽の場を清めるための「榊舞」がすんで「導きの舞」が猿田彦命の由来を説いて舞われる。

続いて、にゅっと突き出た鼻の真っ赤な面に白のシャグマを被った二人の猿田彦が扇を両手に持ち、軽快に、また勇壮に舞う。これまで見てきた神楽は、一段高い神楽殿での舞だったが、ここでは、舞う人も見る人も同じ床の上なので、間近で迫力のある舞も、ドドンと響く太鼓の音も、身体全部で受け止めることになる。

「ようおいでた。まあ一杯」「さあ、もう一杯」と大きなやかんで温めた御神酒を湯呑みに注いで下さった。

ところが、神様には御神酒は一杯しか差し上げない、とのこと。

――どうして？――

「あのな、ここの神様はえらい酒好きで、酔っ払うとすぐ眠ってしまうんで、せっかく神楽やってるんに、それは困るんでネ。ハッハッハッ」

何と嬉しい話。ここでは神様も堅苦しいことは抜きにして、お祭り好き、酒好きな仲間として、皆と一緒に楽しまれるのだ。

備中神楽の中で、出雲神話をもとに創られた神代《じんだい》神楽の「岩戸開き」「国譲り」「大蛇退治《おろちたいじ》」のうち、今日は「国譲り」と「大蛇退治」が演じられる。

まずは「国譲り」で、大国主命が柔和な面に福頭巾、打ち出の小槌を手に現れると、見物は俄に活気づく。ゆったりと優雅な舞の後、大国主命と神楽太夫による「福の種蒔き」が始まると、見物の衆は立ち上がってそれを拾うのに大騒ぎとなる。

「まくぞや、まくぞや、福の種をまくぞや」と太鼓も勢い良く囃し立て、神前に供えた小餅、菓子などが所構わず一斉にまかれる。小さな境内には、袋を持った子供たちがつめかけ、歓声を上げ、福の種拾いに大童。一杯になった袋を両手に、子供たちは大満足の様子である。

騒ぎが一段落し、大国主命と天降ってきた二柱の神（経津主神《ふつぬしのかみ》、建御雷神《たけみかずちのかみ》）との間で「国譲り掛合い」になる。押し問答の末、あわや合戦、となりかけた時に稲背脛命《いなせはぎのみこと》が割って入る。

ひょうきんな面の稲背脛命のおどけた仕草に、見物は「待ってました」と手を叩く。太鼓方との掛け合いのアドリブで、時事問題から週刊誌の話題、近所の誰彼の噂話、その上に歌もありで、〝何でもござれ〟の千両役者である。

一番前に陣取っていたお爺さんは、すっかり酔っ払ってついに立ち上がり、稲背脛命に食ってかかる。そこに周りの人たちも加わって、話はポンポン弾み、脱線し、神楽場は爆笑と野次、酒の匂いで一杯になる。涙が出るほど笑いながら、私は、こんなにも素朴で、のびやかな人々の集いを、とても羨ましいと思った。

神楽座の太夫たちは、つとめや農作業の合間に稽古をし、桐材の神楽面もほとんど自分たちで彫るそうだ。金糸・銀糸の豪華な刺繍入りの陣羽織が珍しかったが、これが備中神楽独特の衣裳だという。

何とも愛らしいエビス面の事代主命《ことしろぬしのみこと》の「たいたい釣り」の舞の後は、一転して「鬼退治」である。物凄い形相の荒鬼の建御名方命《たけみなかたのみこと》と、天降ってきた二柱の神との激しい戦いに思わず息を呑む。戦いは延々と続き、鬼はなかなかにしぶとく、やられてもやられても立ち向かってゆく。

それを見ていて、備中神楽の演目の一つ「吉備津《きびつ》」の、「温羅《うら》退治」における吉備津彦命《きびつひこのみこと》と温羅（鬼）の凄まじい戦いを思い出した。日向さんにそのことを話すと、「温羅の面は、建御名方の面と同じもので、その立ち回りも同じように長い」と教えて下さった。

今宵の神楽の締めくくりは、備中神楽の代表とされる「大蛇退治」である。須佐男命《すさのおのみこと》がひときわ豪華な陣羽織で、勇壮に舞い出でてドラマは始まる。足名槌《あしなづち》・手名槌《てなづち》の「嘆きの舞」の後に、緋の袴の奇稲田姫《くしなだひめ》が出て「契りの舞」を、しなしな、なよなよと、愛らしく舞う。

備中神楽「国譲り」の「鬼退治」

このドラマも大詰めに近づくと「松尾命《まつのおのみこと》の酒造り」となる。滑稽な面、赤い陣羽織の酒造りの神様は、すでにメロメロに御酩酊の様子。太鼓方との掛け合い漫才のような遣り取りに見物は沸きに沸く。

これは、前の稲背脛命と同じパターンで、備中神楽の〝茶利《ちゃり》〟として有名なものだそうだ。この〝茶利〟が相当に長い。さっき稲背脛命に食ってかかったお爺さんは、一升瓶を抱えて白川夜船《しらかわよぶね》の御様子。この方は、昔は神楽太夫だったそうだ。

いよいよ須佐男命と大蛇が登場すると、眠気も疲れも一気にふっ飛んでしまった。

須佐男も大蛇も、真剣勝負の気迫に満ちた大立ち回り。ここでも大蛇は容易には屈せず、急テンポの太鼓の囃子、とぐろを巻いてのた打ち回る大蛇の迫力に、ハラハラ、手に汗握るの気分を味わう。

神楽がすべて終わったのは、午前一時過ぎ。演じる人も見る側も、かなりの体力と根気がいるものと思い知った。

日向さんは「松尾明神の〝茶利〟があんなに長いのは、大蛇退治の激しい場面に備えて、太夫に充分休憩を取らせるためでもあるんですよ」と言われたが、（さもありなん）と充分に納得した。


辺りが夜の闇に包まれている中で、このお宮の灯だけが眩しい。

帰りがけ、拝殿下の石段に、ちょこんと座っていたのは、さっきの白川夜船のお爺さんだった。

「さ、じいちゃん帰ろうか」。両脇を抱えられて帰って行く小さな後ろ姿。

（あ、もしかしたら、あの方は、ここの神様なのかも……）。そんな思いが、ふっと頭を掠めた。


翌日は「神渡り」。

早朝、山々をすっぽり包みこんだ雲海の底から、ドンドン、テンテン、カンカンと「浮立《ふりゅう》」に似た囃子の音が湧き起こるように響いてくる。備中地方に伝わる御神幸祭の供奉楽「渡り拍子」である。

各地区の男の子たちが、朝早くから一軒ずつ回って「渡り拍子」をとんで祝うしきたりだ（ここでは踊るのではなく〝とぶ〟という）。

昼過ぎに、各組の「渡り拍子」が次々と神社に集まり、お神輿《みこし》は向い側の小さな丘までお渡りになる。その後、長い石段を登って社にお帰りになるのだが、それがなかなか容易なことではない。

「神輿は揺さぶるほど、神様が喜ばれるけん、一年に一ぺんの神渡りじゃから、神様も皆と遊びたいんじゃ」というわけで、かなり御神酒のまわった担ぎ手が、あちら、こちらと激しい勢いでよろめき、道端の大勢の見物も声をあげて逃げ惑う。

神輿が石段を登り始めると、「まだじゃ、まだまだ」と声がして、引き下ろそうとする。笑いが巻き起こる。神様が、まだ遊び足りないとおっしゃるそうで、それが何度も繰り返される。

やっと神輿が無事お戻りになって、五つの組が揃っての「渡り拍子」の奉納が始まる。

ドンドン、ドドンと辺りを震わす太鼓の音。そして、カーン、カンカンと鉦《かね》の音色が心を浮き立たせる。

四人一組で、真ん中の太鼓を叩きながらとぶ子供たち。花笠が揺れ、色とりどりの鮮やかな襷や腰帯が、ひらりひらりと飛び交う。確かに、舞うのではなく踊るのでもなく〝とぶ〟のだ。

獅子も舞い、さして広くない神の庭は、激しい音と動きの渦になり見物の手拍子も加わる。見ると、二、三歳の女の子も、手と足でちゃんと拍子を取っている。ああ、こんなふうにして祭りのときめきは、熱くこの土地の子供たちの身体の中を流れ続け、「渡り拍子」も受け継がれてゆくのだろう。

神遊びの囃子の音は、晩秋のお宮の森から木の葉と共に風に乗って、山里に散っていく。

昨夜の宮神楽から始まって、秋祭りをゆっくりと充分に楽しまれた神様は、きっとお疲れで今頃はこっくり、こっくりなさっていらっしゃるのでは？……。

石見神楽

前年に見た備中神楽と対称的と言われる石見《いわみ》神楽をぜひ見たい、と思い続けて一年、思いがけず加来宣幸先生（当時、太宰府市民図書館館長）とご一緒の、石見への旅となった。

平成五年十月二十四日。

午後五時過ぎ、郷社・諏訪神社に着く。ここで四年に一度の石見矢上大元《やがみおおもと》神楽が行われる。

参道の杉並木は、千年杉と呼ばれる見事な大木である。太鼓の音が響いている夕暮れの空の奥深く、りんと聳え立つ木々の頂は、そのまま神々の世界への道のようであった。

神楽殿の天蓋《てんがい》は五行・五方位に従って埴安比売命《はにやすひめのみこと》を中央に、四方にはそれぞれの神を祀り、色鮮やかな五色の幣がびっしりと下げられ、神遊びの場の賑々しさがまず目を惹いた。

神楽殿正面の奥、台の上に俵が二つ並び、その上に藁蛇がとぐろを巻いてのっている。その頭は、蛇というよりも龍のようであった。

「四方堅《しほうがため》」「御神卸《みかみおろし》」「太鼓口」と順々に行われて、祭りの場に神々を迎え、神楽の始まりが告げられる。

午後七時頃から神事・献饌《けんせん》の儀式が始まる。三方《さんぼう》にのせた米・餅・野菜・鯛・鯉などの供物を、神楽太夫と羽織袴の氏子総代の方たちが、恭々しく順送りに手渡して、神官によって神前に供えられる。

ここでは、すべてがゆったりと行われ、ゆるやかに時が流れている。

一羽の鴨が生きたまま、三方にくくりつけられて運ばれてきた。鴨は、自分の置かれている状況が全く理解できないというように、キョトンとした目であちこち見回して、人々の笑いを誘っていた。

神楽殿と見物席は大きなテントで覆ってあるので、思ったほどには寒くない。

神官の祝詞奏上が行われる頃には、桟敷の後ろの方では、すき焼が煮え、すでに酒盛りも始まっている。桟敷一杯に広げられた重箱や折詰の御馳走に一升瓶や缶ビールが並び、テントの中は次第に陽気な祭り気分に満ちて来る。これこそ聖と俗との見事な融合というのであろうか。もう、すっかり御神酒のまわった人たちの賑やかな話し声や笑い声も、この神楽場の大切な要素かもしれない。

四人の初々しい乙女による巫女舞もすんで午後九時、いよいよ「磐戸《いわと》」が始まる。

噂の通り、石見の神楽の舞衣《まいぎぬ》は絢爛豪華で、その色調のあまりにもサイケなのに驚き圧倒されてしまう。

石見神楽「大江山」

張り子の面は、備中のに比べてかなり誇張されていて、歌舞伎のような隈取りもあってすごい。この面も、派手な舞衣も、ずっと昔のように漆黒の闇の中、篝火の灯りだけで見たら、もっと神秘的なのだろう。

岩戸の前の神々の舞は、どこか安来節の踊りのような腰つきがユーモラスで、たっぷりと土の匂いのする舞であった。矢上の大元神楽團では、伝統的な六調子を守って舞っているそうである。

石見神楽で人気のある演目の一つ「鍾馗《しょうき》」では、鍾馗大神（実は須佐男命）が茅《ち》の輪と剣を手に現れる。疫神との戦いの大立ち回りの間に、歌舞伎で見るような衣裳の引き抜きもあったりして「やれやれ！」「もっと脱げ」などと野次と喝采が飛び交う。

小さな男の子が神楽殿の真下にへばりついて、まさに〝かぶりつき〟で見入っている。その子の足が、自然に神楽囃しのリズムで拍子を取っている。身体全体で楽しんでいるのだ。

いいなあ――。

「大江山」の鬼の面がこれまた物凄い。しかし、恐いというよりどことなくユーモラスな感じもする。

鬼は花火を手に登場し、その煙は辺りに充満する。もうもうたる煙、花火の匂い、それに酒の匂い、すき焼きの匂いも。囃子のテンポが速くなる。「おう、よう覚えたぞ」「よっ、いい男！」。ひっきりなしの野次とはじけるような笑い声が交錯する。

頼光らと鬼の立ち回りは頂点に達する。と、鬼の手から次々に蜘蛛の糸が投げられ、頼光の剣は派手な身振りでそれを切り裂く。まるで能の「土蜘蛛」である。

「天蓋」は大元神楽の大切な神事で、神官と神楽太夫が綱を引き、前後

石見神楽「天蓋」

左右に動かして、中央と四方の天蓋を遊ばせる。

五色の幣に飾られた天蓋は太鼓の調子に合わせ、ゆったり、ゆらり、ゆらりと動き、やがて急に早まって、上がったり下がったりした後にまた、ゆらり、ゆらりを繰り返す。

今宵は神々もここで、人々と共に喜び遊んでおられるのであろう。

「塵倫《じんりん》」は仲哀天皇が塵倫という異国の鬼を退治する話なのだが、この頃になると神楽太夫と見物はもはや一体となっている。

石見神楽では、演目が後になるほど衣裳も一層派手になるというが、全くその通りで、金糸・銀糸をふんだんに使い、前も後ろも派手な刺繍で埋めつくされている。

異国の男鬼、女鬼がおどろおどろしい面で暴れ回っているところへ、飛び入りで見物人が舞衣を羽織って舞殿に上がり、鬼と一緒になって暴れ、はしゃぎ回る。

そのうちに、鬼は見物席に飛び込んで、若い女性を捉えてくる。それを取り返しに連れの男が鬼に立ち向かってゆく。見物は、もう大喜びで「やれやれ……」「もっとやれ……」と騒ぎ立て、場内は興奮のるつぼとなる。一体全体どうなることかと思ったが、この飛び入りも乱闘も、この演目では座興として予定されているらしく、最後には鬼が退治され、きちんとケリがついた。

その昔、山深い里の暮らしの中で、四年に一度の神楽を、人々がどれほど楽しみに待っていたことか。無礼講のようなこの騒ぎは、今にその心を伝え、私もつられて次第に熱くなっていた。

十四番の神楽の最後を飾ったのは「八咫《やた》」、石見神楽一番の見せ場の大蛇退治である。巨大なとぐろを巻く五頭の大蛇が絡み合い、見得を切り、舞殿からずり落ちんばかりの勢いで、所狭しと暴れ回る。明治中期に、石見で考案されたというじゃばらの胴が、大蛇の動きを一層迫力のあるものにしている。

花火がはじけ、煙が立ちこめる舞殿での須佐男と大蛇の大立ち回りは、もはや神楽というより、ダイナミックなショーそのものである。あまりの凄まじさにすっかり気を呑まれているうちに、須佐男は五つの大蛇の頭を次々に切り落として並べ、最後に蛇体から天叢雲剣《あめのむらくものつるぎ》を取り出し、この一大スペクタクルはフィナーレとなった。

時計を見ると午前二時半。昨日の夕方から今までの時間が、ほんとのような、嘘のような不思議な感覚で、心も足も痺れきっていた。宿で床についてからも、さっき見たあの神楽の激しさや騒々しいまでの賑やかさなどが、ぐるぐると渦を巻いていて、私はいつしかそこに呑みこまれていった。

翌日、矢上大元神楽團の団長で、大太鼓をつとめられた漆谷博さんと夕食を御一緒する機会に恵まれた。漆谷さんには神楽のこと、土地の暮らしなど色々なお話を伺った。

そして、あの大蛇退治で神楽がすべて終わったと思っていたが、その後で「注連起《しめおこ》し」という呪的神事が行われたことを知った。それは藁蛇による神がかり託宣を行う託舞で、長い藁蛇を抱えた神官たちが、かなり激しく舞うそうだ。これこそ大元神に奉納する大元神楽本来のもので、祭りの最後には必ず行われるという。

「あれは、ぜひ見といてほしかったですよ」

「ああ、残念!」と後悔したが、文字通り後の祭り。

お酒も適当に入り、加来先生の聞き上手で四方山《よもやま》の話は弾み、最近の豪華な結婚式の話になった。

漆谷さんが「昔の結婚式は……」と語り出し、ついに身振り手振りも交えて「蝶よ、花よ、と育てた娘……」と長持唄を披露して下さった。一種の哀愁をもって朗々と響く唄には、嫁に出す娘への親心と嫁ぐ娘の思いが溢れており、また送る側、迎える側の折り目正しさは、懐かしい情景のように目に浮かび、歌い手も聴き手も時を超えた世界にしみじみと心を委ねていた。

「それでは、お返しに……」と、加来先生が、琉球恋唄の、恋しい人を思って身も心もやせ細る娘心の唄を、素晴らしい声で、情感たっぷりに歌って下さった。

お二人の唄に聞き惚れながら、私は、今の、一見豊かで合理的な社会の中で、私たちが失ったものの大きさ、大切さを、きりきりと痛いほど感じていた。

市山大元神楽

〔国指定重要無形民俗文化財〕
島根県江津市桜江町市山

問合せ▼江津市商工観光課☎0855－52－2501

島根県江津《ごうつ》市桜江町市山――。夕暮れの気配がただよう山里には、ドン、ドン、ドドンと「神迎え」の太鼓の音が響いていた。

神迎えの行列

平成十二年十一月二十四日。夜を通して行われる「市山大元《いちやまおおもと》神楽」の始まりを告げる音である。

この地方に伝わっている「大元神楽」は、土地の人が大元さんと呼んでいる大元神に捧げる神楽で、「神懸り」と「託宣」の儀式のあることで知られていた。しかし、明治政府によって神懸り・託宣が禁止され、今ではいくつかの集落に残っているのみだという。その中でも、市山の大元神楽は、その古儀をしっかりと受け継いでいると聞き、ぜひにとの年来の思いが叶った一夜であった。

当日の午後、三江《さんごう》線の川戸駅まで迎えに来て下さった「市山神友会」の竹内幸夫さんのお宅で、色々お話を伺った。

神の座（藁蛇、一束幣、お供え）

市山神楽

市山神楽の式年祭は六年に一度（辰《たつ》年と戌《いぬ》年）で、地元の飯尾《いいお》山（市山）八幡宮の宮司を注連主《しめぬし》（代表）として、近郷の神職の方たちによる神事・神事舞と、氏子たちの「神友会」による神楽の奉納とが一体になって行われるという。

しかも、戸数わずか百戸の市山の集落での神友会のメンバーは四十八名という、まさに神楽の里である。

大太鼓をつとめられる竹内さんは、生まれた時から笛と太鼓を聞いて育ったと話され、また、息子さんも神友会の中堅メンバーである。そうした根っからの神楽人たちによって今に伝えられてきたのであろう。

太鼓と笛の音が次第に近づいてきた。飯尾山から、注連主の持つ一束幣《いっそくへい》と呼ばれる大幣の先導で、新しい藁蛇二体を氏子たちが担ぎ、舞殿へと向かう神迎えの一行で、藁蛇には、飯尾山の御神木から大元神をお迎えしてある。

注連の張られた通りを進むお行列を、人々は門口に出てお迎えする。

この年の神楽は市山小学校の広い校庭に特設された野舞台で行われた。野舞台と言っても立派なテントドームで、正面に舞殿がつくられ、その奥の神の座にお迎えした藁蛇と大幣が祀られている。

舞殿の天井には天蓋《てんがい》の五色の幣が下がっていて、華やかに揺れ、またその中に九つの小さな天蓋が下げられている。舞殿の長押《なげし》飾りの春・夏・秋・冬を表す花の切り絵が美しい。

「今夜の神楽には託太夫《たくだゆう》（託宣を受ける人）として三人が選ばれているが、この中の誰が神託を受けるか、また、託宣があるかどうかも、その場になってみないとわからない。託太夫は精進潔斎を続けてこの場に臨むのだが、神職も氏子の舞手たちも、みんなの呼吸《いき》がピタリと合い、それが神楽＝神座《かみくら》の場でピークに達した時にのみ神託がある」と竹内さんのお話。

四方拝

午後六時。舞殿に神を迎えるこの舞で、夜を徹しての三十四番の神楽が始まった。

「幣立つるここも高天原《たかまのはら》なれば、集まり給え四方の神々……」

「山勧請」。一束幣を手に神々を招く注連主

青・赤・白・紫の装束の四人が、小幣と輪鈴《りんれい》を手に、神歌と共に四隅を巡り舞殿を浄める。輪鈴は、修験者の持つ錫杖《しゃくじょう》の頭の錫に短い柄をつけた採り物で、大元神楽には修験道の色濃いことを示しているように思われる。それから「清湯立《きよめゆだて》」「荒神祭《こうじんさい》」「潮祓《しおはら》い」「山勧請《やまかんじょう》」と次々に舞殿を清め、神々を迎える儀式がある。

この後、神職たちの「神殿《こうどの》入り」があって「献饌《けんせん》」から「撤饌《てっせん》」までは「奉幣」「祝詞《のりと》奏上」など神事が続く。かなり長時間の厳粛な儀式・神事は、そもそも、神楽が心をこめ礼を尽くして神を迎え、神に捧げる楽であることをはっきりと表している。

神事が終わる頃には、テントの中は見物の人で埋まっていた。子供の姿も多く、さなぎのように毛布にくるまって寝転び、マンガを見ながら夜通しの神楽に備えている子もいる。

「太鼓口」

竹内さんのお孫さんとその友達は、小学校の学習発表会で神楽をやるんだ、と元気一杯。

——神楽は面白い？——と聞くと、「うん！」と大きくうなずいて、

「そもそもこれは……」「いざや立ち合い勝負決せん」

と振りを交えながら口上を聞かせてくれた。市山神楽の頼もしい後継ぎ、ここにあり。

夜九時近く、これから神友会の面々による神楽奉納が始まり、まずは「太鼓口《どうのくち》」である。

太鼓口

高く澄んだ笛の音が響き、鉦《かね》、小太鼓が鳴り、「幣立つるここも……」朗々と神歌が歌われる。四胴の大太鼓の音が沸き起こり、立ちのぼり、舞殿を揺さぶるように鳴り轟く。初めは厳かな楽が、次第に急テンポとなり、やがて激しいリズムへと登りつめてゆく。

大きく華やかな身振りで太鼓を打つ人々は、その醍醐味に酔ったように胴を叩き、立ち上がり、ついにバチをかざして舞い出す。大元の神々も照覧あれ！　とばかりに、次々に四人が舞い、囃子が渾然と和す。

「太鼓口」では、太鼓を打つことを舞として扱うというが、まさしくその通りだった。

拍手が沸く中に、幼い子の「キャー！」と興奮した叫び声が聞こえた。あの子もやがて神楽のぼせになるのであろう。私も、しびれました。

磐戸《いわと》

この演目は、高千穂などでは夜神楽の終わりに近い夜明け頃に舞われるが、ここでは演劇的な氏子神楽の幕開けとなっている。

最初に天照大神《あまてらすおおみかみ》の登場。緋の袴に白上衣の清楚な日の女神は、ほっそりと優美な面をつけ、両手の鏡をかざしてたおやかに舞う。

次に、豊かな白い髭の天児屋根命《あめのこやねのみこと》が重々しく現れ、天太玉命《あめのふとだまのみこと》と掛け合いのように大きな身振りで舞う。華麗な舞衣、若々しい女面で、鈴と鉾を手に舞い出たのは天鈿女命《あめのうずめのみこと》。舞殿一杯に華やかさを振りまき、はつらつとダンスのような舞である。

「磐戸」の天照大神

最後は手力男命《たちからおのみこと》。荒々しく力漲る男面の命は、急テンポの舞と、歌舞伎の見得を切るようなジェスチャーが受けて大きな拍手。やがて、幕の中に隠れていた天照大神の手を取って連れ出し、めでたく舞い納める。

このように五神が次々に登場して一人舞を演じるのは、古い能舞の形だそうである。

弓八幡《ゆみはちまん》

「そもそも――これは九州筑紫豊前の国……」の口上で登場する八幡麻呂《やはたまろ》が、第六天悪魔王を退治するという八幡信仰に由来する舞である。

神が二人、鬼が一人の〝二神一鬼〟の舞で、二神は弓矢を持ち、腰を低く膝を折って舞う。

そこへ、たちこめる煙と共に現われ出でたるは、花火を持った鬼。ひと

「弓八幡」の二神と鬼

きわ派手なキンキラキンの舞衣、おどろに振り乱した髪。二本の角と大きく裂けた口の牙はいかにも恐ろしい鬼面だが、その目は、やや垂れ目なのが、なんとなく御愛嬌である。

二神との大立ち回りが続く中で、鬼は、やられてもやられても、また立ち向かってゆく。なかなかに手強い垂れ目の鬼さんは、あっぱれ鬼の鑑《かがみ》でもあった。しかし、ついに鬼を退治した二神の勝利の舞で、めでたし、めでたし。

この他にも「神武《じんむ》」「鍾馗《しょうき》」「塵輪《じんりん》」など、鬼が出る神楽は子供たちに特に人気があるようだ。真夜中近くなのに、食い入るように見ている。昔も今も神楽の夜は天下御免で夜更かしができるのだろう。

ぐっすり眠りこんでいる子も、その夢の中に神楽囃子が鳴り響いているのかもしれない。

神楽には六調子と八調子があって、大まかに言えば、六調子は古典的な、緩やかなテンポで優雅な舞、八調子は新しい感覚のテンポの速い活発な舞とされている。ここ市山の神楽は、伝統的な六調子を守っているそうだが、素人の私には、時々六調子と八調子が混じりあっているように感じられる場面もあった。

御座《ござ》（蓙《ござ》）

御座は即ち神の座で、新しい蓙と輪鈴を持ち、東西南北・中央の五方の神を迎えての舞である。

と、見ていると、舞いながら蓙を開いて被ったり、また広げた蓙の上を縄とびのように跳んだりと、実に軽やかに意表をついた舞に拍手喝采。

御座替えの神事の芸能化、というよりも神事と芸能の楽しさの見事な調和である。

天蓋

舞殿の天井の大天蓋の中に下げられた東西南北の小天蓋と中央の六角天蓋には、それぞれの神の名が記されている。「下り給え、折居の庭には……」の神歌と共に、三人の曳き手が操る九つの天蓋が静かに降りてくる。

囃子に合わせ上り下りする天蓋は、いかにものどかな神遊び。やがて、太鼓と掛け歌が急テンポになってくると、天蓋の動きも速く激しくなり、上下、左右、四方、八方へとまるで生き物のように跳び回り、神々の嬉遊の舞そのものに見える。

「御座」

山の大王《だいおう》

この演目の前には「手草《たぐさ》」という、榊で周囲を浄め、神を迎える舞がある。

そして迎えられた山の神の大王と祝詞師《のっとじ》との遣り取りがとても楽しい一番である。

気短で、すぐに大声でどなりたてる山の大王の面は確かに恐ろしいが、でも、どことなく間の抜けた感じもある。対する祝詞師の、やんわりと、のらりくらりと、トンチンカンな受け答えに場内は大いに沸き、爆笑の渦。

「ハアー、山の大王さんに○○あげるときゃ……」

祝詞師が繰り返し歌う調子が、実にのびのびとしていて何とも心地良い。

「貴船」の鬼女

神酒や肴のもてなしを受けて、初めは怒りん坊の大王さんも祝詞師のペースにはまり、だんだん和んできて、最後には、御機嫌で山へお帰りになるという話。

昔々から大自然と向き合い、折り合いをつけてきた私たちの祖先のユーモアのあるしたたかさを思った。

もう夜中の二時近くで、ありったけ着込んでいてもしんしんと冷えこんでくる。熱燗を一口含んでほっとし、笑いに笑っているうちに身も心も温まってきた。

貴船《きぶね》

能の「鉄輪《かなわ》」をもとにしたこの一番を、まさに丑三つ時に演じるという心憎い演出である。

夫に見捨てられ、丑の刻参りをする女の恨みつらみの舞は、不気味さをただよわせ、笛の音はじょうじょうと陰にこもる。

頭につけた鉄輪に蠟燭を灯し、狂い、舞い続ける女は、いつしか眼《まなこ》吊り上がり、口は耳元まで裂け、二本の角のある鬼女へと変わる。この鬼女の面、恐ろしくもあり、かなりグロテスクでもあるが、それは、鬼女と化した女人の心そのもののようにも思われた。

夫の依頼で、女の呪いを解くために、陰陽師《おんみょうじ》の安倍清明《あべのせいめい》が作った茅《ちがや》の人形。怨念の鬼女は、それを打って、打って、打ちまくり、やがて虚空に消え去る。やんぬるかな……。

四剣《しけん》
「鈴合わせ」ともいい、太刀と輪鈴を採り物とする四人舞。緋の袴、白上衣の四人がぴったりと呼吸を合わせ、軽々としかも緊迫感溢れる動きで人を惹きつける。
最後の「組み太刀」の段では、四人がそれぞれ左手に太刀の束《つか》を、右手で隣の人の太刀の穂先を持って輪になる。それを交互に飛び越えたり、下をくぐったりする。四人の輪は決して崩れない。
熟練を要するアクロバットさながらの舞を、人々は息を呑んで見つめ、何度も何度も拍手を送った。

突然の神懸り

これから行われる「託舞《たくまい》」は、大元神楽のシンボルとも言われ、それには「綱貫《つなぬき》」「六所舞《ろくしよまい》」「御綱祭《みつなまつり》」の三つの段階がある。
●まず「綱貫」では、それまでとぐろを巻いて祭壇に祀られていた七尋半《ななひろはん》（一三・五メートル）の藁蛇が舞殿に現れ、託綱として舞殿の東の元山（向かって左手前）から西の端山（向かって右奥）へと、斜めに舞殿を貫いてかけ渡す。
●次に「六所舞」では、神職と氏子の舞の中に託太夫を入れて、激しく揺さぶり引き回して神懸りを促す（この際に神懸りになることが多いそうだ）。
●「御綱祭」では、目の高さまで下ろした託綱を、神職たちが神歌と共に揺さぶり、神懸りがあった時は託宣行事となる。
やがて、午前五時——。さあ、いよいよ「綱貫」が始まる頃だ。

そう思っていた時に突如、楽屋の方で「ウオー！、ギャオー！」と叫び声。人間離れした錯乱状態の声だった。急に慌ただしい人の動き。一体何事が？……。

氏子の一人が突然神懸りになった！

不意の出来事に楽屋も舞殿も大騒ぎのようだったが、そこはさすがに大元神の神楽の場、神職も氏子たちも総出で、テキパキと舞殿に託綱を貫いた。

大幣を持つ神職の陰にほんの一瞬、神懸りの叫び声の主の顔が、上ずった目付きが見え、（あ、あの人が……）と思ったが、すぐに大勢の人に囲まれて見えなくなった。

託綱は胸の高さくらいに下ろされ、人々は、激しい力で暴れ動くその人を懸命に押さえようとしている。神懸りした人が、もし、託綱をまたいだら死ぬ、との言い伝えがあるそうだ。

「託宣」

そのうちに、大元神の「託宣」の儀となり、羽織袴の人がお伺いを立てているようだったが、「来年の作柄はいかが……」と、かすかに聞こえたのみで肝心のご託宣は聞き取れなかった。

後で教えて頂いたが、氏子総代は大元神に来年の作柄、火難・水難の有無、今宵の神楽についてお伺いを立て、最後に「有り難うございました。どうぞ元山へお帰り下さい」と丁重にお送りするそうだ。

そして、この日神懸りした人は、予定していた託太夫ではなかった、と聞いてさらに驚いた。

その方は、神饌物の世話など裏方として非常に熱心につとめておられたので、それが報われての神懸りとなったそうである。

「いやぁ、あんまり突然で予想外だったので、私たちもびっくりしましたよ」

託太夫は神託を受けるべく精進潔斎してきた人たちだが、それでも必ず神懸りになるとは限らない。とは言っても、予定し予測された儀式としての神懸りについては、いささかの疑念を抱く人も多い。

しかし、この夜私が遭遇した不思議をどう考えたらいいのだろうか。

「こんなことはめったにありません。あなたは、ほんとに最高の時に立ち会われましたよ」と竹内さん。

「大元神楽」の神髄は「託舞」にあるとして、その神秘な喜悦の瞬間《とき》を何よりも大切なものとして伝えてきた「市山大元神楽」の人々。「大元神」とは、天地自然の根元の神、山川草木のすべてに宿る神であり、また、祖霊神、豊穣神と信じ、親しみをこめた畏敬の念《こころ》を今も抱き続けている人たちである。

「六所舞」

プログラム外の突然の神懸りにより、「綱貫」と「六所舞」はその続きで一緒にすんで、託綱の下での「五龍王《ごりゅうおう》」の舞の後に、神職たちが託綱に小さな幣を立て神歌を歌いながら綱を揺さぶる「御綱祭」が行われた。

この後に「成就神楽《じょうじゅかぐら》」があった。

注連主はじめ神職全員が元山の前に座し、「天下太平・万民安泰・五穀豊穣・牛馬安全・千秋万歳・万々歳」と祝言を述べて大元神や他の神々に感謝をする儀式である。

本来は、「綱貫き」から「成就神楽」までは一連のものとして、いつもは、一夜の神楽の頂点として最終に行われるのだが、この年は都合で順序が変更になっていた。

辺りがいくらか明るくなった頃に、女人に化けた狐と法印の問答がなかなか面白い修験調の「黒塚」が演じられた。

最後は「塵輪」で三神と三鬼の超派手な大立ち回りの末に、やはり鬼は退治されて、めでたい舞い納めとなり、三十四番の神楽はすべて終わった。

気がつくと、すっかり夜が明けて朝日が差し込んでいた。昨日の夕方、テントの中に座ってから十四時間あまり、長いようで、短い一夜であった。大元神楽の厳粛さも、演目の構成の巧みさも、そしてたっぷりの娯楽性も充分に堪能させて頂いた。

神送り。神木に藁蛇を巻く

神送り

野舞台のちょうど後ろに当たる小高い丘に飯尾山八幡宮の社がある。

朝八時過ぎ、神送りの大幣・藁蛇のお行列は飯尾山にお帰りになる。御神木である椎の古木の根元に大幣と藁蛇を安置し、神主はまず「おーおー」と警蹕《けいひつ》の声を発してから神事を行う。その後、藁蛇は二股の御神木の幹に巻き付けられ、その根方に大幣が立てられた。

こうして、夜通しの神楽を充分に楽しまれた大元神はまた御神木に鎮まり給い、土地の人々を見守って下さるのであろう。

清々しい冷気の満ちる中、朝の光を受けて大幣はひときわ白く輝いていた。あたかも、大元さんのおんさる（おられる）市山の人々の心ばえのように……。

今宿青木の獅子舞

［市指定無形民俗文化財］
福岡県福岡市西区今宿青木・八雲神社
問合せ▼今宿青木獅子舞保存会会長・長谷川幸一氏
☎092－806－4328

八雲神社――。御祭神は素戔嗚尊《すさのおのみこと》、櫛名田比売命《くしなだひめのみこと》、大己貴命《おおなむちのみこと》。福岡市西区の今宿青木にあるこの神社は、青木・上《かみ》の原《はる》の産土神《うぶすながみ》である。

毎年、正月元旦には獅子舞が奉納され、ふだんはひっそりとしている社に賑やかな囃子《はやし》の音が響く。

平成十八年一月一日。「日本晴れ」という言葉がピッタリの好天に恵まれた。

十一時半頃に神社に着く。鳥居や社殿、境内の小さな祠にも張られた真新しい注連縄《しめなわ》が清々しい。

獅子舞は十二時半からなので、境内は人影もまばらだったが、一隅には、焚火を囲んで和やかな人の輪があった。私も久し振りに、焚火の暖かさに身も心もじんわりとほぐれる心地よさを味わった。

十二時過ぎ、社殿で神事が始まる。この頃になると参詣の人の姿が増えて、特に子供連れの人が多かった。

ベビーカーの中の、ふくふくほっぺの赤ちゃんも、目をクリクリさせて辺りを見回している。

――何カ月ですか？――

「三カ月です」

――そう……とってもかわいいこと、どうぞ、元気で良い子に育ちますように……――

「ありがとうございます」。きちんと頭を下げた若い両親の礼儀正しさも嬉しかった。

十二時半頃――。いよいよ獅子舞の奉納。

演目は、昔は八種目あったそうだが、現在は「門付け」など六種目が演じられている。

まず、保存会会長、久保矯志《ためし》さんの御挨拶。

「元日は雨という予報でしたから、心配で、毎日、神様にお祈りしていましたが、お陰でこんなに良いお天気になりました。何しろ、この獅子頭は張子なので、雨に降られたらどうにもなりませんので……」

その獅子頭は会長の手作りで、約三カ月かかったと以前お聞きしたことを思い出して、ほんとに神様のお陰と感謝！

バラエティー豊かな六つの演目

門付け《かどづ》(祝獅子)

威勢良く石段を駆け上がった獅子（二人立ち）一頭は、鳥居をくぐり社殿へと突き進む。

太鼓一人、笛五人の囃子がテンポ良く始まり、獅子の動きにつれ、獅子頭の鈴が澄んだ音を響かせる。

太鼓打ちは口上もつとめる。

「白金、黄金を喰わえおろして、あなたのお蔵に舞やお納め候う時は、いついつまでもいつまでも」

囃子に合わせ、力強く舞う獅子は、時に勢い余って、参道脇の見物の中に突っ込み、その度に子供たちはキャーキャー騒いで面白がっている。

「獅子はあなたのお家の祝の獅子なれば、お家繁昌と祝うたーり」

そういえば、昔は、正月を祝う門付けの獅子舞が、あちこちで見られたものだ。

郎八のひげそり

陽気な囃子がお正月気分を盛り上げているところへ、ひょこひょこと現れた郎八。手拭いを被り、日の丸の扇子を手にしてのひょうきんな踊り。寒波がゆるんで、いくらか暖かい午後とは言え、片肌脱いだ郎八にはびっくりした。

——寒くないんですか？——

「気合いが入っとるから、寒うないとですよ」と、これは後で聞いた話。

さて、一踊りした郎八と太鼓打ちの遣り取りが始まる。ひげは伸び放題、髪も乱れた郎八に太鼓打ちが声をかける。

「門付け」

「郎八のひげそり」

「郎八さん、郎八さん、急いであなた、どこ行きですな」

「今日は○○の祝に出かける」と答える郎八に、それなら、人に笑われないように、ひげや髪の手入れをしなければ、と教えてやる。

郎八は、「そんなら、ひげなっと剃って、髪なっと結うて行くけん、そっちでひとつ囃してやれ」

よしきた！と太鼓と笛が囃す中で、郎八は膝を砥石に見立てて剃刀を研ぐ所作、次に、ひげを剃る所作

「猿と獅子」

をする。それから扇子を頭の上に立て、もとどりを結い直したポーズで出来上がり。この一連の動きは、コミカルなパントマイムで楽しい。

　何とか格好が付いた郎八は、囃子に送られて出かける。という筋書きで、土地の言葉が、何とも言えないおっとりした味をかもし出している。

猿と獅子

「奉賛《ほうさん》やれや、奉賛やれや、よろこびやれや、よろこびやれや」の口上。

猿の面と烏帽子をつけ、二本の御幣棒を持った猿が登場。太鼓・笛に合わせ、実に軽妙に踊り、跳びはねる。

「お招き、お招き」の口上と囃子で獅子が出てくる。

「猿と獅子とは仲が良い良い」。猿は、長々と寝そべっている獅子の毛をかきわけて、丹念に蚤を取っている。

次に、「猿と獅子との楽《らく》の遊び」となる。猿は懐から鞠を取り出し、片足とびで跳ね踊りながら、獅子と遊ぶ。軽快な囃子に合わせて楽しげな踊りが続く。

私の横で見ていた小さな男の子が、つられてリズムに乗って身体を動かしているのが、ほほえましかった。

青木の獅子舞の中で、とりわけこの演目は、大人も子供も楽しめて、お正月らしい和やかなものだった。

「郎八の獅子撃ち」

郎八の獅子撃ち

継ぎ接ぎの着物で簑笠を背にした男、郎八が鉄砲を担いで現れる。そのヒョットコ面の並はずれた造作。額の大きなこぶ、おかしな目つき、思い切り突き出た口などについて、太鼓打ちがいちいち尋ね、郎八がそれに面白おかしく答えているのは、ちょっとした茶番狂言である。

この郎八、実は鉄砲の名人とかで、この頃、田畑を荒らし回っている獅子を退治してほしいと頼まれる。ようし、引き受けた！　とあって、囃子も急テンポで勢い付くところへ獅子が出る。

しかし郎八は、さっきの勢いはどこへやら、逃げ腰で走り回った挙げ句、ズドーンと一発。しかし、これは失敗で、獅子は一層暴れ回る。そこで、今度は二つ玉を込めてドーン、ドーンと撃つと獅子は倒れる。（やれやれ、これで安心）と近寄ってみると、まだ生きていた獅子に足を噛まれ、最後の一発でやっとこさ仕留めた。

ところが、何としたことか、撃ち殺した獅子は「今宿青木の獅子舞」の獅子とわかってびっくり仰天。

この獅子を生き返らせるには、五穀の種を食べさせると良いというので、郎八は扇子にのせて獅子の口に入れる。

あら不思議やな――五穀の力で獅子は見事に生き返り、郎八も一同も大喜び。メデタシ、メデタシと笛・太鼓が囃し、郎八は祝いの豊年満作踊りを踊る。

この話は、穀霊の力による再生・復活を表すものとして、さらには、五穀豊穣への祈願もこめて演じられてきたのであろう。また、郎八を演じた方の踊りは、のびやかで軽妙な身のこなしが印象的だった。

「源丞の餅つき」

「獅子の餌拾い」

源丞の餅つき

庭には、注連飾りをつけた臼、その横に御神酒の徳利と湯呑みが置いてある。

ここで餅つきをする源丞とおさん夫婦の俄《にわか》狂言風の寸劇が人々の笑いを誘う。

源丞が杵に見立てた紅白模様の二本の筒を、囃子に合わせて振り動かす。筒の中には豆が入っていて、シヨキショキとリズミカルな音を立てる。

女房のおさんは、産み月を過ぎた大きなお腹を抱え、二人は臼の周りを踊って回る。

ところが、餅つきの途中で、おさんは脇へ行って用を足したり、手鼻をかんだり、とすこぶる行儀が悪いのだ。それに腹を立てた源丞は「そんな奴は出て行け」と叱りつける。

あわや！というところへ、杖をついた老人がやって来る。臨月のおさんを案じてやって来た爺は、夫婦喧嘩のわけを聞いて二人を諭し、仲良くするようにと言い置いて帰ってゆく。めでたく仲直りした源丞とおさんは、臼の中の餅を見物人にまき、境内は、紅白の餅を拾う人たちで急に賑やかになる。

夫婦の餅つきの話は神楽などにもよくあるが、男女和合の意を表すもので、やはり豊作祈願であろう。

人々に祝福を与える猿

獅子の餌拾い
郎八が登場し、広げたござの上に米をまいておく。
そこへ獅子が現れ、「こまかり、こまかり、只今より獅子の鶴の餌拾い」の口上で囃子が始まる。
獅子は、ござの上の米粒を鶴が餌をついばむような仕草で拾っている。
そのうちに米を全部食べてしまった獅子は満足して立ち上がった。
「只今より獅子の楽遊び……」となって、境内一杯を大きく動いて祝獅子の舞を繰り広げる。
最後は「……お家繁昌と祝うたーり」の口上と囃子で締めくくる。

およそ一時間ほどかかった六種の演目は、勇壮な獅子の舞に始まって、パントマイムあり、茶番・俄狂言風の芝居仕立てあり、猿と獅子の楽しい踊りもと、バラエティーに富んでいて笑いと拍手が絶えなかった。

そして、土地の言葉での遣り取りには、もはや、私たちが忘れかけているあの土の匂い、ぬくもりがあって、ほっと心が和んだ。

獅子舞がすんだ後、大勢の参詣の人たちに、猿と獅子は祝福を与えて回り、子供たちは、我も我もと、次々に獅子の前に頭を差し出していた。

ここ青木の獅子は、割合におとなしい獅子で、その表情にも何となく愛敬があるので怖くないのかしら?

私の幼かった頃、お正月に家にやって来た獅子は、ずいぶんと荒々しいもので、それはそれは、恐ろしいものだったのだが……。今の子供たちにとって、ほんとうに〝怖いもの〟は何だろう? きっと、架空の獅子よりも、子供を取り巻いている現実の方がもっと怖いのかも?……。

復活した青木の獅子舞

百獣の王たる獅子は、民俗芸能の獅子舞においても、その強烈なエネルギーによってすべての悪を払うものと信じられた。人々は悪疫退散・五穀豊穣など様々な祈願をこめて神仏に獅子舞を奉納してきた。今も各地に多様な獅子舞が伝えられていて、それぞれに面白い。

だが、私には、十三年ほど前、この「青木の獅子舞」を見てから、その鄙びた感じ、滑稽で大らかな遣り取りがずっと心に残っていた。当時の保存会会長の久保さんが、今でも会長をしていらっしゃる、と聞いて平成十七年の暮れに、お宅にお邪魔して、色々とお話を伺った。

言い伝えによると「青木の獅子舞」は、約一三〇〇年ほど前、吉備真備《きびのまきび》がこの近くの高祖山《たかす》に怡土《いと》城を築城したので、その祝いに、青木の人々が獅子舞を演じたのが始まりとされている。

それはそれとして、ここには「文久三年」の銘のある破れ太鼓が残されているので、少なくとも江戸時代末期には、獅子舞があったものと思われる。その後、昭和になってからも様々な理由で中断・休止が続き、ようやく、昭和五十年元旦に復活して、昭和五十三年三月には「福岡市無形民俗文化財」に指定された。

現在、保存会の会員は二十名。獅子舞の出演者は十七名位だが、いわゆる定年組の六十歳以上の人がほとんどで、現役組は四名、と若い人たちの参加はなかなか難しいらしい。

久保さんは「青木の獅子舞」の復活に尽力され、保存会が結成されてからもずっと獅子舞にかかわってこられた。すべての役を一通りこなして三十年経た今は、太鼓打ちと口上をつとめておられる。

しかも驚いたことに、獅子頭、郎八などの面は張子で、久保さんの手作りとのこと。現在使用している獅子

獅子頭は保存会会長の手作りのもの

頭は、平成元年に作られたものだが、傷んだ所はその都度手直ししながら使っておられるそうだ。一人であれこれと工夫を重ねながら、その獅子頭を作られた時の様子をたっぷりと語ってくださった。

何かとご苦労も多いはずなのに、終始ににこと、いかにも楽しそうに話される久保さん。こんな方がいて下さるから、青木の獅子舞には独特の味わいがあるのですね。

「もう、私も八十ですから、きちんと後を継いでもらわんと……」

今の時代に、親から子へ、孫へと、土地に伝わる芸能を継承してゆくのは、そうたやすいことではない。だからこそ継承してゆくことのすばらしさを、身をもって伝えようとしておられる方に出逢えた時は、何よりも嬉しい。

小学生たちにも獅子舞を教えておられるそうで、「子供たちにやらしてみましたら、なかなかうまくやりましてね、私はびっくりしたですよ……」

――その子たちの何人かが、いつか青木の獅子舞を継いでくれたらいいですね……――

「そう、私もそれを期待しとるんです」

十年先、二十年先の正月元旦――。

晴れ渡る里の社には、今と同じようにのびやかな囃子が聞こえ、獅子が舞うだろう。

健やかなれよ！　真幸《まさき》くあれと……。

牛原の獅子舞

佐賀県鳥栖市牛原町・香椎宮／四阿屋神社
問合せ▼鳥栖市教育委員会生涯学習課☎0942－85－3695

佐賀県鳥栖《とす》市牛原《うしわら》町にある香椎《かしい》宮と四阿屋《あずまや》神社では、毎年四月初めの日曜日に獅子舞の奉納が行われる。
平成二十年四月六日――。雨の予報にもかかわらず、穏やかな春の陽ざしに恵まれていた。

香椎宮での奉納

午前中には牛原町の鎮守さまである香椎宮での獅子舞奉納。

十時少し前に「カーン、カーン」とどこからか鉦《かね》の音が聞こえる。鉦の一行は、田園風景の中、鯉のぼりの立つ家や新築の家などを祝って回り、神社へ向かう。

その頃、神社の前の道路には槍の一行十人が勢揃いする。大名行列の奴さんのいでたちで、右手に槍を持ち、腰に大小二本の刀を差す。槍の先には幣紙と黒いキャップ（カラス）がついている。奴さんたちは、左手を横に真っ直ぐに伸ばして、足を右、左と高く上げながらゆっくり、ゆっくり進んでくる。

その後から「ソーリャ」「ヨーイ、ヨイ」「ヤッサイ、ヤッサイ」の掛け声と共に、威勢の良い鉦、太鼓が続く。鉦のメンバーは二十人で、鉦打ちと補助役の鉦下げの二人一組である。その中には今風の髪形にピアスのナウイ若者も。こうして槍と鉦と太鼓の一行は、境内に入って控えている。

獅子の背にのった獅子つり

そこへ獅子つりを背にのせて登場する。

獅子は雄・雌の二頭で、前後二人立ちの獅子である。雄獅子は赤漆塗の頭《かしら》、胴袋は茶色で水玉模様の染め抜きである。雌獅子は、黒漆塗の頭で、青の胴袋は同じく水玉染め抜き。

二頭の獅子には、それぞれ獅子つかいがついている。獅子つかいは、獅子を四年（後を二年、前を二年）つとめた人がなる定まりで、獅子役に故障のある時は、すぐ代役に立つことになっている。

獅子つりと呼ばれる二名の少年は、獅子を操る役で、唐子《からこ》風の色鮮やかな服装が目を引く。唐風の冠には、造花の牡丹をつけ、陣羽織に赤のももひき。その上に赤、白、青、ピンクの布をスカートのように腰につけている。背中には、赤、白、青の太い紐を大きく結んで下げ、その先に鈴がついている。

太鼓打ちの少年二名の装いも、またカラフルなものである。冠は、鍬形の前立をつけた兜の形で、その先に造花を差す。色模様の長袖着に襷《たすき》掛けで、背中には色とりどりの布をふわふわと垂らし、二本のボンデン（竹棒の先に三角の色紙をつけたもの）をつけている。

これらの少年たちが、一様に額に赤丸をつけているのは、神霊の憑坐《よりまし》の印であろう。

鉦・太鼓が獅子舞の始まりを告げて鳴り響く。
●獅子つりの二人が神殿に向かって並んで立つ。
●まず雄獅子つりが軍配を手に「そもそも、この獅子と申すは……悪魔

獅子つり

太鼓打ち

を祓い君を守る。まことに神国のしるしなり」と節をつけて述べる。

●続いてボンデンを持つ雌獅子つりは、「仰せの如く獅子は猛獣の長なれば、何者かこれに敵せん……」と言い立てる。五歳と八歳の少年の澄んだ声が青空に吸い込まれてゆく。

思い思いに周りで見ている人たちのまなざしがやさしい。

「あれは、どこの孫さん？」

「○○さんの孫さんや」

「そうなぁ」

「こっちは○○さんよ」

「ほぉー、○○さんとこの孫さんも大きゅうなってなぁー」

●次に四人の謡方《うたいかた》が「天下泰平、君万歳《ばんぜい》、民も栄えて安穏に、五穀豊饒《ぶにょう》に、農成就《のうじょうじゅ》……」と声を揃えて謡う。謡が流れている間、獅子つりは足を左右に踏み出してゆるやかに舞っている。

●それから獅子つり二人は「チョイ、なーかのなーかの仙人は……」と唄いながら軽々と踊る。その動きにつれて、腰に下げた色とりどりの布がスカートのように揺れ、広がって愛らしい。背中の鈴も鳴っている。

●このチョイ踊りが終わってから、獅子と獅子つりの舞となる（この舞については、午後の四阿屋神社での奉納の際に詳述する）。

御神幸

午後一時過ぎに、神輿《みこし》が四阿屋神社にお戻りになるお上りが始まる。

この日、朝のうちに四阿屋神社からお下りになった神輿は、集落を巡った後、牛原公民館前の神輿台に安置されている。

四阿屋神社は旧養父《やぶ》郡の総社で、社伝では天智元（六六二）年に熱田神宮の分霊を勧請《かんじょう》・創建したとされ、日本武尊《やまとたけるのみこと》・住吉大神・志賀大神を祀っている。

この神社の神幸祭は、昔は養父郡内の村々が参加して行われる盛大なものであったが、今は「牛原の獅子舞」のみとなっている。かつては、一緒に四阿屋神社に奉納していた「蔵上《くらのえ》の御田舞《おんだまい》」（県指定重要無形民俗文化財、蔵上老松宮、十月）と「宿《しゅく》の鉦浮立《かねふりゅう》」（市指定重要無形民俗文化財、宿町船底宮、四月）は、現在はそれぞれの地区の神社で行われている。

太鼓と鉦の音が、ドン、カンカーンと響く。神輿と獅子舞の一行の通る辺り一帯は、麦畑の緑、菜の花の黄や桃の花など、春の彩りに満ちていた。

安良川《やすろ》にかかる東橋を渡り、右手の丘の上の神社までは二キロ位はあるだろうか。

道のそこここに人々が出てお迎えをしている。実にのどかで親しみのあるこの風景の中に、懐かしい日本の

神輿

槍の一行

ふるさとがあった。神幸祭のことを土地では「ドンカンカン」と呼ぶそうだ。

　神輿は、四阿屋神社の鳥居の少し手前、小高い丘の上にある神輿台（中宮跡）で一休み。

　二時頃、神輿は四阿屋神社の前を流れる四阿屋川（精川《しらげ》）を渡って境内へ入る。

　好天に誘われて、かなりの人出である。

　満開の桜の境内を練った後、気合いを入れた神輿が社殿への急な石段を一気に登り始める。それを応援するかのように、鉦は「ソーリヤ、ソーリヤ」と一気に囃し、鳴り渡る。

　無事に登りきった時、期せずして拍手が起きた。六〇〇キログラム以上もある神輿を舁《か》く人は十六人、少し前までは二十数人だったというから、かなり大変だろうと思った。

　次に槍の一行が、例のスローテンポでうまくバランスをとりながら登ってゆく。そこへ「お父さーん」「お父さーん」と応援の幼い声がかかる。

　それから、二頭の獅子が獅子つりを背にのせて鳥居をくぐり、石段を登る。

　最後は鉦。一五～二〇キログラムもある鉦を打ちながら登ってゆく様子は、実に迫力があった。

獅子と鉦は社殿を一周する。

四阿屋神社での奉納

これからいよいよ獅子舞となる。

鉦は円陣を作って一斉に「ソーリャ、ヤッサイ」、カン、カーン、カンと乱打。華やかな衣裳の少年が打つ太鼓も、「ドーン、ドドーン」と応じる。

香椎宮での時と同様に、獅子つりの言い立てに始まり、謡方が「家いえの風《かぜ》を伝うるありがたやー」と結ぶ。

　獅子つりのチョイ踊りの時のこと――折しも吹き渡る風に、境内は花吹雪に包まれた。その思いがけない美しさに「わあ！」といっせいに沸き起こる歓声と拍手。

　花は風に舞い、獅子つりはまるで春風の中から生まれ出たかのようにかろがろと舞っている。まさに春風駘蕩《しゅんぷうたいとう》――四阿屋神社の神々もさぞやご満悦であろう。

　やがて――

●雄獅子が獅子つかいに曳かれて登場し、鉦、太鼓の音に誘われたように動き始める。

●獅子つりは足踏みし、獅子つり棒を獅子の鼻先に差し出してピョンピョン跳ねる。

●獅子は、絶えず体をくねらし、獅子つりはタイミングを計って獅子の

雄獅子と獅子つり

雌獅子と獅子つり

頭を棒で叩く。

叩く度に獅子頭につけてある五色の幣が千切れ、ひらひらと舞い散る。

リズミカルな鉦と力強い太鼓の音が辺りにこだまする。鉦のバチは、つぶれるとすぐに取り替えられる。つぶれたバチは、厄除けになるといって人々がもらって帰る。

二、三歳位であろうか、つぶれたバチをもらった男の子が、楽しそうに身体全体でリズムをとって叩くまねをしている。

●獅子と獅子つりは、戯れ遊んでいるように同じ動作を何回も繰り返す。獅子つりの背の鈴が鳴る。

●そのうちに、獅子は（くたびれたー）とでも言うように寝転んで動かなくなる。

●寝そべった雄獅子の周りを獅子つりはつり棒で叩いて回るが、獅子は一向に動こうとしない。

●次は、雌獅子と獅子つりが登場して、先ほどの雄獅子と同じような舞の所作をする。

●二頭とも舞の合間には、見物の人たちの頭に触れたりして祝福を与えている。時には、怖がって泣き出す幼な子も。

●そのうちに、雌獅子も遊び疲れて寝てしまう。

●すると、そこへ雄獅子と獅子つりがやって来て雌獅子を起こす。

●そこで、二頭は向かい合って舞い、戯れ合う。

●獅子つりも嬉しそうに獅子について回る。鉦が急テンポで囃し立てる。

「ここんところが一番の見せ場ですよ」

●やがて二頭が同じ向きに並び、獅子つりが「獅子の勢い強ければ、窟《いわや》いわやに帰りけり」と唱えて、終わりとなる。

これで、今年の御神幸祭も、天下泰平・五穀豊饒を願う獅子の舞も無事にすんだ。ほっとした雰囲気の中で、人々の拍手が続いている。

2頭の獅子の舞

祭りの後、獅子頭から落ちた五色の幣が境内にたくさん散らばっていた。それは厄除けになるそうで、私も、と拾い始めると、横で両手一杯に拾った幼い子が「あげる」と私に差し出した。

――いいの？――

「うん、たくさんあるから」

――まあ、ありがとう――

人懐こくて、やさしい子供たちを育てているこの町の温かさがとても嬉しかった。

伝承の灯を守り伝える人々

牛原町は現在一一一戸で、祭りに参加するのは七十～八十人。区長さんのお話では、「牛原の獅子舞」は文化財指定を辞退しているそうだ。その代わりに、牛原町の全世帯で月に百円の負担をして支えているとのこと。

――でも、何かと大変でしょう？――

「まあ、それは大変な面も色々あります。それでも、みんなで協力して、マイペースでやっていく方が良いと考えています。それに、獅子舞を続けていることで、住民同士のつながりが一層強くなっています。子供たちも、稽古を通じて礼儀作法などを学んで成長してゆくのがよくわかりますよ」

「練習は毎年二週間位やります。その間中も、お祭り当日も、裏方の人たち、特に女の人たちの協力が大きな支えになっています」

あるお母さんは、「牛原の男の子は誰でもこれに出るもんだと思ってますよ。うちは男の子三人がみんな出ています」と嬉しそうに言われた。

「年に一度の獅子舞が近づくとなんだかウズウズしてきてねー。子供の頃からずーっとこれに出とったもんだからネ」と笑顔で話される年輩の方たち。

多分――これが祭りの場で、人々が伝えてきた芸能の本来の有り様《ありよう》なのだろう。

「重要無形民俗文化財指定」のお墨付きがなくても、ごく自然に、そこに住む人々によって親から子へ、先輩から後輩へと受け継がれるのが最も望ましい姿なのだと、あらためて思った。

「牛原の獅子舞」の組織の中には師匠と呼ばれる人たちがいる。

例えば、前述したように、獅子を四年つとめた人は獅子つかいになるが、その後は師匠として後輩の指導に当たっている。

獅子つりは、五歳位から二年つとめた後に師匠となり、次の獅子つりの世話をする。舞が行われている間中、獅子つりの師匠の小学生が、後ろの方に控えて獅子つりの動きをずっと見守って、採り物を変えたり、必要な時にきちんとサポートしたり、と素早く身軽に動いているのには感心した。

その少年師匠を、横で見守り、時々指示を出しているのは、獅子つかいをつとめ上げてきた壮年の師匠たちである。このように、すべてのパートで師匠たちは後輩を育て、絆を強めながら伝承の灯を守っている。四阿屋神社の神幸祭は太平洋戦争中から戦後にかけて長期間の中止と復興、そしてまた中絶という変遷を辿ってきた。こうした状況の中で、地区の人たちの熱意によって昭和五十一年に復活した「牛原の獅子舞」の奉納が、今も続いていることの意義は大きい。

「一番の気掛かりは、このところ男の子が少なくなってきてるんで……」

区長さんの悩みは日本中どこでも同じだが、これも大きな課題だと痛感した。

「それでも、町から出て暮らしている人も、祭りには帰ってきてくれるんで、何とか頑張って続けていこうと思っとりますよ」


力強く太鼓を打った少年。

精一杯の見事な舞を見せてくれた獅子つり役の少年。

そしてまことに健気な少年師匠たち。

五色の幣を分けてくれた澄んだ瞳の幼子。

つぶれたバチで叩くまねをしていた小さな男の子。

彼らがふるさとの人々に見守られて健やかに成長し、やがて「牛原の獅子舞」の立派な担い手となるようにと願っています。その日まで、どうぞ、がんばって下さい。

大分の獅子舞

［県指定無形民俗文化財］
福岡県飯塚市大分・大分八幡宮
問合せ▼大分八幡宮☎０９４８－７２－０６２１

大分《だいぶ》八幡宮は、福岡県飯塚市大分（旧・嘉穂郡筑穂町大分）にある。

古くは穂浪宮《ほなみ》（大分宮とも）と称したこの宮は、奈良時代の神亀三（七二六）年に、八幡大神の託宣によって創建され、延長元（九二三）年には、神託によって箱崎に遷座された（現・筥崎宮）。

しかし、その後も大分宮は、元宮として本邦五所別宮（筑前国大分宮・肥前国千栗宮《ちりく》・肥後国藤崎宮・薩摩国新田宮・大隅国正八幡宮）の中の第一の社と称し、変わらぬ信仰を集めてきた。


ところで、北部九州には神功皇后の伝説が多く、この大分にもいくつかの伝説がある。

糟屋郡宇美町にある宇美八幡宮は、神功皇后が誉田別皇子《ほむだわけ》（応神天皇）を産まれた所と言われている。

その後皇后は、都へ帰るために穂波地方へと向かい、筑穂の大分にしばらく留まられた。故に、この場所を宮の浦と称し、後に大分宮が創建された。

宇美から大分への道の途中にある峠を「ショウケ越え」と言う。これは、産まれて間もない皇子をショウケ（竹の籠）に寝かせて伴ったとの言い伝えによる。

また、宮の浦の行宮《あんぐう》では、筑紫の政事《まつりごと》の方針を定めて、それまで皇后に付き従ってきた軍兵を故郷に帰らせ、県主《あがたぬし》や村主《すぐり》を任命し、それぞれの地に分けて遣わされた。

それで、この地を大分れ《おおわか》と言い、後に大分《だいぶ》と呼ぶようになったと伝えられている。

こうした由緒と伝説を持つ大分八幡宮で、昔は旧暦八月十五日に放生会《ほうじょうえ》が行われてきた。
地元ではホウジョ（ウ）イと呼び、現在は、九月最後の土・日の二日間の行事となっている。

平成十九年九月二十九日――。
●初日の朝、潮井川のほとりで川祭り。
●昼過ぎに、各地区で御座《おざ》（祭座）の儀式。
●午後三時から境内で獅子舞の奉納。

大分八幡宮

連日の厳しい残暑もいくらか和らいだ日、大分八幡宮への道は黄金の稲穂、彼岸花の鮮やかな朱の色に染められていた。

緑に囲まれた八幡宮の社殿は、簡素だが風格がある。御祭神は応神天皇・神功皇后・玉依姫命《たまよりひめのみこと》。

八幡宮の東隣に「大悲山養源寺」がある。かつては、ここには八幡宮の神宮寺の「長楽寺」があった。

ゴーン、ゴーンと寺の鐘が正午を告げて鳴った。放生会の時は、朝九時、正午、午後三時に獅子方の若者が交代で鐘をつくそうだ。

御座（祭座）

大分八幡宮の氏子組織は、大分・鷲塚・黒石・氷屋の四地区から成り、

嶋台（畠中辰三氏宅）

毎年、放生会の初日に各地区で「御座」の儀を行う。

今回は黒石地区での「御座」を見学することができた。黒石地区の氏子は二十戸で、一番組、二番組、三番組と三つの組に分かれている。「御座」は、今年の当番組から来年度の当番組への引継ぎの儀式で、それを行う家を座元（当元）と呼ぶ。この年の座元は、三番組の畠中辰三さん宅である。

昔は、神社で、神意によって座元を決めていたが、今は話し合いとなっている。御座の式次第や内容は地区によって多少異なっているようだ。

午後一時――。

「只今より平成十九年度の御座を始めます」と、区長の畠中末雄さんの挨拶。出席者は皆、背広にネクタイ姿。床の間を背にした上座には、来年の当番組の人たち、その左右に他の二組が座っている。

床の間には「嶋台《しまだい》」と呼ぶ祝いの席の飾り物が置かれている。これは、州浜形《すはまがた》の台の上に、新米一升を敷き、するめと昆布を巻いた物で縁取りをして、里芋で亀を、茗荷《みょうが》の花で二羽の鶴を作って飾り、松と笹竹を添えた、めでたい物尽くしである。

お茶の儀

一人一人の前にお膳が運ばれる。お茶と奈良漬二切れ。添えられた茅《かや》の箸が目を引く。

「これは、あのショウケ越えから、毎年切ってくるんですよ。お茶の儀の箸は、これに決まっているもんでして」。遙かな昔の伝説が、今もさりげなく息づいているゆかしさ。

お熨斗《のし》の儀

振り袖姿の少女が、熨斗をのせた三方《さんぼう》を捧げ持って上座に運び、礼をしてからそれを下げる。かなり緊張しながら、精一杯につとめているその愛らしさ。終わると期せずして拍手が起こる。少女は区長さんの孫娘で、十一歳（小五）とのこと。彼女にとっても忘れ難い日となるであろう。

杯の儀

列席者一同に、まず上座から順に御神酒が回ってきてそれを頂く。

ここでは「夫婦固めの杯」と呼ぶそうだ。

お熨斗の儀

直会《なおらい》

これまで正座して儀式に臨んでいた人々が、ふだんの近所付き合いの表情に戻って、皿盛りの料理、酒、ビールなどで賑やかな会食となる。

放生会の時には、どの家でも必ず甘酒を作るそうで、「どうぞ……」「うちのも飲んでみて」と、あちこちから勧められて、ポーッとなってしまった。

豚汁も、具だくさんでおいしかったが、昔はどじょう汁だったとのこと。確かに、今はどじょうも住みにくい世の中かも。

直会の途中で台所をのぞいてみると、料理やお給仕に十人ほどの婦人方が立ち働いておられた。

「ちょうど、ご飯が炊き上がったのでどうぞ」と勧めて下さったので、ホカホカの新米を頂きながら、皆さんとゆっくりお話をした。

「御座」の当日だけでなく、前々からの準備、買い出しと裏方をつとめる女の仕事は、かなり忙しいはず。

――他所から嫁いでこられて、地区の行事など、何かと大変でしょう？――と尋ねると、

「でも、これはしきたりですから」

と、当然のようにサラリと言われた。

「それに、ここの寄り合いやしきたりのおかげでみんなが和やかに、子供ものびのび育っていますよ」

「ほんと、今は、何となくガサガサした時代なので、これはむしろ有り難いことだと思っています」

当渡し

当渡し
最後は、来年の当番となる一番組へ「当帳（当元記録）」を渡す儀式。
当帳には、昨年の放生会から一年間の出来事などを記録してある。組の人々の姓名、祭礼のこと、「御座」の費用など。また、その年の天候、災害、作物の出来ばえ、社会事情、事件、さらには、組の人々については結婚や死去の記述もあって、時代を経るほどに貴重な文書となっている。
一番組の六人が上座に、今年の当番の三番組と机をはさんで向き合う。お酒と吸物が出され、一同それを頂いてから、布袋に入った当帳の受け渡しが行われた。

こうして、和やかで笑いの絶えない今年の「御座」も無事に終了。

縁側には若い男性が二人、ずっと座って「当渡し」の式を見ておられた。

「去年黒石に越してきたばかりなので、この地区の色々なことや、氏子としてのしきたりなども、早くきちんと覚えたいと思っています」

若い人の目から見た「御座」のこと、地区のつながりについて尋ねると、

「ここでは、いろんな寄り合いがあって、いつも地区の皆さんに親切にしてもらって、有り難く思います。氏子組織もこうした行事もとても大切なことだと思います」

と、爽やかな答えが返ってきた。

一方、この地区に転居してきても、氏子に加わらない人たちもあるそうで、これも御時世であろう。

大分の獅子舞

「大分の獅子舞」は嘉穂地方の獅子舞の源流とされる。その始まりは、享保五（一七二〇）年に庄屋の伊佐善左衛門直信が村人を上洛させ、石清水八幡宮に伝わる獅子舞を習わせて、放生会に奉納したと記録に残されている。

現在は「大分獅子舞保存会」の約五十名によって受け継がれている。

●獅子
・舞役――八名（雄・雌獅子各四名）
・後見――舞役を八年つとめた後になる。舞役を指導し、舞役に故障のある時は代わりをつとめる。
・頭取――四名（雄・雌獅子に二名ずつ）。舞役、後見をつとめあげた人で獅子舞のリーダー。

襷かけ

●楽《がく》
・大太鼓――十数名（四、五歳から十二、三歳までの男子）
・笛――八名、小太鼓――二名、銅拍子《かね》――一名（いずれも大人の役）

午後三時――養源寺の鐘が鳴った。大分八幡宮の社殿前に獅子舞の一同が整列して座る。神前で関係者のお祓いと獅子頭に入魂の儀式が行われた。

襷《たすき》かけ

獅子の舞役八名は頭取から赤い襷をかけてもらう。この襷はその日の最後の舞が終わり、頭取に解いてもらうまで、決して勝手に解いてはいけない。「どんなに疲れていても、襷をかけるとシャンとなるのは不思議なもんですよ」と、保存会会長の綾部幹城さん。十八歳の時から獅子舞をやって（大分では「獅子をまわす」という）、後見、頭取と、ずっとかかわってこられた方ならではの弁であろう。

さて、最初の獅子舞は、社殿の横の庭で、大分八幡宮の神々への奉納。二人立ちの獅子で、雄は赤い獅子頭、黄色の着物。雌は黒の獅子頭、緑の着物。

囃子方が楽を奏し、舞が始まる。

舞には「ハナのきり、ナカのきり、キリ（のり）」の三つの段があって、一段ごとに舞方は素早く交代する。この三段を「一庭《ひとにわ》」と呼ぶ。ここでは二庭の舞を行う。

●「ハナ」――雄・雌が並んで同じ舞をする。

大太鼓の少年

「これは、まだ子供の頃の舞ですよ」

●「ナカ」――双方が入れ替わりながら相対し、思い思いに舞う。

「ここで見合いをしてお互いに恋をするんですよ。ほら、何となく色っぽいでしょう」

●「キリ」――楽のテンポが速くなり、それにつれて舞も激しく、戯《ざ》れ合うような仕草もあり、「ハナ」とは反対の位置で舞い納める。

「これはもう恋の乱舞というところですね。ずいぶん激しいでしょう」

綾部さんが詳しく説明して下さったので、獅子の動きの変化もよくわかった。それに、獅子をまわす方たちは、単に型として舞うのではなく、一人一人が、そこにドラマを演じておられるように見えた。

珍しかったのは草鞋《わらじ》ばきの獅子の足袋で、底がなく、先が二つに分かれていて、それを上に折り曲げて紐で結わえている。これは、獅子の蹄を表しているそうだ。

大太鼓を打つ少年たちの衣裳は、華やかな色や柄の上着と袴。それに赤、黄、青の飾り帯に飾り襷と実にカラフルでハレの日にふさわしい。

赤い鉢巻をキリリと締め、赤と黒に塗り分けたバチを両手に、跳びはね、両の手を大きく広げて力一杯に打つ。動きにつれて、衣裳につけた鈴が鳴る。孫のために晴れ着を縫ったおばあさんの心も鳴る。

次に、養源寺の本堂の前で一庭の舞。

それから一行は宮司宅から各地区の御座の座元の家を回って獅子をまわす。

獅子舞で雄・雌となる二人は、祭礼の前に夫婦杯を交わしている。この結びつきは非常に強く、獅子舞の時だけでなく、その後も深い付き合いがずっと続くそうだ。

九月三十日――。心配していた雨はやがて上がり、昼過ぎには薄日も差してきた。

- 放魚の儀（午後二時）
- お潮井とり
- 流鏑馬《やぶさめ》
- 御神幸（午後四時）

放魚の儀

宇佐八幡の御神託によって始められたという放生会。大分宮でもかなり古くから行われていたようだ。境内の池に魚を放つのは大太鼓の子供たちの役目。ところが、魚を触ったことなどない子にとっては、跳ね回る鯉をつかむのは大変なこと！　キャーキャー、ワァーワァー叫びながら、バケツの中の鯉をつかんでは池の中へ、と、大さわぎの放魚の儀であった。

お潮井とり

流鏑馬の馬三頭と獅子方二名が、近くの潮井川へお潮井とりに行く。その間、境内に設けられた流鏑馬の馬場で獅子舞が奉納された。

流鏑馬

馬上の射手は、狩衣姿で背の箙《えびら》に白幣をつけている。三頭の馬は、しばらくの間、足慣らしに馬場を駆けてから、射手三人が三本ずつ九本の矢を放つ。的に命中する度に大きな拍手。

だっこされて見ていた女の子が大喜びで、小さな手をパチパチ、足をバタバタ。見るものすべて驚きに満ちている幼子に幸あれ。

御神幸

お神輿《みこし》に「みたまうつし」の儀式の後、獅子はお供獅子の舞をする。

八幡宮前の道路には、渡御《とぎょ》のお供の一行が控えている。ところで、お神輿はトラックにのせられての御神幸である。昔は人々が担いでいたが、この頃は担ぎ手も少ないので止むを得ず、とのこと。

前田のお仮屋《かりや》

民家の建ち並ぶ道を五〇〇メートルほど歩いて前田のお仮屋に着く。途中、門口でお迎えする人々の中にはお年寄の姿もかなり見られた。

お仮屋にお神輿を安置して、神事の後に獅子舞の奉納。その時に、会長の綾部さんは、そこに集まっていた中学生の名を次々に呼んで大太鼓を打たせた。

大太鼓ＯＢの彼らは、小学生たちの中にまじって順々に打つ。高々と響く音。躍動感溢れるリズム。

前田のお仮屋

前田のお仮屋での獅子舞

「わぁ、カッコイイ！」。子供たちが叫ぶ。

五十余年もの長い間、この地で獅子舞と共に過ごしてこられた綾部さんは、「あの子も、この子も、みんな家族みたいなもんですよ」と。

獅子も、お仮屋では後見の人たちが代わる代わるまわしていたが、さすが！ と思った。

獅子頭の微妙な動き、しなやかな身のこなし、何とも言えぬ色っぽさを見せる雌と、力強い雄の舞のバランスの妙。獅子舞の奥深さ、面白さを充分に味わった。

鶯塚のお仮屋

前田を出た一行は、篠栗線の筑前大分駅東側にある鶯塚のお仮屋へ。ここは、神功皇后が軍兵を集め、命令を下した所と伝えられている。ここでも前田と同様にお神輿の前で獅子舞が奉納される。

昨日は夜中までかかって座元の家を回り、獅子をまわしたのだから、皆、かなり疲れているはずなのに、大人も子供も元気につとめているのに感心した。

「みんな、ほんとに好きでやっとるから、がんばれるんですよ」

特に「今どきの子は……」との批判が多い中で、まことに〃あっぱれ〃な少年たちである。

還御《かんぎょ》

二カ所のお仮屋への御神幸を終えた一行はお宮へ帰ってくる。「みたま」は神殿にお戻りになって、お神輿は庫におさめられる。

二日間の放生会の締めくくりに「納め獅子の舞」をまわす。この最後の獅子舞が終わると同時に、すべての楽がピタリと止む。一瞬の静寂の社の庭を、宵闇がすっぽり包む。

鷲塚のお仮屋での獅子舞

襷あげ

いよいよ最後の「襷あげ」の儀となる。

頭取が獅子方八名の赤襷を解く。この「始め」と「終わり」のけじめの何と清々しいこと！

最後に「それでは、手締めを」と会長の声。

「よう！　ポン！」。すっかり暗くなった境内に手締めの音が力強く響いた。

年に一度の賑わいと男衆の活気に満ちた大分の町も、明日からは、またいつもの静かな町に戻るのだろう。

雨の場合は、御神幸は中止になるそうだが、この二日間は、恵まれた御祭礼日和だった。私にとっても有り難い二日間だった。

〝しきたり〟を共同体の中の大切な柱と考え、それを守ることによって、人々の和が保たれ、お互いに守り合い助け合うことになる。

今はほとんど忘れられているそのことを、当たり前のこととして受け入れている若い人たち。古いものを一概に否定せず、ごく自然に日々の暮らしに活かしている人たち。もちろん、多少のトラブルはあるかもしれない。

けれども、今回見学した黒石地区の「御座」で出会った人たちのように、感謝の心と柔軟な考え方があれば、きっと乗り切れるだろう。

そして、「みんな家族みたいなもんですよ」と、温かで、時には厳しい先輩のまなざしが、みんなに注がれている限りは……。

大江の幸若舞

〔国指定重要無形民俗文化財〕
福岡県みやま市瀬高町大江・大江天満神社
問合せ▼みやま市商工観光課☎0944−64−1523

大江天満神社の舞堂

福岡県みやま市瀬高町大江に大江天満神社がある。境内の舞堂では毎年「幸若舞《こうわかまい》」が奉納される。

古くから「大江のめえ（舞）」として近郷近在に知られたこの舞は、中世の俤《おもかげ》をよく伝えている貴重なものと言われている。

その始まりを室町初期という「幸若舞」の系譜は、まことにややこしいが、大江では「源義家の血を引く幼名幸若丸なる男子が、節・拍子をつけて謡《うた》い舞うことに天性の才をあらわし、やがて貞和二（一三四六）年、光明天皇の叡覧《えいらん》によって一気に世に広まった」と伝えられている。

さらに、時を経るうちに様々な紆余曲折《うよきょくせつ》はあったが、今、大江に伝わっているのは「大頭《だいがしら》流幸若舞」と呼ばれるものである。

平成十一年一月二十日——。

穏やかな冬日和の中の真新しい茅葺きの舞堂。

舞台に張り巡らされた紺色の幕には、それぞれに由来のある菊・桐・下がり藤の三種の紋が白く染め抜かれている。下がり藤は蒲池家の紋章で、天正十（一五八二）年、筑後に大頭流の舞手を招き家中に広めたと言われている。

五年前にも訪れたが、新しく立て替えられた舞堂は、木目の肌も爽やかで、しかも元のように茅葺きなのが何より嬉しかった。

境内には十二時の開演を待つ大勢の人がつめかけ、焚火の周りにも人だかりがあった。

十二時少し前に、先生に引率された小学生の一団がやって来た。今日の舞台で、二つの曲目を小学生が演じるので、その応援団なのだろう。

いにしえの世界へ誘う舞

浜出《はまいで》

最初の舞は鎌倉幕府の治世を寿《ことほ》ぐ曲である。舞方は小学四、五年生の男子三人。

しんと静まる境内。舞台中央の「大夫《たゆう》」は立烏帽子《たてえぼし》を被り、柿色の素袍《すおう》をつけている。

上手（向かって右）の「シテ」は、侍烏帽子に大夫より少し濃い色合いの素袍。下手の「ワキ」は「シテ」と同じ装束。三人とも腰に小刀を差し右手に扇（中啓《ちゆうけい》）を持っている。

この三人が、シテから順に一人ずつ舞台に上がって恭しく礼をした後に、舞台奥の幕の前まで進み、片膝を立てて後ろ向きに座る。これは舞手の〝控え〟の姿勢である。

最後に裃《かみしも》・長袴の鼓方が舞台に出て、礼をしてから床几《しようぎ》にかける。後見人は舞台下手に座る。

これらの礼法はわずか数分のことなのだが、実に静かで丁寧な作法が続いているうちに、舞台と観客との間には次第に緊張感が生まれ、その分かなり長く感じる。

これは、舞台に上がった時すでに〝舞〟は始まったということであろうが、その立居振舞の折目正しさは、今の時代にはいっそ新鮮に感じられた。

「そもそも――かの鎌倉と申すは……」と、立ち上がった大夫の朗吟が始まる。調子はのびやかだが、少年の澄んだ声は寒中の冷気と響き合い、清々しい。真剣な表情、少々ぎこちない足取りもかえって初々しい。「オーゥ」「ニョー」の独特の掛け声も「ポン、ポン、ポン」の小鼓の音も、能楽のそれとは全く異なっていて、まことにおっとりしている。

三人が横一列に並び、揃って前に進み、後に退きながら声を合わせて謡う。これを「フシ」という。

幸若舞の朗吟には「コトバ」「カカリ」「イロ」「フシ」「ツメ」等々、それぞれに調子・節回しの微妙な変化があるそうだが、素人には聞き分けるのは難しく、舞の所作を見て何とかわかる程度である。

小学生の舞「フシ」

小学生の舞「ツメ」

一曲のクライマックスは「ツメ」で、舞方三人が声を合わせて朗々と吟じ、この時、大夫は舞台を鼓の形（⋈）に動く。
「ポン、ポンポン」と鼓のテンポが速くなり、掛け声も「オーゥ」「ヤァー」と気合が入って、大夫は返閉《へんばい》という足拍子を力強く踏む。全体に動きの少ない幸若舞の中での見せ場、聞かせどころである。

これはイザナギ・イザナミの国生み神話を仏教・五行《ごぎょう》の世界観で語っている曲で、これも小学五、六年生の三人が演じている。

素袍の上着の袖は、手先が隠れるほどにたっぷりと長い。長袴もまた足先を包んでなお数十センチの余りがあるのだから、袴さばきはかなり難しいだろうに、なかなかうまくやっているのには感心した。

舞い終えて、扇を置き、きちんと礼をする少年たちへの惜しみない拍手が境内に広がってゆく。

作法の美しさを久し振りに感じた日だった。

和泉が城

陸奥《みちのく》に絢爛たる黄金の平泉仏教文化を築いた奥州藤原氏。三代目の秀衡《ひでひら》が死去した後、三男和泉三郎（忠《ただ》衡《ひら》）の和泉城落城の有様を語る曲。

これからは三名の大人が舞うことになる。太く、朗々と響く謡。三人揃ってやや前傾の構えで立ち、素袍の両袖を大きく広げた姿は、今、飛び立たんとする鳳《おおとり》を思わせる。

横一列に並び、長袴の裾を引きつつ舞台を前に後ろにと、ゆったりと動きながら謡う「フシ」は、舞の中でも一番絵になるシーンである。

以前拝見した時も、幸若舞は見せる語り・謡であって、語ること・謡うことが最も大切な要素であると感じた。確かに、かつては、幸若の舞は〝見る〟のではなく、〝聞く〟と言われていたそうである。

今回は、語りや謡の調子の面白さもいくらかわかって、「舞は音声《おんじょう》より出でずば感あるべからず……五蔵（臓）より声を出すに五体を動かす人体、是舞となる初め也」（『花鏡』）と説いた世阿弥の言葉をなるほどと思い出した。

幸若舞は中世から近世にかけて武士階級に好まれ、信長・秀吉・家康など多くの武将の心を捉えたという。信長は殊の外この舞を愛し、「敦盛」の中のひと節「人間五十年、下天のうちをくらぶれば、夢まぼろしのごとくなり。ひと度生を受け、滅せぬ者のあるべきか……」と謡って、桶狭間の戦《いくさ》に赴いたという話が残っている。

しかし、幸若舞は単に武士道を鼓吹し、武士の鑑《かがみ》を讃え謡っているだけではないと思う。

私が聞いた幸若舞は、一種の哀愁さえも感じさせるのびやかな節回しで、生と死の狭間にあって、常にギリギリの選択の淵に立つ人の思いを、心の揺れを切々と語り謡っていた。それが戦国の武士に好まれた、と考えると、あの時代を生きた、いや、生きねばならなかった男たちの武張った心の襞を、ふと垣間見るような気がする。

安宅《あたか》

能の「安宅」や歌舞伎の「勧進帳」でも馴染み深い安宅の関の場面で、富樫と弁慶のあの緊迫した遣り取りが重々しく謡われる。

薄日の差している舞堂の床に、境内の木々が影を落とし、舞手の影もそれに重なる。すると、舞姿と影がすーっと私の瞳の奥に吸い込まれ、遙かに遠い時の中にいるような不思議な気持ちであった。

最後の「ツメ」で、三人が声を合わせて朗々と吟じ、大夫が足踏みして舞う様は、爽やかな力強さに溢れていた。

幸若舞は『平家物語』『源平盛衰記』『義経記』『曾我物語』など軍記物からテーマを得ているが、今日の演目の「和泉が城」「安宅」「高館」の三曲とも義経にまつわる話である。昔も今も判官《ほうがん》びいきという日本人の心情の、根の深さをあらためて思った。

「高館」

高館《たかだち》

義経最後の場所とされる衣川の館の場面。義経の不運な最後を悼む手向けのように、謡は一層哀切の響きを帯びて聞こえ、舞は重く静かに舞われ、鼓の音は心に沁み通った。

日差しはあっても、やはり大寒の頃の風は冷たい。時折、強く吹きつける風は木々の枝を大きく揺さぶり、焚き火の炎を激しく燃え上がらせる。

ゆるゆると謡が風に流れ、そして人の念《おも》いも何百年もの時を経て、なお、ゆるゆるとここに流れている。

めまぐるしい現代とはおよそかけ離れたのびやかな世界に浸っていると、ああ、昔はこんなふうに時が流れていたのかも……と思い、昔は、こんなふうに謡うことによって、人は人としての有り様を、生きざまを語り伝えてきたのだろうと思った。

大江の誇りとして

舞の奉納が終わった後で、関係者の宴の席に誘って下さったので、少しの間お邪魔して楽しいひとときを御一緒させて頂いた。

先ほど、立派に幸若舞を舞った小学生たちも、ジーパンにセーターの男の子に戻ってふざけ合っている。

第二十七代家元の江崎恒隆秋継氏にも、色々お話を伺うことができた。

そもそもは、越前の幸若丸によって創《はじ》められたとされる幸若舞が、今は、筑後の大江にのみ残っているのも不思議なことである。

時代の推移の中で、大江の舞も幾度となく衰退・中絶の危機に直面したが、代々の家元と周りの人々の熱意と努力によって今日まで伝えられている。また、芸の継承が一子相伝であった越前とは異なり、ここ大江では、芸の優れた者が家元を継ぐという制度だったのが幸いしたそうである。平成十一年には、保存会のメンバーは大人十名（二十～六十歳代）、小学生六名で、毎年十一月頃から練習を始めている。親子で参加している人もあると聞き、これがほんとの継承だ、と父と子のつながりを羨ましく思った。

当日、大江で求めたパンフレットには、高野辰之氏の幸若舞に寄せた漢詩がある。

明治四十（一九〇七）年に大江を訪れた高野氏が、中世の芸能の古風をよく残している幸若舞を貴重なものであると賞賛し、世間に紹介されたことが、大江の人々に舞に対する熱意と誇りをあらためて呼び覚ましたそうである。

高野氏と言えば、作曲家岡野貞一氏との名コンビで作られた懐かしい小学唱歌の数々が思い出される。「春が来た」「春の小川」「おぼろ月夜」「もみじ」「ふるさと」など、みんな口ずさめばたちまち子供の頃の情景がよみがえる歌ばかりで、高名な国文学者であった氏の、ほのぼのと温かなプロフィールが見えるような気がする。

夕焼けの美しい筑後平野を戻りながら、大江の舞の余韻はいつまでも私の中に漂っていた。あの独特の節回しは、例えば平家琵琶や浄瑠璃と共通する、ある種の懐かしい旋律として、ごく自然に私たちの血の中に受け継がれているのを感じた。

それは、各地に古くから伝わる祭礼・芸能に出会い触れる度に、いつも私の心に満ちてくる遠い潮騒のようなものに似ていた。ふだんはほとんど意識することもないが、今、ここにある私の中にも、遙かに遠い私たちの祖先の情《こころ》や念《おも》いに連なるものが、確かに流れているのに気づいてハッとすることがしばしばである。

民俗芸能とか無形民俗文化財とかいう言葉でくくってしまうことができない、あの潮騒を聞き、ハッとする瞬間に逢うために、そして、それぞれの土地で、先祖から受け継いだものをきちんと次の世代へ伝えようとしている人々の熱い思いと爽やかな笑顔に逢うために、私はまた小さな旅を続けるであろう。

心を揺さぶる出会いへ、時空を超えた広がりへ、と私を誘ってくれる小さな旅を……。

隠岐国分寺の蓮華会舞

［国指定重要無形民俗文化財］
島根県隠岐郡隠岐の島町・隠岐国分寺
問合せ▼隠岐の島町教育委員会☎08512－2－2126

島根県隠岐《おき》郡隠岐の島町、西郷地区池田にある隠岐国分寺では、毎年四月二十一日に「蓮華会舞《れんげえまい》」が行われる。

奈良時代、聖武天皇は国ごとに国分寺、国分尼寺を造立せよとの詔を発せられ、ここ隠岐国にも壮大な伽藍の国分寺と、近くには、国分尼寺が建立された。しかし明治の初め、日本中に吹き荒れた神仏分離令（廃仏《はいぶつ》毀釈《きしゃく》）の嵐の中で、この寺も焼失してしまった。現在の本堂は昭和二十五年、今の場所に建てられた。

舞の由来

「金光明《こんこうみょう》四天王護国之寺」である国分寺では、国家安泰を祈る法会が行われ、その際には荘厳《しょうごん》の芸能も演じられてきた。それらは、古代に中国や朝鮮・インドなどアジア各地から渡来した珍しい伎楽や舞楽であった。隠岐に今も伝わる「蓮華会舞」もその流れを汲むものとされ、この寺には平安・鎌倉時代の古面も残されている。

「蓮華会舞」という名称については、隠岐では昔、旧暦六月の「麦節供」のことを「レンゲの日」と呼んでいた。この時に、レンゲの祭りが行われ、そこで演じられたのを蓮華会舞と呼んだ。

江戸時代の文書では、五年に一度の盛大なレンゲの祭りの時には、天下太平・五穀豊穣を願って、島の人たちが総出で、本堂の前の舞台で何日も踊り明かしたと伝えられている。

正御影供《しょうみえく》と行道《ぎょうどう》

平成十八年四月二十一日。夜来の雨は上がって、晴れ時々曇りの日であった。本堂の前に設けられた舞台に「四天王尊」「海上安全」などの幟が立ち、強風にはためいている。寒い。四月半ば過ぎというのに、冬のような寒さである。名残の桜も風雨で散り、舞台の周りには無数の花びらが……。これぞ供養の散華《さんげ》であろうか。

正御影供

隠岐国分寺は今は真言宗で、山号は禅尾山《ぜんのおさん》。「正御影供」とは宗祖である弘法大師空海の忌日の法要のことである。ここでは、一カ月遅れの四月二十一日に、蓮華会舞の奉納に先立って、昼過ぎから本堂で修せられる。

行道

午後一時半頃――。笛の音が流れ、鐃鈸《にょうはち》がジャランジャランと鳴って、蓮華会舞の一行と四天王の神輿《みこし》が本堂から出てくる。鉾を手にした「先払い《さきばら》」のサルタヒコの後には、

「獅子」と「眠り仏」の二人

「太平楽《たいへいらく》」の舞手四人

「麦焼き」の翁
「龍王」
「山神《さんじん》・貴徳《きとく》」の二人
「菩薩」二人
これら十二人の舞人の後に、れんげ笛（笛）、れんげ胴（太鼓）、鐃鈸など、奏楽の人たちが続いている。
その次に、裃《かみしも》姿の四人に担がれた四天王の神輿と大導師（住職）がゆっくりと歩む。
一行は、舞台の周りを時計回りに三周した後に、奏楽と舞人は、舞台の南側に設けられた楽座に入る。
四天王尊の神輿は舞台の左側の神輿台に安置され、大導師による「四天王祈願法要」が執り行われた。
平安初期、国分寺境内には、新羅の侵攻を恐れて四王寺（四天王寺）も建てられたという。「行道」も四王寺の古式の行事として行われてきた。
いよいよ、四天王に奉納される蓮華会舞が始まる。

行道。獅子と眠り仏

蓮華会舞

眠り仏之舞
眠り仏と獅子（二人立ち）による無言仮面劇である。
眠り仏は白手拭で頬被りをし、菩薩面をつけた少年二人。上着とモンペのようなズボン、短い袖無しを着て、サンダワラを肩から斜めにかけている（サンダワラとは、米俵の両端に当てる円い藁作りのふた）。
●笛、太鼓、鐃鈸の賑やかな囃しで舞台に上がった二人は、左右に分かれて座る。

と、たちまちコックリ、コックリと居眠りを始める。この仏さまは菩薩面ではあるが、いかにも無邪気な童子の表情である。眠りこけて時々コクンと倒れそうになったり、また、コックリ、コックリと……。
●そこへ、一本角の獅子が現れる。
舞台の下を三回まわってから、左側の眠り仏の腰の辺りのサンダワラに噛みつく。
●噛まれた仏がびっくりして飛び起きると、その物音で、もう一方の仏も目を覚まして跳ね起きる。
そして舞台の中ほどで相撲をとる。相撲といっても、二人で組み合って、ピョン、ピョンと跳び上がる動きを何回か繰り返した後に、一方が倒れるというものである。

跳び上がっては床を踏み鳴らす仏の愛らしい所作とその白足袋が、今も鮮やかに目に残っている。
●それからまた左右に分かれて座り、うつら、うつらの眠り仏になる。
●獅子は舞台の下を三周して、今度は右側の仏のサンダワラに噛みつく。
そこで、さっきと同じように、また二人が取り組んでのピョンピョン相撲となる。面白いことに、この仏の相撲では、獅子に噛まれた方が勝つことになっていて、一勝一敗の引き分けと決まっているそうだ。

獅子之舞

ここの獅子頭は、全体に平べったい感じで、頭の真ん中に角が一本、その両側に大きな耳が、角のようにピンと立っている。今まで見てきた獅子とはかなり違って、何となくコミカルな感じである。
●舞台に上がった獅子は、軽快な囃子に合わせ足を高々と上げ、跳びはね、動き回り、舞台の四隅に立てた幟の注連《しめ》竹に噛みついたり。その様子は、まるで子供の獅子が力一杯元気に遊び、注連竹にじゃれついているようにも見える。

●はしゃぎ回って疲れたのか、今度は長々と寝そべっている。子守歌のように、静かな楽の音が流れると、大きなあくびをして、ちょっと一休み。蚤取りなどの所作もあって、見ている側もほっと一息、という気分である。

●突然、昼寝から覚めたように飛び起きた獅子は一層元気になって、ジャンプして注連竹に噛みつく。いわるる悪鬼悪霊を退治する勇壮な獅子ではなく、私たちに活力を与えてくれるような獅子の舞であった。

「獅子之舞」

「太平楽之舞」

太平楽《たいへいらく》之舞

唐楽の代表的なもので太平を祝う舞楽。中学生四人が舞う。鳥甲《とりかぶと》を被り、広袖の着物、裾を絞った袴など、ベージュを基調にした地味で落ち着いた色合いの衣裳である。鉾《ほこ》を持ち、太刀を佩《は》いている。

紅、白粉をつけた少年たちの何と初々しいこと!

曇り空から薄日が差し始めた。（おう、なかなかに美しいのう……）。お日様も、ちらと覗いておいでなのかも……。

太平楽の笛の音がのどかに響く。

●四人は正面を向き、手にした鉾でトントンと床を叩き、次に鉾

「麦焼き之舞」

を床に置いて静かに舞い始める。
●①静かに摺り足で動き、足踏み。
②両手を大きく振り上げ横跳びに跳ぶ。
③向き合って、何かを掬いあげるように大きく手を振る。
この三つの型の所作を、正面向き、向き合い、背中合わせ、正面を背に、と、身体の向きを変えながら繰り返し舞う。
●それから、抜いた刀を立てて持ち、左手を腰に当て、足を強く踏み鳴らして、先ほどと同じように身体の向きを変えて舞う。この太刀の舞は、かなり激しい跳ぶような動きの勇壮な舞で、雅楽の「太平楽」とは大分異なっていた。

麦焼き之舞

黒い翁面を被り、筒袖の上着、手甲、たっつけ袴の茶色系の衣裳。
●舞台に上がり一礼。腰を屈め、左足、右足と床を踏み、扇子をぐるぐると回しながら、リズミカルな動きで舞台を三回まわる。これは、畑に出かける道中とされているが、畑を耕しているようにも見える。この時の踵を強く床に打ち付ける足つきに特徴があった。
●次に扇子を置き、（やれやれ疲れた……）というように腰を叩いたり肘を叩いたり、ちょっと一服の感じである。
●さて、これからは麦の刈り入れ時の様子を表したもので、「麦打ち」とも「麦搗《つ》き」とも言われている。
●扇子を振り下ろす所作を、左、右、真ん中と繰り返す。

「龍王之舞」

●続いて、扇子を開き、また左、右、真ん中とあおぐような動きの後、口元に何か（麦？）を持ってきて嚙むまねをする。

●この刈り入れの一連の所作は、正面で、舞台の左側で、また右側でと、場所と向きを変えて繰り返し、次いで楽座の方に向いて同様に行う。

●最後には初めと同様の所作で舞台を三回まわって終わる。

全体に、楽の軽快なテンポとややコミカルな舞がよく合っていて楽しい曲である。

この日の舞手は、小学六年生とは思えないほどに、軽妙さとめりはりがあって、なかなか見事なものだった。

この舞は、隠岐だけに伝えられているという珍しいもので、農耕儀礼の芸能化と見られる。その黒い翁面は「三番叟《さんばそう》」の黒色尉《こくしきじょう》の面によく似ていた。

突然の強風に「五穀豊穣」の幟がハタハタと鳴る。風神もこの舞に感応《かんのう》し給うたか……。

隠岐の島人たちは、素朴な土の香も、田畑で流した汗も苦労も、さらに収穫の喜びも、すべてをこの舞に託して、豊穣への祈りをこめ、長い歳月の間、親から子へ孫へと受け継いできたのであろう。

龍王之舞

唐楽の代表的な曲で、雅楽では「陵王《りようおう》」「蘭陵王《らんりようおう》」と呼ばれている。

これは、北斉《ほくせい》の羅陵王長恭が、天成の美貌を獰猛な仮面に隠して敵軍を破った、という故事によるもの。

頭上に龍がのっている吊りあごの龍王の面。落ち着いた赤を基調とした装束は、袖口を絞った上着、袴に、裲襠《りょうとう》（打掛け）仕立ての脇明きの衣を重ねている。
●両手に紅白の房がついた銭太鼓《ぜにだいこ》を持ち、大きくゆったりした身振りで登場した龍王は、上下、四方を眺め回し、激しく足踏みし、跳躍する。それは、舞というより躍りそのもの。
舞の途中で、楽がぱたりと止む。
●すると、龍王は、何かを探すように、四方を丹念に見回し、空を見上げる。
●不意に「ヤー！」「ヤヤー！」と、どこかで声がする。
●龍王は、ギクッと身体を動かす。
●またしばらくは沈黙の時が流れ、龍王は頼りなげに辺りを見回している。
「あれは音を探しているんだよ。楽がないと舞うことができないからネ……」と、昨夜リハーサルの時に古老の方が話して下さった。
●ややあって、再びジャラン、ジャランと楽が鳴り出すと、龍王は、とたんに勢いづいて激しく足踏みし、跳び、躍る。
隠岐ではこの舞を「しらけ舞」とも言うそうだが、それはあの、楽が止まった時の、何とも間の悪い感じの、龍王の所作を意味しているのだろうか。

山神《さんじん》・貴徳《きとく》之舞

山神は赤い面、貴徳は緑の面で、共に吊り上がった目と太い眉、たっぷりのひげをつけ、野性的な表情である。服装は二人とも筒袖の上着、手甲、たっつけ袴で、これは「麦焼き」の翁とほぼ同じ。
●山神は鉾を右肩に、貴徳は左肩に担いで舞う。
●前半はゆるやかな舞で、向き合ったり、背中合わせになったりして、二人が左右相称の形なので、「鏡の舞」とも言われている。
●次に、鉾を両手で握ってクルリ、クルリと回す。
●速くなる楽に合わせ、タタッと走る。
●終わりには鉾を下に置き、楽のリズムに合わせ腰をかがめて、両手で何かを掬い取り、それを空に向けて放つような所作。
全体に、まるで体操のようにテキパキとした動きで、「麦焼き之舞」と同じく、踵を使っての所作が印象に残った。

「仏之舞」

仏之舞
菩薩面をつけた二人舞。白い衣に薄緑の袴をつけ、紫の透ける表裳《うわも》をふうわりと重ね、白扇を持つ。
●初めは静かな舞。ゆったりと大きく手を広げ、ゆるやかに旋回して大らかに舞う。
●のびやかな笛の音。二人は手を取り合って足踏みし、また背中合わせになったりと、無心そのもののように舞っている。
●やがて賑やかな囃子で、扇を開き、あおぎながらリズミカルに回る早舞。その大きく広げた手が指し示しているのは――確かに、御仏の世界、極楽浄土のように私には思えた。一瞬、風が静まり、雲間から射す日の光がまぶしくきらめいた。

七曲の舞が全部終わって、見物の大きな拍手が響く中、一行は本堂へと戻ってゆく。

約二時間にわたる蓮華会舞が終わった時、私の心は熱いもので満たされていた。ようやく、ここで、この舞を見ることができた——。

数年前、東京の国立小劇場で蓮華会舞を見てから、隠岐の風土の中で、ぜひもう一度、この舞を見たいと思い続けてきたのだったから……。

島の人々の暮らし

前日二十日は、夜の八時から衣裳合わせとリハーサルがあったのでお邪魔した。

「これは、篝火をたいて舞台でやるんですが、昼間とはまた違って、なかなか趣がありますよ。ぜひどうぞ」と、以前に御住職の重栖《おもす》眞快師が勧めて下さったので。

ただ、この夜は生憎の冷たい雨だったので、舞台ではなく本堂でのリハーサルとなった。

「それは、遠い所をようこそ。どうぞ火の傍へ」

本堂では火鉢やストーブを囲んで、大人や子供たちがおしゃべりをしたり、衣裳の準備をしたりして、リハーサルの始まるのを待っていた。子供たちが、幼い子も年嵩の子も一緒になってふざけ合っている様子は、実に明るく、のびのびとしていた。そこには、和気あいあいという言葉がぴったりの温かな気分が満ちていた。

明治の廃仏の騒動によって寺は焼かれ、一旦は途絶えたこの舞が、池田の人々の力で再びよみがえり、今に至っているわけがここにあると、肌で感じた夜だった。

「龍王之舞」の石川君も色々話をしてくれた。小学四年の時から、メンバーとして参加していること。「龍王」の役は去年からやっていること。

「高校を卒業したら、多分、島を離れるけど、でも、いつか、きっと島に戻って蓮華会舞をやり、きちんと伝えていきたいと思っている」と、爽やかな高校一年生は、すでに立派な後継者であった。

リハーサルが始まると、年輩の方たちは、一人一人に注意や指示をしたり、「ここは、こんなふうに……」と一緒に所作をして見せたりして、本堂の中は次第に熱気がこもってくる。親に抱かれている幼児も、舞を見ながらしきりに手足を動かしている。

五・六歳位の男の子が、傍に置いてあった龍王の面を手にとって、真剣な表情でじっと見つめていた。

（いつか、ぼくも……）。龍王の役は、きっと男の子たちの憧れなんですね。こんなふうにして池田の男の子は育ってゆくのですね。いいなあ……。

眠り仏の２人（舞が終わり面を外したところ）

蓮華会舞の保存会のメンバーは約三十名。池田の男性と男の子（小学生～高校生）だけで演じる。「眠り仏之舞」から「龍王之舞」までの五曲は子供たちが、「山神・貴徳之舞」と「仏之舞」は大人が舞う。

――最近の少子化の影響は？――

「それが、この池田では、なぜか男の子がよく生まれるんですよ。それに、子供たちみんなが舞をやりたがりましてね」

御住職の屈託のないお返事の何と頼もしいこと！

隠岐国は、古代に遠流《おんる》の地と定められてより、近世に至るまで流人の島であった。

例えば、平安前期の貴族で文人の小野篁《おののたかむら》。

わたの原八十島《やそしま》かけて漕ぎ出でぬと　人には告げよ海人《あま》のつり舟

百人一首の中にもあるこの歌は、隠岐に流される時に詠んだものである。

承久の乱で敗れた後鳥羽上皇。

我こそは新島守よ隠岐の海の　あらき波風心して吹け

隠岐の行在所《あんざいしょ》で詠まれたこの歌には、上皇の激しい気性が表れている。上皇は、十九年に及ぶ島の暮らしの中で、何よりも歌の道を心の拠《よりどころ》とされた。都へ帰ることを望み続けながらついに叶わず、六十年の波乱の生涯を閉じられ、島前海士町《どうぜんあま》の隠岐神社に祀られている。

後醍醐天皇は、元弘の乱の計画が洩れて、隠岐に配流。しかし、天皇は一年足らずで脱出された。島前の西ノ島町にある黒木御所が行宮跡と伝えられている。一方、島後《どうご》の国分寺境内にも、後醍醐天皇の行在所跡とされる史跡がある。

日本海の荒い波風に弄ばれているような隠岐の小さな島々。そして遠流の島。ここに来るまで、私は隠岐については、やや暗く、淋しいイメージを抱いていた。

しかし、それは見事に覆された。人々の穏やかで、おっとりした暮らしぶり。それは、常に自然と向き合い、折り合いをつけながら生きてきた中で、自ずと会得したものなのだろうか。

悪天候の時には交通も断たれ孤立するが、晴れた日の海に浮かぶ島々は、絵のように美しい。そして、豊かな海の幸にも恵まれている。

朝のホテルで、新聞は？と尋ねたら、「島では朝刊、夕刊ではなくて、昼頃にフェリーが運んでくる一日一回の新聞だけです」。

なるほど、島には島の時間があり、島のサイクルがあるんですね。なんだか、とても不思議な羨ましい感じ……。そう思った時、あのリハーサルの夜の本堂の情景がよみがえってきた。

あの和やかさ、懐かしさ、あれは、遠い昔の故里の人々の暮らしだったような……。もう――とっくに忘れてしまったけど、誰もが、心のどこかで探しているかもしれない、とても大切なものだったような……。

隠岐国からは、時を超えてなお、人の心に響くすばらしいお土産を、たくさん頂いた旅であった。

[後記]
平成十九年二月二十五日午後、隠岐国分寺本堂全焼。夜のテレビニュースで、炎に包まれている本堂の様子を見た時の驚き。あっ！と胸がつまる思いだった。

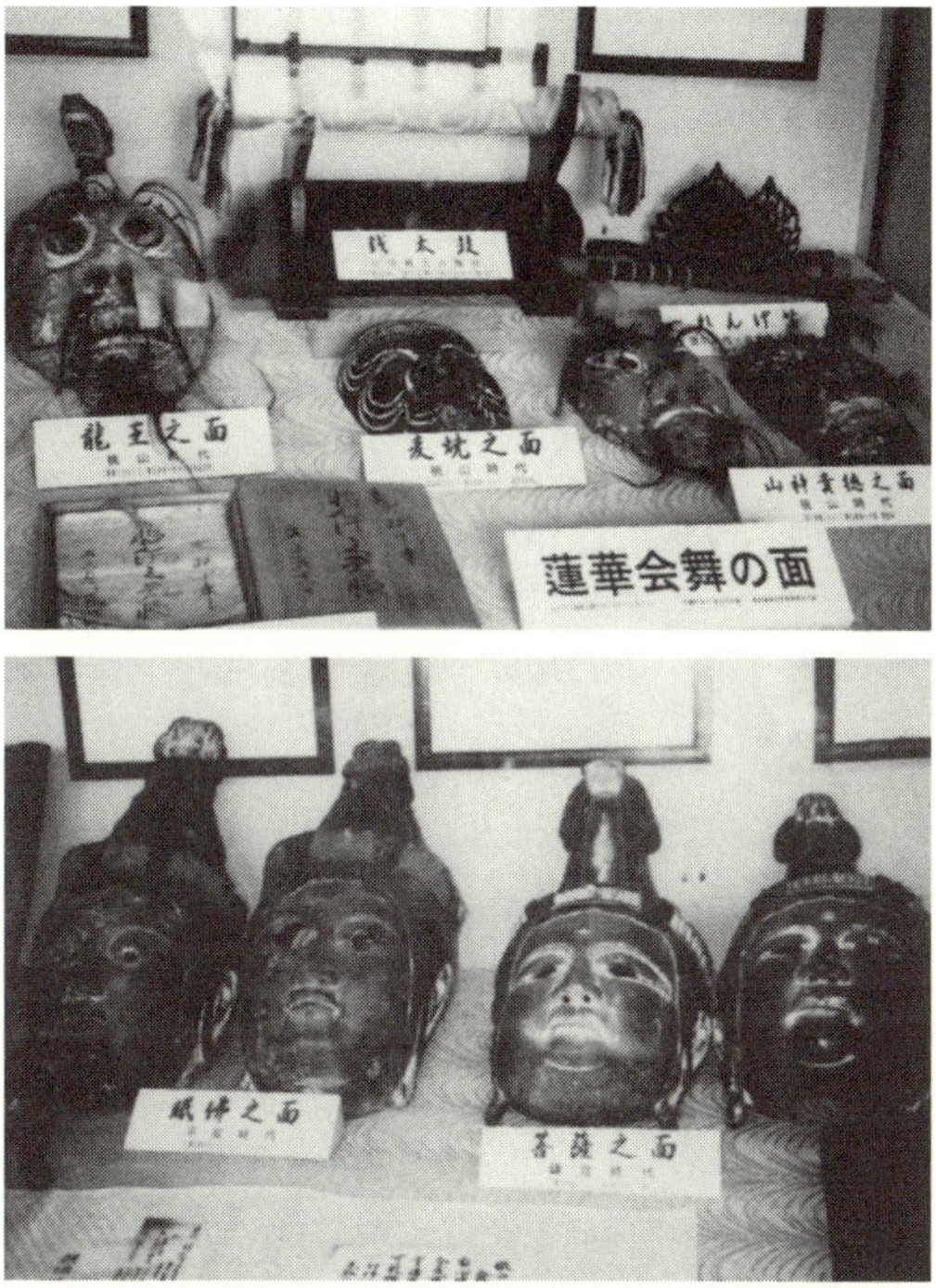

平成19年の火事で焼失してしまった古面

今にして思えば、すべては一期一会であった。雨のため、本堂内でのリハーサルだったこと。そのおかげで、池田の方たちとゆっくりお話できたことも。

御住職はじめ、隠岐の島の方たちにとって、今回の本堂の焼失は、どんなにか辛く悲しいことだったろう。心からお見舞い申し上げると共に、近い将来の再建を切に願っている。

そして、新しい本堂の前で、また蓮華会舞が行われる日を。

翌日の新聞に、本堂に陳列してあった舞の古面（平安・鎌倉・桃山時代など）九面も焼失と記されていた。たまたま、友人が写していたそれらの写真が、今、私の手元にある。

それを見ながら、千年もの昔、きらびやかな仏殿の前で繰り広げられた荘厳の舞を想う。

（ほんとに残念なことでしたね……）

いえ、いえ、形あるものは、いつかは失われるもの。けれども、決して滅びないものがあることを、その貴さを忘れぬように。

菩薩の仄かな笑みは、そう語っているようであった。

［注］「蓮華会舞」については、地元の方々の懸命の努力と、多くの方たちの助力によって、平成二十年四月には立派に復活公演が行われ、以来、毎年続けられている。

草野風流

［市指定無形民俗文化財］
福岡県久留米市草野町・須佐能袁神社
問合せ▼須佐能袁神社☎0942–47–0531

福岡県久留米市草野町。

豊かな緑の耳納《みのう》連山の北麓にある草野はその昔、草野《くさの》太郎永平《たろうながひら》が平家討伐の軍功によって「筑後国在国司・押領使《おうりょうし》」に任ぜられてから、草野氏の城下町としておよそ四百年間栄えた。

江戸時代には旧日田街道の宿駅として賑わい、その名残に、江戸時代から明治初期にかけての建造物や町並みが今も大切に保存されている。

この町の須佐能袁《すさのお》神社の御祭礼が、二年に一度、七月二十日、二十一日の二日間にわたって行われる。

江戸の頃から伝わる「草野風流《くさのふりゅう》」と呼ばれる神幸行事には、①稚児風流、②大名行列、③獅子舞が奉納される。二十日の夜、神社から数百メートルのお旅所までのお下り、二十一日の夜はお上りで、御本殿への還御《かんぎょ》となる。

須佐能袁神社

お下りの日

平成十四年七月二十日。

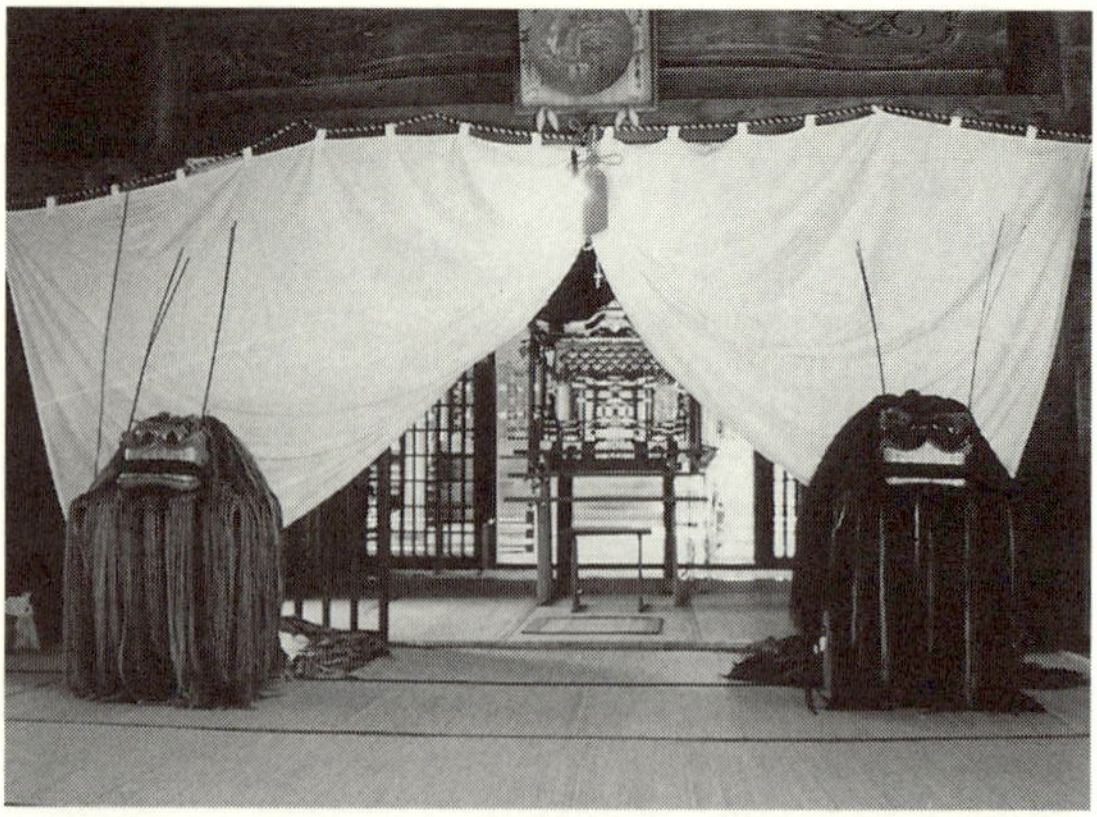

神輿と獅子

祭り支度の子供たち

夕方、御神幸の道筋に笹竹を立て注連縄《しめなわ》が張られている町内を、法被《はっぴ》姿の人が行き交っている。

須佐能袁神社の鳥居をくぐり、石橋を渡ると、降るような蟬しぐれ。

年代を感じさせる楼門・拝殿・本殿は明治十九（一八八六）年に再建されたもので、県の文化財に指定されている。匠《たくみ》の技のこまやかで迫力のある見事な彫刻が、どっしりと落着いた建物とよく調和している。

境内はまだ静か——祭礼の始まる前のこの微妙な静けさ、かすかなさざめきが彼方からひたひたと寄せてくるのを待つひとときが私は好きだ。

拝殿の奥にお神輿《みこし》が据えられ、その前方両脇には、赤・黒一対の獅子が神妙に控えている。あ、狛犬《こまいぬ》？……。それは獅子というより狛犬のような表情だった。

拝殿におられた後見会の方たちは、二十日の午前零時に御神体がお神輿に移されてから、ずっとお神輿をお守りして詰めておられるそうだ。

ところで、スサノオノミコトを祀っているこの神社を、土地の人は親しく「祇園さん」と呼んでいるが——鎌倉時代の初め、草野永平は国家安泰・五穀豊穣を願って、牛頭天王《ごずてんのう》を祀る草野祇園社（祇園寺）を建てた。インドの祇園精舎《ぎおんしょうじゃ》の守護神とされる牛頭天王を、日本では神話の荒ぶる神、スサノオノミコトになぞらえ、その強大な力で疫病や稲の病害虫を退散させる神として昔から崇めてきた。

明治になってから、草野の祇園社はスサノオノミコトを祀る須佐能袁神社となった。

五時半頃になると、境内には祭り支度の人や見物が大勢集まり賑やかになってくる。

稚児風流（三小田一郎氏提供）

稚児風流の子供たちは、揃いの白い着物に水色の襷《たすき》、脚絆《きゃはん》、手甲《てっこう》をつけ花笠を被っている。小さな鉦《かね》を首にかけ、撞木《しゅもく》を手にした晴れ姿にカメラを向けているお母さんたち。

一番小さな女の子に——いくつ？——と問えば、指を三本立てて

「サンサイ!!」

昔は男の子だけだった稚児風流も、今は女の子の方が多いという。

六時過ぎ、境内での風流の奉納が始まる。

「天下太平・国家安穏」の紅白の幟の下に据えられた太鼓を赤熊《しゃぐま》を被った少年が打つ。その周りを、花笠の子供たちが円陣を組んで、鉦を叩く。襷や着物の裾の鈴が鳴る。

「ヤーハ」の掛け声。赤熊の少年は跳びはね、「ドンドン」軽々と宙返りしてまた打つ。「ドンドン」

雲の切れ間に夕日が輝いた。

蟬しぐれの境内に太鼓・笛・鉦の音が響く。

途中で、「行事」と呼ばれる男の子が風流の縁起を記した巻物を読み上げる。
「そもそも――この草野風流と申すは、昔、草野庄、巨瀬《こせ》川の河伯《カッパ》より不思議の教えを請い、当社祇園牛頭天奏し来たり……」と由来を述べ、故あって長い間途絶えていたが、文政十一（一八二八）年の水無月に再び風流の楽を始めた旨が語られている。

縁起に記されているように、草野の風流はカッパが教えたと言われているが、それについては草野にいくつかの民話が伝わっている。
その一つ、
源平の合戦で敗れた平家は、筑後川まで落ちのびたが、船が転覆して水底に沈み、カッパになってしまった。カッパ水神は京育ちなので、時々陸に上がっては笛・鉦・太鼓・笙《しょう》などを奏し、舞い遊んで昔を懐かしんだ。その音色の良さに感じ入った諸々の神は、カッパ水神に、それを五穀豊穣の楽として末代まで残すようにと言った。そこでカッパ水神は、それを筑後の人々に教えた。それが草野風流である。
いかにも豊かな川の恵みをたっぷりと受けている土地らしい話である。

祭りの二日間、この地区の県道では、夜七時から九時までの間は車の交通を規制している。それで、稚児風流の一行は七時になってから出発する。花笠の子供たち、太鼓・鉦・笛の人たちが列をなし、「ヤーハ」「ドンドン」「カンカン」「ピーヒョロ」の楽がゆっくりと進む。
一行は、御神幸に先立ち、道中で二回の風流の披露をしてお旅所に着くことになっている。

躍動する獅子の舞

獅子に迎えられて拝殿を出たお神輿は、神社の前で待機している。二人立ちの赤・黒の獅子は、通りに出て何軒かの家の前で家《や》払い（厄払い）をする。二人ずつ、次々に交代する獅子の舞は躍動感そのもの。

獅子の体の毛は赤・黒に染めた苧《お》（麻の繊維）で作られ、頭《かしら》から垂れ下がっている。獅子の激しい動きにつれて、ふさふさと長い毛は風になびき、逆立ち、渦巻く。

稚児風流の出発

家払いをする獅子

道の両側には大勢の見物の人。家々の門口に出て御神幸を待つ人たち。先払い役の赤鬼・青鬼が割竹で地を叩いて通る。

「バシッ！　バシッ！」と割竹の音に子供たちは走って逃げるが、また鬼の傍に寄ってきては、鬼の頭についている五色の御幣《ごへい》を取ろうとする。この幣紙は魔除けとして家の門口に貼っておくそうだ。

「サトセ、ホヨセ、エイエイエー」の掛け声で大名行列が進んでくる。

大名行列

弓と矢。挟箱《はさみばこ》。毛槍《けやり》など三十名ほどのお行列が道一杯に広がってパフォーマンスを繰り広げる。

「ヒヤセ、トコセ、エイエイエー」

三歩進んでは足踏み、というまことにのんびりとした足取りで、お行列は暮れ方の町を通り過ぎる。

やがて、御出発になるお神輿を迎えに、獅子は走ってゆく。赤・黒の獅子は代わる代わる、お神輿に向かって行っては暴れるような、じゃれているような動きを繰り返している。

「あれはお神輿迎えで、獅子は喜びの余りじゃれているんですよ」

さすが百獣の王、何とも荒っぽい喜び方ではある。

八人の男衆に担がれたお神輿は、やっと動き始めるが、道中「ワッショイ！　ワッショイ!!」と何度も激しく揉まれる。辺りが大分暗くなってきて、家々の前の提灯（献灯）に灯がともされた。時折涼しい風が吹き抜け、ほっとする。

担ぎ棒の両端を台で支えて、通りに据えられたお神輿の下を人々がくぐり始めた。お神輿の下をくぐって往復すると無病息災との言い伝えがあるそうで、私も皆の後についてくぐった。

地元の人、見物の人たち、赤ちゃんを抱いた若いお母さんやお父さんも。

（どうぞ、あの子もこの子も、健やかに育ちますように）。見守っている人々のやさしいまなざし。

神輿と獅子は途中休憩（下馬）しながら二カ所で例の獅子舞を演じて、八時過ぎに草野郵便局前に来る。

お旅所に近いここでの神輿と獅子との激しい絡みが、お下りの夜の一番の見所ということで、大勢の人がつめかけていた。

「あら、〇〇さん！」「あらー久し振り！」「いつ来たと？」「元気？」。懐かしい顔同士の弾んだ声。


八時半頃――。

「ワッショイ！　ワッショイ!!」の声と共に動き始めたお神輿は次第に激しく揺さ振られ、そこへ待っていましたとばかりに獅子は突進してくる。

カタカタと歯を鳴らし、獅子は跳び、躍り上がってお神輿に挑《いど》みかかる。

神輿くぐり

「よーし、いけいけ！」。獅子方から、見物からも応援の掛け声。獅子はお旅所の方へ行きかけては、また戻ってきて絡む。その度に、お神輿は上下左右にと揉まれ続け、後戻りさせられる。
「ワッショイ！　ワッショイ!!」「いけいけ!!」「カタ、カタカタ」。獅子は力の限り、根限り、激しく華麗な舞を繰り返す。この乱暴とも思える荒々しさは、二年に一度の御神幸を楽しみにしておられる神への何よりの供物なのであろう。しかも、高天原にその名を馳せたスサノオノミコトとあれば、なおさらのこと。
「いやーあの時はすごかったなぁ。神輿から御神体が飛び出すんじゃないかとハラハラしたなー」と、祭りの後で土地の人の話。

九時頃になると、大名行列の一行がお旅所に入り、「サトセ、ホヨセ、

神輿と獅子

エイエイエー」と毛槍の受け渡し。

境内には人出も多く、夜店の灯りにお祭り気分が盛り上がる。

お神輿が境内に入ると、獅子が現れてまた絡む。

私は一足先に石段を上ってお仮屋に行く。平成三年の台風の後に再建されたお仮屋は、簡素な造りだが白木の香りが清々しい。背後に耳納の山々は黒々と横たわり、闇が深まってゆく中で、雅楽の音が静かに流れている。時折起こる賑やかな声と拍手。毛槍の受け渡しがうまくできたのだろう。祭りのさざめきは神の庭に立ちこめ、深々と静もる空へと昇ってゆく。

九時半頃——。獅子に追い上げられるようにして、お神輿はようやくお仮屋に安置される。

「ハッハッハ、まことに面白かったぞ」

豪快な笑い声のスサノオノミコトは、明日のお上りを楽しみに、ぐっすりとお休みになられることだろう。

お上りの日

翌、二十一日。夕方六時頃——。

お上りに先立ち、お旅所の庭で稚児風流の奉納が行われる。昨日に続く猛暑だが、元気な子供たちの楽の音が響いている。獅子はお仮屋から下りてきて勇壮な舞の後、境内を走り回り、外へ出て控える。

やがてお神輿のお出ましである。飾り金具が夕日を受けてキラキラと眩しい。お下りの時と同じく、付き従うのは毛槍、神職、太刀持ち、巫女《みこ》、宮総代など。

烏帽子《えぼし》狩衣《かりぎぬ》姿の楽人たちが雅楽を奏し、一行はゆっくりと石段を下りてくる。

お神輿が石段を下りきった時、また獅子が歯をカタカタ鳴らしながら現れ、躍り跳ねて絡んでくる。

神輿方は「さあ、来い！」「来い！　来い！」とお神輿を揺さ振り、鈴を鳴らす。

七時頃――。

耳納の山襞に暮色が濃くなる頃、獅子との遣り取りもすんで、お神輿は「ワッショイ、ワッショイ」と境内を練り回ってお旅所に別れを告げてお立ちになる。

お上りの道中でも、お下り同様に、獅子の家払い、獅子とお神輿の絡みなどがあって、ようやくお行列は神社に帰り着いた。


九時過ぎると神社の境内は祭りのフィナーレを見に集まった人で埋まっていた。威勢のいい掛け声と共にお神輿は境内に戻り、獅子が迎えて舞う。

毛槍の一行は、楼門から拝殿まで勢揃いして、一列ずつ前に進みながら毛槍の受け渡しのパフォーマンス。今年の祭りで最後の技の見せ場とあって、「〇〇がんばれ！」「〇〇がんばれよ！」と次々に声がかかる。高々と投げられた毛槍を、ビシッ！と見事に受け止める度に、見物の間から「おお!!」と歓声があがり大きな拍手。茶髪君、ピアス君は満面の笑みで応える。ハレの日の一番すてきな顔。顔。顔。

「おつかれさん！」「おつかれ！」。あちこちから労《ねぎら》いの言葉がかかる。

九時半頃――。いよいよ最後のクライマックスである。

お神輿が練り始めると獅子はすかさず後ろに回り、神輿を拝殿へ押し上げようとする。ところが神輿の方は（まだ帰りとうない）と踏んばって獅子を押し戻す。

「ふんばれー、ふんばれー!!」

「まだ、まだ! ふんばれ!!」

神輿と獅子の、押しつ戻しつの最後のせめぎ合いに、周りから喚声が飛び交い、祭り装束の人も見物も一緒になって、境内は興奮の極に達する。太鼓は狂ったように鳴り響き、凄まじい熱気が土埃と共に渦となって巻き上がる。

「まだ、まだ! ふんばれ!!」

荒々しい応援に激しい攻防がしばらく続いた挙句、お神輿はやっと拝殿への階段を上がり始めた。

その時――「今年の神輿はようがんばったのう!!」と声がかかり、たちまち万雷の拍手が境内を揺るがす。

私も力一杯手を叩きながら、ふっと目頭が熱くなってきた。

獅子は恭順の舞の後、またひとしきり暴れてから人々の拍手に送られて拝殿に上がった。

「あーあ、終わったー」。誰からともなく安堵の声。かくて、神と人との激しく熱い交歓の祭りは無事終了。

祭りは心のふるさと

稚児風流、大名行列、赤鬼・青鬼、楽人、巫女、神輿、獅子など、この年の行事には総勢二百人が参加し、最も動きの激しい獅子はおよそ三十人の若者が交代でつとめた。

神輿は二日間で延べ六十人ほどだが、氏子だけでは足りないので、最近は草野や近辺の企業の協力、応援を得て人を集めているそうだ。

そして、二日間の行事を統括、実行する総代・後見・保存会の役員方。また、当日の行事の裏方をつとめた人々。さらに、祭りの装束を仕立てたり、様々な準備にかかわった多くの人たち。

こうして皆の心と力が一つになった「祇園さん」の祭りは、ふだん静かなこの町を激しいエネルギーで満たした。この年は特に、応援の若い人の参加が多く、爽やかな汗を流した彼らは「また、やりたい」と意気ごんでいます……と宮総代の方は嬉しそうに話しておられた。

地元の若者や子供の減少など、様々な事情を抱えているのはどこも同じだが、草野では氏子たちだけの祭りでなく、周辺の人々にも支えられ、皆が熱い大きな渦の中で一つになれるのは、すばらしいと思う。

昔から「祇園さんの風に当たると病気をしない」と言い伝えられているこの祭りを、町の人々は楽しみにして、あれこれと用意をし、訪れる人たちを実に温かくもてなし、共に無病息災を願った。

私たちの祖先にとって、祭りは神への祈りであった。人々は人智を超えた大いなる存在、大いなる力に祈り続け、舞を、楽を、海・山の幸を供物として捧げてきたのだ。

暑い盛りの日、稚児風流の奉納に、よくがんばった子供たち。祭りの衆も見物衆も一体となって喜び合い、叫び合ったあのフィナーレの強烈さ、そして爽快さ。

あの二日間を思い出しながら、今、私は願いをこめ、祈りをこめ、一つの光景を思い浮かべている。

風流に参加した子供たちや、抱っこされてお神輿の下をくぐった赤ちゃんが、大人になり、大切に受け継がれた祭りの支え手となった姿を。お行列がゆっくりと過ぎ、お神輿と獅子の勇壮な掛け声が響く町を。

そして、家々の門口には静かに献灯の灯がともされているのを。

時を超え、人々に豊かな潤いをもたらす〝心のふるさと〟として……。

白鬚神社の田楽

［国指定重要無形民俗文化財］
佐賀県佐賀市久保泉町川久保・白鬚神社
問合せ▼佐賀市文化振興課☎0952―40―7368

佐賀市久保泉町川久保にある白鬚《しらひげ》神社では、秋の祭礼に「稚児田楽《ちごでんがく》」の奉納が行われる。

佐賀県は「浮立《ふりゅう》」「面浮立《めんぶりゅう》」で有名だが、「田楽」はこの近辺には見られず、また「稚児田楽」は非常に珍しいものである。

白鬚神社の祭神は、豊受比売命《とようけひめのみこと》・猿田彦命・武内宿禰《たけうちのすくね》の三柱で、平安末期（あるいは六、七世紀頃とも）に、白鬚明神（猿田彦命）を近江より勧請したのが始まりとされる。

この白鬚明神を近江から奉斎してきた人々は十九家あり、それぞれの姓には「有吉丸」「米丸《よなまる》」など「丸」がついていて〝丸持ちの家〟と呼ばれた。今も神社周辺の小字にその名が残っている。

これら〝丸持ちの家〟は宮座を組んで、白鬚明神の祭り（丸祭《まるまつり》）を行い、田楽を奉納した。これが白鬚神社の田楽の起源と言い伝えられている。

稚児田楽の役者たち

平成十二年十月十九日――。秋晴れのこの日、背振山地の南麓にある田畑に囲まれた社を訪ねた。

享保《きょうほ》十九（一七三四）年建立の石鳥居の銘文の中に「時奏村田楽　陶陶化吾民」（社の祭りの時には田楽が

奏せられて、人々はくつろぎ楽しみ、心が和らぐ）の文字が見える。この社で田楽の奉納が始まった時期は不明だが、銘文によれば、少なくとも江戸の享保頃には盛んであったのは確かなことだ。

社殿の正面には、青竹を組んだ五メートル四方の囲いがあって、中にゴザが敷いてある。この玉垣の中で正午から田楽の奉納が行われる。

それに先立って、九時からは数軒の〝丸持ちの家〟だけによる神事（丸祭）がある。十一時からは神社の秋の大祭の神事が行われる。

白髭神社

田楽の奉納まではまだ時間があるので、近くの公民館に行ってみると、役者たちの身支度の最中だった（田楽に出る人たちを地元では役者と呼んでいる）。稚児田楽の役者は、昔から男と定まっていて、川久保の九つの集落の中から選ぶしきたりである。

その役割・構成は、子供では、

一、ハナカタメ　　　一人・造花を持つ（幼児）
一、スッテンテン　一人・鼓を打つ（幼児、または小学低学年）
一、ササラツキ　　　四人・ササラを持ち舞う（少年が女装）
一、カケウチ　　　　二人・鼓を打つ（中学生、または青年）

大人は、頭取一名、笛吹が新参四名、古参四名で、ハナカタメとスッテンテンのツキソイ（付添い）が二名である。ここでは、子供たちの着付や身支度の世話なども男性が行うことになっている。

ハナカタメ、スッテンテン、ササラツキの役の子供たちは、お白粉を塗り、口紅をつけ、さらに、額と両頬に丸く紅をつける。これらの化粧だけは、女性がやってもよいことになっているそうで、年輩のご婦人が一人で、

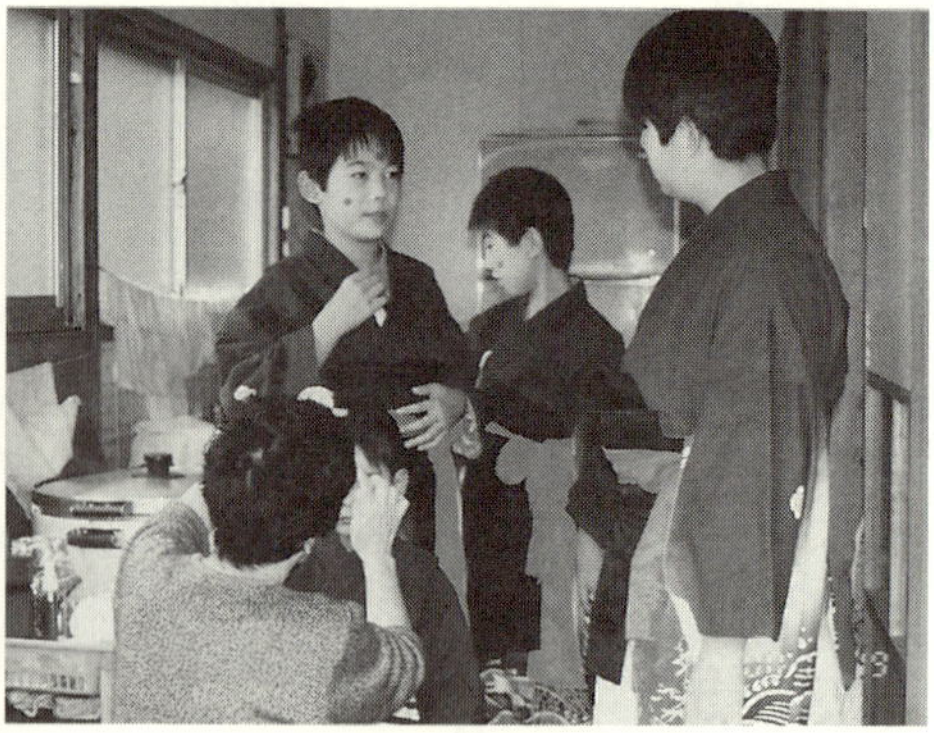

公民館で支度をする子供たち

「道行」。公民館を出発する

テキパキと子供たちに化粧を施しておられた。

神妙に紅をつけてもらっている子、また、お互いに化粧した顔を見ては、何となく照れている子たちの表情が愛らしかった。

古式ゆかしい田楽

道行《みちゆき》

正午になると一行は公民館を出発してお宮に向かう。

先頭は、ツキソイの大人に肩車されたハナカタメ、スッテンテン。次に羽織袴の頭取、カケウチ、ササラツキ、最後に羽織袴と裃《かみしも》姿の笛吹が二の鳥居をくぐる。肩車にのった幼な子二人は、やはり神の憑坐《よりまし》なのであろう。

鳥居がかり

木造の三の鳥居の所での「鳥居がかり」から、田楽が始まって、笛が奏せられる。

花笠を被ったカケウチは、白上衣に黒のくくり袴で、このいでたちは田楽法師の姿によく似ているそうだ。

二人のカケウチは、向き合って片足跳び、また、横跳びにと、跳びながら胸にかけた太鼓を打つ。

「鳥居がかり」

「オハー、オハー」の力強い掛け声。太鼓に合わせてササラツキがササラを鳴らす。このササラツキの服装が実にユニークである。着物は濃い青色の地で波に兎の裾模様。赤い三尺帯を前に結んで垂らす。胸元には扇子を差し、ビンザサラを持つ。頭には、造花をつけた竹ひごを何十本も差した花笠を被っている。花笠には、錦の女帯を二本結びつけて両脇に垂らし、帯の上の方に金属の古い鏡を飾る。さらに、頭の後ろにはかもじを長く垂らし、花笠の後ろには白幣を下げている。

女装したササラツキの少年の独特の化粧、古鏡に白幣という装いは、この少年たちに神宿り給うことを表しているのであろうか。

「鳥居がかり」がすむと一行は玉垣の内に入り、それぞれの位置に着座する。

三三九度

さて、これからが田楽本番ということで、最初にササラツキの「三三九度」の舞がある。

四人のササラツキのうち「オモ」の二人が前に進んで、向き合ったり、また横に並んだりしてササラを鳴らしながら舞う。舞といっても膝を少し曲げたり、ゆっくり回ったり、と、動きの少ないゆるやかな所作を三度三度と繰り返すので「三三九度」と呼ばれる。

「ワキ」の二人は後ろに並んで立ち、ササラを鳴らしている。

腰の後ろに太刀をくくりつけたカケウチは、座ったまま太鼓を打ち、「オハー、オハー」「インヨー、インヨー」の掛け声を繰り返す。彼らの花笠の後ろにも白幣が下げてある。

ササラツキの「三三九度」

華やかな衣装のササラツキ

続いて「つきさし」「さざれすくい」など全部で七曲あるそうだが、素人目にはその区切りや違いがほとんどわからない。時に、カケウチが跳びはねながら太鼓を打ち、またササラツキの四人がゆるやかに舞う。

田楽奉納の一時間半ほどの間中、笛の役は新参の四人と古参の四人が交互に吹き続ける。裃姿の四人は新参、羽織袴の四人が古参で、笛の役は以前は世襲となっていたそうだ。

ハナカタメとスッテンテン

玉垣の出入口近く、左にハナカタメ、右にスッテンテンが座っている。

ハナカタメは、造花をつけた棒を肩に担ぐ役という意味で、青い着物で綿入りの白鉢巻をしている。まだ幼いその子は、笛と太鼓のリズムに合わせて手に持つ扇で拍子をとっている。こうして、田楽のリズムはごく自然に子供たちの心と身体に沁み通ってゆくのであろう。

いつの間にか、その子は膝の上にきちんと手を重ねたまま、ウトウトしている。玉垣の外に控えているツキソイのおじいさんにつつかれて、ハッと目を覚まし、またそのうちにウトウト……。

毎晩遅くまで稽古をしてきた子は、田楽の心地良いリズムに、つい眠気を誘われたのであろう。

ハナカタメ（右）とスッテンテン

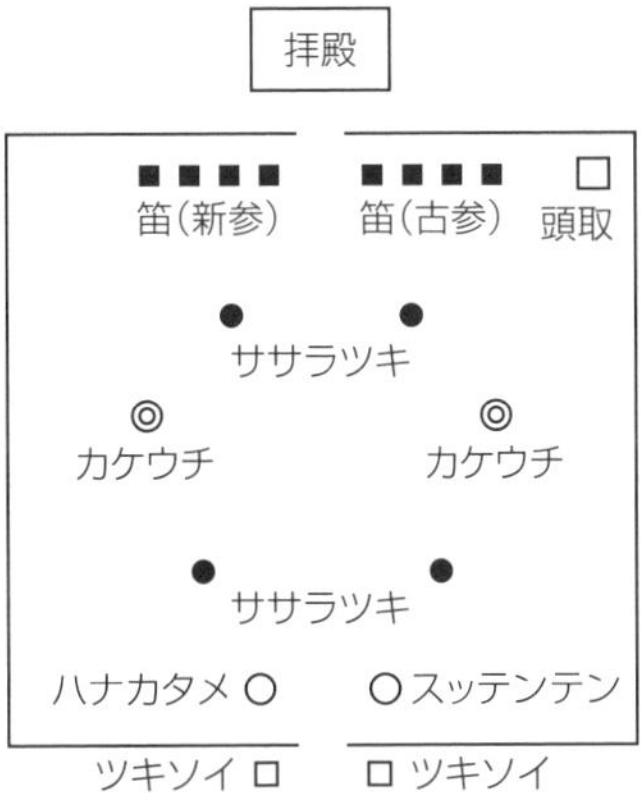

舞台配置図

鼓を打つ音から、その名が付いたというスッテンテンは、やはり青い着物で、金色の冠をつけている。七、八歳位のその子は、（もう、足がしびれてかなわん……）という様子でモジモジしている。後ろで見守っているツキソイの大人の温かな微笑み。

田楽の途中で、二人の子は、二度立ち上がって、ハナカタメは造花の棒を肩に、スッテンテンは鼓を持ち、扇子で打ちながら玉垣の中を進み、戻り、回る。

少し汗ばむほどの日差しを受けて、カケウチは「オハー、オハー」「インヨー、インヨー」と太鼓を打つ。

笛の音が流れ、ササラツキの静かな舞にササラの響きも和している。

ここでは時もゆるゆると流れ、玉垣の周りの見物の人たちも実にのんびりとしている。

拝殿の横に緋毛氈の茶席がしつらえてあって、どうぞ……と招いて下さった。ちょっと腰を下ろして、お茶とお菓子を頂く。黄金色の田を渡る風も、田楽の音色も、ずっと昔の遙かに遠い日本のふるさとに戻ったような不思議な懐かしさであった。

いよいよ田楽も終わりに近づくと、カケウチは立ち上がって、太鼓を打ちながら、向き合って横跳び、片足跳びと、一段と活発に動いている。

一時間半の長丁場なのに疲れも見せず、「オハー、インヨー」と声を張

田楽の大詰めに、力一杯に太鼓を打ち踊るカケウチ

り上げる。

首から太鼓に結んで長く垂らした太鼓吊りの布は、右側（オモ）の子は赤と黄、左側（ワキ）の子は青と黄。二人が跳びはねる度に赤と黄、青と黄の布がひらひらと揺れ、その踊りに華やかさを添えていた。

守り伝えるべきものは

背振の山裾の静かな村で、親から子へ、孫へと長い間伝えられてきた田楽の奉納は、昭和十九年頃に一度だけ中止になったことがあった。すると、その年は村に疫病がはやり、小学校が火事になるなどの災厄が続いたそうだ。そこで、村人たちは話し合って田楽を復活させ、五穀豊穣を祈り、感謝し、また無病息災・家内安全の願いをこめて奉納を続け、今日に至っているという。

人々が、心を合わせて楽や舞を献ずるのは、神仏への何よりの供物なのであろう。

とは言っても、以前は、籤《くじ》引きで田楽の役者を決めるほどに希望者が多かったが、少子化のこの頃では、祭りの人数の確保に世話役の方はかなり苦労されるそうだ。

白鬚神社の氏子は約四五〇戸で、田楽保存会のメンバーは約三十名。

田楽は、毎年十月十八日に白鬚神社と近くの勝宿《かしゅく》神社に、翌十九日には白鬚神社に奉納される。

この両日は、朝六時頃にお宮の横の川（巨勢《こせ》川の支流）で、役者は全員水垢離《みずごり》を取って身を清める。

さらに、二日の間は生臭物を避けて精進をする習わしとなっている。もし、精進をせずに田楽に出ると、必ず具合が悪くなるとの言い伝えがあり、過去には、そうした例もあったそうだ。

かつては、神仏に祈願する時には、水垢離や精進はごく当たり前のことであったが、なかなかそうもいかないのが今の世の中である。

田楽の練習は、一週間前から毎晩行われる。

奉納当日までの子供の世話は父親の役目とされてきた。子供たちは、眠い目をこすりながらも懸命に習い、大人たちは、そこに自分の幼い日を重ね合わせながら、じっくりと子供と向き合う。

夜、父親に手を引かれて練習に通う幼い子。黒々と続く山並みの大きさ。闇の深さ。夜空の星のきらめき。そして、いよいよ本番の日――。早朝の禊《みそぎ》に、父と子は水の冷たさを、身の引き締まる思いを共に味わう。ここはやはり男親の出番であろう。

こうして田楽によって父と子の間に、いつもとは違った濃く細やかな時が流れる。子供がその意味に気づくのは、ずっとずっと先のことなのだろうが。

あの日、平安期の芸能の面影を色濃く残しているという川久保の里の田楽に、目も心も楽しませて頂き、まさに、陶陶の気分であった。そして、土地の方々から色々とお話を伺っているうちに、白鬚の田楽が、今も確かに受け継がれている理由が、いくらかわかったような気がした。

それは、芸能としての田楽だけを伝えてきたのではなかったと思う。たとえば、水垢離や精進についても、もろもろの価値観が急激な変化にさらされている今日、昔ながらのしきたりや作法を守っていくのは、そんなに容易ではないはず。しかも、その「守るべきもの」の意味と大切さを、はっきりとわきまえて伝えていくのは、なおさら難しいことだ。

その故であろうか。近年は、貴重な民俗の祭りや芸能が形骸化したり、あるいは中止された例がいくつもある。それも時代の流れなのかもしれないが……。

「いやぁ、それでも、これまで続いてきたものは、きちんと伝えないと」

「伝えていきますよ、きっと！」

先祖代々続いてきた田楽に寄せる川久保の人々の思い。その思いが人を育み、その心をも育んだからこそ、田楽はこの地にしっかりと根を下ろして生き続けてきたのであろう。

あたかも、ふるさとの山や川、光と風が、ゆっくりと、しかし確実に人々を育んできたように……。

甘木の盆俄と甘木絞り

［盆俄＝市指定無形民俗文化財］
福岡県朝倉市甘木
問合せ（盆俄）▼朝倉市観光協会☎0946－24－6758

安長寺の「バタバタ」

福岡県朝倉市甘木――。

甘木は、日田街道の博多と日田の中間で、秋月街道との交差点にある。こうした地の利に恵まれていたので、近世においては貝原益軒の『筑前国續風土記』に、「凡《およそ》博多より甘木の間、人馬の往来常に絶えず。東海道の外、此道のごとく人馬の往来多きはなしといへり」と記されている。その上、佐田川、小石原川（甘木川）と豊かな水にも恵まれた地である。

甘木という地名は、この町の「安長寺《あんちょうじ》」の山号によるものとして、次のように言い伝えられている。

甘木遠江守《とおとうみのかみ》安長という人が幼い時、疱瘡《ほうそう》にかかったが、矢田（奈良県）の地蔵尊の霊験によって治癒した。

後に、成人してこの地に移った折に、矢田地蔵尊を勧請し祀った。そして、安長ゆかりのこの寺を「甘木山《かんぼくざん》安長寺」と称した。こうした由緒によって、安長寺は疱瘡除けにききめがある寺と言われ、参拝者が絶えなかった。

門前町として栄えた甘木には、やがて毎月九度の市が立つようになった。正月の初市に、寺が売り出した豆太鼓（バタバタ）は、疱瘡除け・

子供の虫除けとして有名となり、〝バタバタ市〟と呼ばれて、今も一月四、五日は参詣者で賑わっている。

また、ここには江戸時代からの遺産として、「盆俄《ぼんにわか》（歌舞伎）」と「甘木絞り」が伝えられている。

甘木盆俄

平成十九年十月二十一日、第二十七回保存公演。

「ピーポート甘木」大ホールでのこの年の演目は「白浪五人男」「天国と地獄の見学ツアー」「伊達模様甘木賑《だてかぶき》」「寿曾我対面」で、昼と夜の二回公演。

舞台の幕が上がる前に、折笠に着物姿の女の人たちが、三味線をひき、しゃもじを叩きながら客席を通り過ぎてゆく。この出囃子は、これから始まる芝居に華やかな彩りを添える、言わばプロローグ。

やがて柝《き》が入り、「東西、トーザイ」の声で幕が開く。

白浪五人男
ご存じ、かの五人男衆の「稲瀬川勢揃いの場」である。甘木盆俄では、小学生による恒例の演《だ》し物で、これを楽しみにしている人たちで客席はほぼ満員だった。

花道から五人が次々に登場。「志ら浪」の文字が鮮やかな番傘をパッと広げて、型を決める。が……傘がうまく開かない子もあって、それも、ご愛敬である。

五人男が舞台に並び、これからいよいよ例の名セリフで名乗りをあげる場面。その後ろには、捕手《とりて》役人が十人、桜の一枝を手に並んで立っている。

「問われて名乗るもおこがましいが、生まれは遠州浜松在……」と日本駄右衛門《にっぽんだえもん》の北嶋君は堂々たる貫禄で

「白浪五人男」

見得《みえ》を切る。

「さて、その次は江の島の、岩本院の稚児あがり……弁天小僧菊之助」。小柄な徳田君のどことなく愛らしい所作に拍手が沸く。

「続いてあとに控《ひけ》えしは、月の武蔵《むさし》の江戸育ち……」。忠信利平の隈本君は、実に落ち着いていて頼もしい限りである。

「そのまた次に連なるは、以前は武家の中小姓……その名も赤星十三郎!」。栗原君は大人顔負けの見事なセリフ回しで、大向こうから声がかかるほど。

「さて、どん尻に控えしは……念仏嫌《ぎれ》えな南郷力丸」。空閑君のクールな感じが役にはまっていてチョー、カッコイイ!

名乗りの後の、五人衆と捕手の役人たちの立ち回りの所作もキチンと揃っていて、なかなかのものだった。わずか二週間位の練習でこれだけやれるなんて、スゴーイ!! と、すっかり感心した。

幕が下りて、五人男と捕手方をつとめた子供たちに花束が贈られた。友人や兄弟たちが、ステージの上で一人一人に花束を渡している。そこへ、遅れてきた小さな男の子が、慌てて、お兄ちゃんの所へ走って行って花束を差し出す。その仕草のかわいいこと。場内は、また笑い声と拍手に沸く。

客席から御祝儀の包みを差し出されて、とまどっている子も……。実に、ほのぼのとした雰囲気があって、これこそが地芝居、子供歌舞伎

「伊達模様甘木賑」

の味わいであろう。

口上

朝倉市長をはじめ、羽織袴の五人の方々が次々に口上を述べる。最後は「甘木盆俄保存会」会長の遠藤秀雄さんが「ず、ず、ずいーっとー」で締めくくる。

天国と地獄の見学ツアー

「博多にわか道場」のメンバーによる賛助出演。

何ともユーモラスな劇で、「博多にわか」独特の言葉遊びをたっぷりと交えて、天国と地獄を見学するツアーの風刺の面白さ。はてさて、この世と天国と地獄と、どこが一番住みよいのやら?……。

伊達模様甘木賑（祇園社頭の場）

平成三年から甘木の創作歌舞伎として上演されているもので、朝倉・甘木の名士の方々が出演される恒例の演目となっている。

舞台両側の花道から、佐田川沿いの伊達男三人衆と、甘木川筋の伊達男三人衆が登場。「待ってました！」「○○！」「よっ○○！」と大向こうの声が飛び交う。

祇園社の大鳥居前で、どちらが先に参拝するか、で揉めて、あわやの騒ぎとなる。そこへ、甘木の元締めと盆俄の座元の両人が出て、仲裁をするという話。

苦労人の仲裁に刀をおさめた六人の伊達男は、それぞれ名乗りをあげて、鳥居をくぐるという結末で、メデタシ、メデタシ。

寿曾我対面（工藤館の場）

「寿曾我対面」

正月歌舞伎の演目として、よく知られている一幕。

市松模様の障子がさっと開くと、工藤佑経と頼朝麾下《きか》の面々が並んでいる。

〝大磯の虎〟と〝化粧坂《けわいざか》の少将〟二人の傾城《けいせい》の艶やかな裲襠《うちかけ》姿がひときわ目を引く。〝虎〟を演じたのは大学一年生で、小学生の時には「白浪五人男」に出演したそうだ。

女形のセリフ回しも、他の人たちの演技も、まさに玄人《くろうと》はだしなので恐れ入った。

下座音楽はテープとのことだが、それを感じさせないほど舞台とピタリと合っていた。

黒衣《くろご》もその動きの間合いの良さ、身のこなしの軽さはかなり年季の入っている方らしい。

全員が素人で、しかも短期間の稽古でこれだけの芝居ができるのは、やはり甘木には昔からの芸どころの伝統があり、それが今も生きているからであろう。

甘木盆俄とは――。甘木の祇園社（須賀神社）に奉納した風流《ふりゆう》がその始まりとされている。元禄十二（一六九九）年、庄屋町の原喜左衛門が子供に踊りを教えて祇園社に奉納し、町々を巡演した。この祇園踊りが、次第に歌舞伎をも取り入れて、祇園祭とお盆の時期には、町中総出の盛況となった。そのうちに、お盆に演じられる歌舞伎が「盆俄」として定着していった。

昭和の初め頃には、甘木の町内十八カ所に舞台が作られて、町民が熱演を競い合うようになった。芝居見物には、近隣の町村からも人々が多く集まって来て、町は大いに賑わったという。

この後、戦争や時代の変遷と共に、紆余曲折《うよきよくせつ》を経て復活した「盆俄」は、昭和五十六年に「甘木盆俄保存会」が発足し、今日に至っている。

芝居の後で、子供たちの控室に行って、色々話を聞かせてもらった。

「白浪五人男」の出演者は、立石・甘木・馬田・金川の四校区の小学校での募集に応募した子供たちとのこと。それにしてはチームワークも非常に良かった。

名セリフの五人衆は小学六年生と決まっていて、捕手の役は四・五年生から選ばれる。今年、菊之助を演じた徳田君は、四年生の時、捕手役で出て、その時から（六年生になったら絶対に弁天小僧をやりたい！）とずっと思っていたそうだ。

――練習は大変だった？――

「まあーそうだけど、それに、やってみるとけっこう難しかったし……」

「でも、けっこう面白かったし」

「あのネー舞台本番の時は、足がガクガク震えて、とまらんかったヨー」

「ぼくも」「オレもだよ」

「それに、傘が重くて……じっと立っているだけでも大変だったナー」

「うん、うん」「そうだったナー」

みんな口々に、自分たちの思いを語ってくれた。

――でも、やってみて良かったと思う？――

「うん!!」「はい!!」。元気一杯の返事が嬉しかった。

子供たちの芝居の練習には、お母さん方も毎晩付き合ってこられたそうだ。家に帰ってからも、「あそこは、こんなふうだったかな？……」「ここは、こういうふうに……」とか、ビデオを見ながら親子でおさらいをしたりと、親も子もずいぶん忙しい日々だったようだ。

「それに、指導して下さる方々が、子供をほめて、やる気をうまく引き出して下さったので、とても助かりました」と語るお母さんたち。

毎晩きつい練習を続け、見事な芝居を見せてくれた子供たちを見守ってきた地域の人たち。

控室には、彼らの同級生が大勢集まってきていた。彼らは、次々に「ボクの友達だよ」と同級生たちを私に紹介してくれた。

「ずーっと応援してくれたんだよ」

「本番前の一番ドキドキしている時に、楽屋に来てくれて、冗談なんか言って笑わせたりしてさ……」

「でも、それで、何だか気持ちがスーッと楽になったんだよ」「うん」「そうだったね」

そう――、芝居に出た子も、出なかった友達も、君たちは、ほんとにすばらしい宝物を見つけたんだネ。

これから、もっともっと成長してゆく上で、人生の大舞台がいくつもあると思う。その時々に、今度の芝居のことを、支えてくれた多くの人たちのことを思い出してほしい。

そして、自分を信じてほしい。がんばってやれば、きっとできる！ってネ。

甘木絞り

甘木絞りは、江戸後期に始まったとされる。初めは、博多絞りの影響を受けながら、明治・大正と発展してゆき、大正十三（一九二四）年頃に、それまでは「筑前絞り」の名称だったのを「甘木絞り」として売るようになった。そして、昭和初期頃までは、甘木の一大産業として栄えていた。

「甘木絞り」の隆盛をもたらしたのは、小石原川（甘木川）の水の豊かさ、水質の良さ、小石の河川敷などの自然条件であり、さらには、土地の人々の高い技術と仕事への意欲、勤勉さであった。

しかし、その後の時代の流れの中で、また様々な要因によって、次第に衰退していった。残念ながら、もはや産業としての復活は望めない今日、「幻の甘木絞り」との声さえもあった。

こうした状況の中で、「甘木絞り」を先祖からの遺産として、郷土の伝統工芸として、その技術を後世に伝えてゆこうとする動きが市民の中から起こり、有志の方々によって、「甘木絞り保存会」ができてから十五年になる。

平成二十年三月十四〜二十二日。

甘木歴史資料館で「甘木絞り保存会」の会員の作品展が開かれた。

一階の会場に足を踏み入れたその時、たちまち藍の豊かな色に包まれた。ハンカチやスカーフ、ネクタイなどの小物から、Tシャツ、ブラウス、ツーピース、浴衣などなど……。バッグや傘。それに、のれんや壁掛けと、暮らしを彩る品々も所狭しと並べられ、飾られている。

「甘木絞り」の技法には「鹿の子絞り」「巻き上げ絞り」「帽子絞り」などがあると説明して頂いた。

一つ一つの技法については、素人の私にはよくわからなかったが、丹念に縫い絞り、染め上げられた作品のそれぞれに、手仕事の温かさも、苦労もこめられていると感じた。

私が幼かった頃、針仕事をしていた祖母や母の姿を、ふっと思い出させてくれる懐かしさがそこにあった。

会員は四十歳代から七十歳代の四十数名で、毎月二回集まって、技術を教えたり、指導を受けたりしながら、作品を作りあげてゆく。大作には、数カ月も一年もかかるという絞り染めは、実に細かい根気のいる仕事で、大量生産・大量消費の現代の社会では貴重な営みである。

「甘木絞り」の伝統的な図案は「城郭文様」や「亀と浜千鳥」など絵画的なものであった。最近は、若い会員が増えつつあるそうで、伝統的な柄・文様に加えて、若い人の新しい感覚やユニークな作品にも期待が寄せられている。「温故知新」はいつの時代にも、どの分野にも忘れてはならないことである。

甘木絞り保存会会員の作品

会では、年一回の作品展と、甘木ジャスコでの作品の展示即売会を続けている。

こうした地道な努力と活動が、単に愛好家の集まりで終わるのは、何とももったいないという気がする。もっと地域の多くの人たちの智恵と協力で、せっかくの伝統の技を、そして一針一針にこめられた先人の心を、しっかりと後世に伝えてゆくことができたら、どんなにかすばらしいことだろう。

堀江神社の天衝舞浮立

［市指定無形民俗文化財］
佐賀県佐賀市神野・堀江神社
問合せ▼佐賀市文化振興課☎0952-40-7368

佐賀市神野《こうの》にある堀江神社の秋祭――。「天衝舞浮立《てんつくまいふりゅう》」の賑やかな囃子《はやし》が響く。

笛の音が聞こえてくる。鉦《かね》がカンカンと鳴り、小太鼓がトントン。「アー、ソイジャ、ソイジャ」と掛け声。

大太鼓のドォーン、ドォーンと力強い音。

堀江神社は、景行天皇・神功皇后・住吉三神を祀る社で、神野大明神とも呼ばれている。毎年十一月三日、この神社の氏子である草場、東神野、西神野の三町が交代で浮立を奉納している。

佐賀市の各地には「天衝舞浮立」が多く見られるが、堀江神社はその始まりとも言われ、次のような話が伝えられている。


弘治二（一五五六）年五月、かつてない干魃《かんばつ》に人々は苦しめられた。そこで、神職の山本玄蕃《げんば》が雨乞いを祈願してこの浮立を始めた。

こうした由来によって、堀江神社につながりのある天衝舞浮立を、特に「浮立玄蕃一流《ふりゅうげんばいちりゅう》」と呼んでいる。


平成十七年十一月三日――。

この年の浮立奉納の当番は東神野である。

昨夜半から降り出した雨は、朝になってもまだ止まなかった。この日、テンツクマイ（舞人）をつとめた福

三の鳥居

テンツクマイの冠

井優さんは、「雨でも何でもやりますよ」と。

ある年は途中から降り出したそうだが、そもそも雨乞いの浮立なれば、雨もまた「よきかな」であろう。

華やかに、荘重に

九時過ぎ「浮立玄蕃一流・東神野天衝舞保存会」と染め抜いた幟を先頭に、紋付羽織袴姿の五名の方々に率いられた一行は、賑やかに囃しながら一の鳥居から二の鳥居、三の鳥居前へと進んでくる。

三の鳥居の注連《しめ》飾りは少し変わっている。鳥居の右柱の長い注連は昇り龍、左柱は下り龍を表しているそうで、代々、この祭りが、雨乞い、五穀豊穣の祈願と感謝の祭りとして行われてきたことを示している。

九時半、三の鳥居の前で、最初の浮立奉納がある。

この浮立で、まず目を引くのは、浮立の中心となるテンツクマイの巨大な冠である。

カネ

兜《かぶと》の前立《まえたて》を誇張したようなその被り物は、差渡し一メートル余り、そしてその角《つの》の先は高く天に向かって延び、まさに天を衝くの感がある。中央に太陽、左右に月と星、さらに二匹の龍が迫力あるタッチで描かれている。

澄んだ笛の音が辺りを清めるように流れ、続いて「カネ」「モリヤーシ」「ゼニダイコ」が鳴る。

「アー、ソイジャ、ソイジャ」「サッサー」の掛け声。謡《うたい》が謡われ、天衝の冠をつけたテンツクマイが舞う。

この時の浮立は、境内でのそれよりも全体に短めで、いわば序の口。

この頃には雨もすっかり上がっていた。

小休止の後、十時近くなると、一行は笹を持つ「調子とり」に導かれて三の鳥居をくぐり、境内に入って社殿前の敷石の両側の位置につく。

「アンヨー、ヤッサイ、ヤッサイ」

「ヤッサイ、ヤッサイ」

●カネ

重さ一〇キロほどもある鉦を持ち上げ、足を右、左と踏みかえて、少し膝を曲げ弾みをつけて打つ。時に撞木《しゅもく》をクルクルッと手元で回すその動きの鮮やかなこと！

鉦の音をやわらかくするために撞木の先をつぶしてある。

●モリヤーシ

カネとモリヤーシは紅白の折紙を飾った藺草《いぐさ》の笠を被り、豆しぼりの

モリヤーシ

ゼニダイコ

手拭で口を覆う。衣装は「カネ」と同じようだが、袴はやや短く、脚絆《きゃはん》をつけている。

少年たちは、胸に吊した小太鼓を両手のバチで打つ。前、後と足を踏みかえ、バチの先を地につけたり、太鼓を打ったりと、その軽やかな動きにつれて、背に結んだ赤い帯がヒラヒラとひるがえる。

●ゼニダイコ

大人は花笠を被り、少女たちは短めの着物に手甲脚絆《てっこうきゃはん》をつけ、髪に飾り結びをしている。

紅白の紙を巻いた三〇センチ位の筒を手に、囃子に合わせて振りながら踊る。

筒の中には五円玉が入れてあり、振ると音がするのが〝銭太鼓《ぜにだいこ》〟の名の由来であろう。

筒を右、左と持ちかえ、足を前、後に踏みかえたりするリズミカルな動きは目を楽しませる。

「アンヨー、ヤッサイ、ヤッサイ」の掛け声と浮立の囃子の中を、神職と神事に列席する人たちが拝殿に上がる。

十時――。拝殿の中で神事の始まりを告げる太鼓が打ち鳴らされると、いよいよ神前での天衝舞である。

「アー、ソイジャ、サッサー」「サッサー」の掛け声と囃子が一段と力強く響く。

天を衝く巨大な冠を戴き、口を白布で覆っているテンツクマイ。その腰につけてあるゴザがヒラヒラと揺れ動くのが気になる。

――あれは何？――

このゴザについては、万一舞い損じた場合、自害する時の敷物という説、また、能装束などで見られる大口《おおくち》袴《ばかま》の代わりとして用いているとの説がある。

いずれにしてもこの舞が厳格な掟のもとに、格式を重んじるものとして伝えられたのであろう。

●テンツクマイは拝殿に向かい、座して礼をしてから冠に手を添え、頭を左右にゆっくりと動かす。

●重々しく大太鼓を打ち、そのバチをかざして拝殿に向かってゆっくり歩み出す。

●やがて、向きを変え、四方を見回すような所作。

●斜め前に、斜め後ろにと、跳ぶような動き。

●中ほどの所で膝を折り、冠に手を添えて大きく上下に振る。

●やや膝を曲げて歩く。

●途中で腰の後ろのゴザを両手のバチでパッと跳ね上げ、軽く跳ぶ（ここが何ともカッコイイ！）。

●膝を折って拝む所作。

これら一連の所作で前半の舞が終わる。

しばらくして大太鼓が鳴り、「一張《ちょう》の弓の勢《いきお》たり……」と羽織袴の謡方による謡が入る。

さあ、これから後半の舞である。

テンツクマイ

「ソーリャ、ソーリャ」。大太鼓、笛のリードによって、カネ、モリヤーシ、ゼニダイコが勢い良く囃す。

「ソーリャ、ソーリャ」。テンツクマイの動きも一段と激しい。

この謡をはさんでの囃子と舞については、前半を「本バヤシ」、後半のそれは「マクリ」と称して、それぞれテンポや動きが異なっている。また、テンツクマイの、ある時は重々しく、ある時は激しくまた軽快にと変化する舞は、一つ一つに意味があるように思える。

境内の木々は、しっとりとした色合いで、時折の薄日に露がきらめいて美しい。

ふと気がつくと、周りには見物の人がずいぶん多くなっていた。多分、身内の方なのだろう。自分も足拍子をとりながら囃子の子供たちを見守っているまなざしが温かい。

ケイタイで友達を写している子。ビデオカメラをまわしている若いお母さんたち。

四、五歳位の男の子たちが話をしている。
「あれ（モリヤーシ）はむつかしいよ」

「うん、そうだねー」

そっと聞いてみた。

――ね、僕たちも大きくなったらやってみたい？――

「うん！」「やりたい！」


後半の舞が終わると、テンツクマイは静かに冠を外してバチを添え、拝殿の前に置いて下がる。

天衝舞が終わった後、大太鼓に続いて「嬉しきかなや、いざさらば……」と謡が入る。

これからモリヤーシとカネが拝殿の周りを右回りに三回まわる。「アンヨー、ヤッサイ、ヤッサイ」

拝殿前では、ゼニダイコが囃し、大太鼓も鳴る。笛は四カ所に分かれて「道行き」の囃子をリードする。

「アンヨー、ヤッサイ、ヤッサイ」

「ヤッサイ、ヤッサイ」

拝殿を三周し終わると大太鼓が鳴る。謡二番が謡われ、一同は境内の横手から退場。

こうしてこの年も由緒ある「玄蕃一流」の名を持つ天衝舞浮立の奉納は無事にすんだ。

地域の大切な絆として

堀江神社の秋祭りに飾られる注連縄は、浮立奉納の当番の地区が作ることになっている。

東神野では、十月十六日に注連縄打ちを行うと知らせて下さったので、出かけてみた。

堀江公園のすぐ傍《そば》を長崎本線が通っていて、そのガード下が作業場となっていた。PTAの若いお母さんたちから年配の方々まで二十数名の参加で笑い声、話し声、それに時折通過する列車の音も加わって、賑やかな注連縄作りの最中だった。三の鳥居の昇り龍、下り龍の太い縄を綯《な》うのはかなりの力仕事のようで、数人がかりで、掛け声をかけながらの作業が続いていた。材料となる藁《わら》も最近は農業の機械化で入手が難しく、特別に注連縄用に栽培してもらっているとのこと。

作業の合間にお話を聞かせて頂いた。浮立の奉納当番は三年に一回だが、東神野と西神野の二地区では、特に、若手を育てるために、毎年、当番の奉納の後に浮立を演じている。

平成十八年には、四五〇年祭を迎えるという堀江の天衝舞浮立も、口伝《くでん》のみで伝えられてきたので、長い間にはかなり変化してきているだろうとのこと。三つの地区でもそれぞれに多少の違いがあるようだ。

東神野の保存会の会員は約八十名。今年浮立を演じるメンバーは、

●テンツクマイ　一人（男性）
●大太鼓　三人（男性）
●モリヤーシ　十三人（小学生男子）
●ゼニダイコ　二十人（女性八、小学生女子十二人）
●カネ　十二人（男性）
●笛　八人（男性、女性）

他に、調子とり、傘鉾を持つ人、謡方五人などなど……。この他に、出演者以外で行事を支えている多くの方々の陰の力も大きい。

テンツクマイの福井さんはこの土地の生まれで、

「子供の時から自然に浮立に参加したが、今は、後継者となる子供たちの数も減り、昔に比べて、地域の人

々の祭りへの参加も少なくなってきているのが残念だ」

と話された。

ずっと昔は、この辺りのほとんどは農家だったと聞く。かつては、佐賀平野に生きる農民の切実な雨乞い祈願であった芸能も、今や社会の変化によってその意味を失いつつあるのも仕方のないことなのだろうか。

それでも、「天衝舞浮立」をこの土地の大切な宝として、何とかして伝えてゆきたいと願う人々がいる。

五十代の女性で、もう二十年以上もゼニダイコを続け、後継者を育てることにも力を注いでおられる方からもお話を伺った。

「自分は他所から来たのだけれど、この土地に伝わる祭りが好きで、こうして皆で和やかに準備したり、大人も子供も一緒になって浮立ができるのは、ほんとにすばらしいことです」

こんな方たちがいて下さる限り、まだまだ日本は、日本人は大丈夫！


これまで長い年月にわたって受け継がれてきた浮立は、地域共同体の大切な絆でもあった。ここでは、今も自治会と保存会の方々によって「通渡《つうわた》し」の行事が行われている。

秋の祭礼に先立って、前年の当番である「すぶそ（主連元）」宅から、今年の「すぶそ」宅への引き継ぎの儀礼で、その際に、鏡、代々の「すぶそ」名簿、天衝の冠のミニチュアの三品が受け渡される。昔から見れば、かなり簡素化されているにせよ、こうした〝しきたり〟が伝えられていることの意義は大きいと思う。

最近は社寺への奉納の芸能は、一般には単に民俗芸能（無形民俗文化財）としての面でのみ評価されることが多い。しかし、かつてこれらの根底にあったものは、大いなる天地自然への畏怖であり、神仏に対する畏敬の念であった。

こうした言わば素朴な信仰心と地域の絆が各地の祭りを、それぞれの芸能を生み育ててきたのだろう。そして、それは親から子へ、お年寄りから若者へ、その子へと手渡されてきた。

ごく自然に当たり前のこととして、大人は、子供をやさしく、時には厳しく導き、心と業《わざ》をきちんと伝えてきた。だが今は、ほとんどの所で、それらを守り伝えることが難しい時代となっている。

だからこそ、私がお会いした東神野の保存会の方たちの「これ（浮立）をやっているお陰で、気持ちが通じ合ういい仲間づくりができて楽しいし、大人と子供たちも、いつも気軽に話ができますよ」との言葉はとても嬉しかった。

昔は良かった……と単に過去へのノスタルジアに囚われていては何も始まらない。〝今〟という時代と状況の中で、人と人とのつながりを大切にしながら、伝えられた浮立を先祖から受け継いだ財産として、大切に守ってゆこうとしている方たちがある限り、堀江神社の「玄蕃一流」はきっと新しい未来へつながるだろう。

そうあって欲しい、と願う私の耳の奥に、今もあの浮立の囃子が響いている。

「アンヨー、ヤッサイ、ヤッサイ」

「アー、ソイジャ、ソイジャ、サッサー」

伝説を辿る

菅原天満宮の牛祭り

大分県玖珠郡九重町菅原・菅原天満宮

大分県玖珠《くす》郡九重《ここのえ》町大字菅原に「菅原天満宮」がある。入道《にゅうどう》川という小さな流れのほとりのこの神社で、毎年十月四日から六日にかけて「牛祭り」が行われる。

平成七年十月四日――。この年の祭りでは、ずっと途絶えていた「杖楽《つえがく》」が、四十年ぶりに復活し奉納されると聞き、楽しみにして出かけた。早朝は土砂降りだったが、小高い丘の上の天満宮に着いた頃にはほとんど止んでいた。

(天神さまのおかげかも……)

境内には祭礼の支度をする人たちや、お昼の用意をするエプロン姿の婦人たちの、賑やかな声が飛び交っている。参詣の人も増え始め、祭り気分が次第に盛り上がってくる。

神官の祝詞《のりと》奏上に次いでお祓い、と神事が終わると、やがて十二時。

「もう、腹が空いたけん……」「そうや、そうや」

と、満場一致で昼食となった。参詣の人たちにも、炊き込みご飯のおにぎりと漬物が振る舞われた。

杖楽

ゆっくりとお昼がすんでから、いよいよ杖楽の奉納。

杖楽の人のいでたちは、紺絣《がすり》の上着と股引《ももひき》で、白足袋に草鞋《わらじ》ばき。白鉢巻、白襷《だすき》で、襷の背には色とりどりの布が結びつけられている。紺の胸当ての白く染め抜いた梅鉢紋が、天神様のゆかりを示している。

杖は両端に五色の切り紙を飾った六尺ほどの棒で「花杖」と呼ばれる。

杖楽の奉納

花杖を手に、二人一組になって棒術のような動きを繰り返す。これを「杖を打つ」という。この年は八組で、十六人の男衆が、笛と太鼓の楽で杖を打った。

「ホーイ、ホーイ、ヤーレ、ヤーレ」「ソーレ、ワ、サ」と囃す声。

気合いのこもった杖の動きに、太鼓が力強く「ドドン、ドン、ドン」と応え、見物の拍手が沸く。

ところで、この杖楽の列の間を往き来する、烏帽子《えぼし》姿の人物が目を引く。赤ら顔で、どことなくユーモラスな雰囲気の白装束の太夫が、榊を手に、太刀を佩《は》き、腰には瓢《ふくべ》と升を提げている。

この人は、杖楽の仕切りをする大事な役で、土地では「ババワケ」と呼ばれている。しかし、この「ババワケ」は、なかなかに難しい役どころで、かっぽすな（おどけた、ひょうきんな）人にしかつとまらないという。あの、ひょうひょうとした風情は、まさにぴったりのはまり役、

お神輿の御出立

きっと神様のお使いなのだろう。

何十年振りの杖楽の奉納も「ようでけた」「あー、よかった、よかった」とねぎらいの拍手を受けて無事にすんだ。

やがてお神輿の御出立である。

石段の下、鳥居脇の石垣に朝からつながれていた牛たちは、「モォー、まだかいなーモーッ」と待ちかねて、たっぷりの糞をそこら中に垂れていた。

一面の黄金色の田の間を、杖楽、お神輿、牛、獅子の行列がゆっくりと過ぎて行く。

秋風にゆれる稲穂、道端の露草の青、ミゾソバの赤い花。

「菅原天満宮牛祭」と書かれた梅鉢紋入りの晴れ着で飾り立てられた牛たち。「モォー、モーオ」。太い声が野に満ちる。

お行列は、いくつかの集落を巡って、夕方に桐木《きるぎ》の八幡宮に着いた。

この八幡宮の境内には天満宮の仮宮（お旅所）があって、お神輿は四日、五日とここでお休みになって、六日の夕刻に天満宮にお帰りになる。五日には仮宮で「玖珠《くす》神楽」が奉納される。

お下りがすんでほっと一息の、宮司さんと数人の氏子総代の方に仮宮でお話を伺った。皆さんは、お神輿をお守りして二日間ここで過ごされるそうで、布団が運びこまれていた。

「あのなあ、お宮の近くには、昔、菅原道真公がおられたことがあってな……」

「菅原という村の名は、な……」

「あ、それはオレが話す。昔は、葦谷《あしだに》村と言ってたんだが、村の者たちが菅公をあつくもてなしたんで、菅公がこの土地に菅原という名を与えて下さったんじゃと」

「菅公の庵のあった所は〝三角畑《みすみ》〟というて今も残っとるよ」

「うん、そうそう。お宮の先のとこにな」

お神酒の入った皆さんが口々に語って下さる話は、遠い昔の単なる伝説としてではなく、ついこの間、爺さんや親父から聞いたというような人肌のぬくもりがあって、確信に満ちた言い伝えに聞こえた。

昔は、祭礼の日には、露店も多く立ち並び、芝居や相撲も行われてかなりの賑わいだったと、懐かしそうに話された。時代と共に、祭りの形も少しずつ変わってゆく。菅原の「牛祭り」も、杖楽ができなくなった四十年ほど前から、杖楽の代わりに始められたそうだ。

二つの土地の菅公伝説

菅原村
菅原村の菅公伝説の舞台は、入道川を挟んで東にある「菅原天満宮」と「榧《かや》の木」、そして西の「白雲山浄明寺」である。さらに「天満宮」本殿は西向きに、「浄明寺」の本堂は東向きにと、向き合う形で建てられている。

［その一］
まず「白雲山浄明寺」が話の発端である。天台宗の観応が開基した寺で、当時は「白雲山安全堂」と称していた。
菅公は大宰府へ左遷される途中、刺客の難を避けて豊後（大分）の港から陸路この地へ逃れてきた。

白雲山浄明寺

その時、かつての学友観応を安全堂に訪ねたが、例年にない大雪で足留めとなり、やむを得ずこの地に滞在することになって、安全堂近くの「椥の木」の一枝を取って自身の像を刻み、形見として観応に与えた。

観応とその子孫は、寺の内にこの御自作の木像を大切に祀ってきた。寛永（一六二四～四四年）の頃、寺は浄土宗に改宗し「浄明寺」と号したが、「神を祀らず」という宗義に従って境外に社を建て、そこに木像を祀った。これが「菅原天満宮」の由来である。

［その二］

この天満宮には「赤兵子《あかべこ》天満宮」という別名があり、次のような話が残っている。

昔、菅公が時平の刺客に追われた時、この地の老婆が菅公を竈《かまど》の中に隠し、赤い女ベコ（腰巻）を乾かすふりをして広げて、助けた。

［その三］

「菅原天満宮」の御神体となった木像を刻んだと言われる「椥の木」は、斎垣《いがき》に囲まれて、田の中の一画に聳えていた。樹齢一五〇〇年という大木は、大きな虚《うろ》を抱え、無数の枝分かれがあり、苔むして風格のある古木である。周りには、椥の実がたくさん落ちこぼれていた。

この御神体についても霊験譚がある。

木像は白木だったので京へ塗りを頼んだが、あまりに見事な木像だったので、京の塗師は欲を出し、偽物を作ってそれを渡した。

菅原では、受け取った像を天満宮の御神殿に安置しようと扉を開けたところ、本物の御神体はすでにそこにお帰りになっていた。以来、この宮には御神体が二体ある。

二つの箱におさめられた御神体は、見たら目が潰れると言われ、誰も拝んだ者はないという。

太宰府

以上が、菅原村に伝わる菅公伝説だが、それが、私の住む太宰府や周辺の菅公伝説と、あまりにも似通っているのに驚いた。

「その二」で語られている「赤兵子天満宮」の由来だが、これとそっくりの話が太宰府の榎社《えのきしゃ》（榎寺）にも伝わっている。

筑紫に左遷された菅公は、ある日、刺客に追われて近くの麹屋に駆け込んだ。この家の老婆は、とっさに菅公を〝もろ臼〟の中にかがませ、上から女ベコを被せ、追っ手の目をごまかして菅公を救った。（中略）その後、老婆は菅公のお世話をして過ごし、後に「もろ尼御前（浄妙尼）」と呼ばれて人々から慕われた。

榎社（榎寺）は、菅公の大宰府での謫居《たっきょ》の跡で、当時は府の南館であったと言われている。その後の治安三（一〇二三）年、大宰大弐藤原惟憲《これのり》が菅公の霊を弔うために、ここに浄妙院（浄明院）を建立している。「もろ尼御前」を「浄妙尼」と呼ぶのも、これに因るらしい。

現在は、太宰府天満宮の御神幸祭のお旅所として、菅公のお神輿が雅やかな行列と共に下り、一夜を過ごされる所である。

さらに、御自作の木像については、筑紫野市天拝山の麓にある武蔵寺の境内に接した「御自作天満宮」にも、菅公自身の作と伝えられる等身大の木彫座像が祀られている。

御開扉の祭礼には二日市八幡宮の宮司が祝詞を上げ、遠方からの参拝の人も多い。

こうして見てくると、
①菅原の「赤兵子天満宮」の老婆と、榎社のもろ尼御前（浄妙尼）のストーリーの酷似。
②「白雲山浄明寺」の寺号と菅公の謫居跡（榎社）に建立された「浄妙院（浄明院）」の名称、それに「もろ尼御前」の別名である「浄妙尼」とが符合する不思議。
③双方に伝わる御自作の木像。
双方の土地において、細かな伝承の違いはあるにしても、この三点が微妙に絡み合って、天満宮にかかわる菅公伝説として伝わっているのは面白い。

異なるタブー
両方の土地におけるタブーの対象が異なっているのもまた面白い。

かつて太宰府では、鶏を飼うことを禁じ、祭礼の間は鶏や卵を食べることをきつく戒めていた。

このタブーは、「鶏を無理に早鳴きさせて、菅公と伯母の覚寿尼との別れを急がせた」という道明寺伝説に因るもので、氏子の間では近年までは、固く守られていたという。

一方、菅原では、牛を食べることを禁じ、牛を食べてお宮の鳥居をくぐったら、災いがあると信じている。

これは、菅公が丑の歳、丑の日の生まれと言われており、丑・牛と深い因縁があるという伝説や、昔、農家にとって、牛は大切な働き手であったということによるものらしい。しかし、鶏はむしろお祭りのご馳走で、何と祭礼の当日、神前に鶏の手羽が供えてあったのだ。

また、菅原と太宰府の両天満宮について、興味のある話を聞いた。

「昔、太宰府の天満宮の御祭典は、この菅原天満宮の使者が行かなければ、始めることができなかった」と。

この話は、菅原の地では実に確かなこととして、誇りを持って伝えられているようだった。

その昔、この二つの天満宮には、一体どんな秘められたかかわりがあったのだろうか。

伝説は、語り継がれ、時を経るうちに、あちこちに種が飛び、同型、同種の話が伝わり、また一人歩きして、いつか形を変えて伝えられてゆく。そうした中で、それぞれの土地で、一つの共同体を守る智恵としての掟やタブーも、自然に作られていったのであろう。

小さな流れの集まりが、やがて悠々たる大河となるように、人々の日々のささやかな営みも、時代の流れと重なり合って大きな流れとなってゆく。伝説や伝承は、時に、その流れの源であり、また時には、その流れがはるばると運び伝えてゆき、その土地を、人々の心を潤していると言えないだろうか。

その日の泊まりは、コスモスが咲き乱れる岸辺の小さな宿。

浅瀬の石を洗う清流を見ていると、

(今ここに在る私は、もともと岩肌からにじみ出たひとしずくの水なのかもしれない……)

ふっと、そう思った。その夜、夢うつつにせせらぎを聞きながら、いつしか私自身も、そのひとしずくとなって、流れの中に溶け込んでいくような気がした。

[注] 平成二十三年現在、諸般の事情により「牛祭り」も「杖楽」も行われていない。

伝説「鬼松天神」

福岡県朝倉市相窪／大分県日田市

「さあ、果たして貴乃花の逆転優勝なるか!?」

平成九年の大相撲秋場所、千秋楽結びの大一番になると、相撲には全く疎い私も、ドキドキしてきた。

「貴乃花――」。高々と、行司の軍配が挙がった。

勝名乗を受ける横綱の爽やかな面差しに、私はこの春やっと逢うことができた「日田殿《ひたどん》」を思い出していた。

「日田殿」とは、平安時代後期に、豊後国日田の郡司《ぐんじ》であった大蔵鬼太夫永季《おおくらおにだゆうながすえ》のことで、相撲の神様として崇められ、日田の人々は親しみをこめて「日田殿」と呼んでいる。

私が、大蔵鬼太夫永季を知ったのは、『太宰府市史　民俗資料編』（平成五年四月発行）の「口頭伝承」の章を担当することになり、太宰府を中心として周辺の天神伝説を調べていた時のことである。

そして「鬼松天神」の話に出会ったのだ。

鬼松天神

平安時代の後三条天皇の頃のことである。豊後の国、日田の郡司である大蔵鬼太夫永季は、武勇腕力に勝れた若者で、宮中の相撲の節会《せちえ》に召されることになった。そこで、必勝祈願のため、天満宮へ参詣の途中、相窪《あいのくぼ》の佐田川にさしかかった。

ちょうどその時、川で大根を洗っていた乙女を見て、つい、戯れにその手を握ろうとした。すると、乙女は逆にものすごい力で、鬼太夫の手をつかみ、脇の下に挟みこんで、

「いやしくも、節会相撲に召されて祈願に参る者が、何たる不埒《ふらち》な振る舞いぞ！」

と非礼を戒めて、忽然と姿を消した。驚いた鬼太夫は、悔い改め精進潔斎して、天満宮に参籠し日夜祈願を続けた。

やがて満願の夜、天神が夢に現れて、

「この度のお前の相手は、出雲の小冠者《こかじゃ》という鉄《くろがね》の身体を持つ大力無双の者である。その母は小冠者が胎内にある時、強い子を産むことを願って、毎日、鉄の粉を食べていたが、ある時、誤って甘瓜を食べた。そのために、小冠者の身体の中で一カ所だけ柔らかい肉の部分がある。勝負の時に、乾《いぬい》の方角を見るべし。さすれば、必ず神の助けがあろう」

と告げた。

いよいよ試合の当日、相手の小冠者は敏捷な身のこなしで、しかも鉄のように強く、さすがの鬼太夫も力尽きようとした時、天神のお告げを思い出して乾（北西）の方角を見ると、あの時の乙女が現れ、右手で額の中央を押しているではないか。

（これぞ、相手の弱点！）と、鬼太夫は、小冠者の額を打ち破った。

ついに勝利を得た鬼太夫は、ひとえに天神の御加護のおかげと、例の相窪の地に社《やしろ》を建てて天神を祀り、そこに松を植えて「鬼松天神」と称した。

この話は、天神霊験譚としてかなり古くから伝えられていたようだ。けれど、その伝説の社が今もあるだろうか？　それはどこなのだろうか？

鬼松天神社

この単純な疑問と好奇心が、そもそもの始まりだったが、「鬼松天神」探しは、そう簡単ではなかった。

甘木の佐田川は、大根川とも呼ばれ、それには弘法大師の伝説があって、むしろこの方が有名である。

地図で見当をつけ、相窪一帯を尋ね回り、歩き回って、田畑に囲まれた一隅に「鬼松天神社」を見出した時の嬉しかったこと！ しかも、祠には「鬼松天神」の由来を記した額が掲げられ、菅公の像も祀ってあった。

小さな社の境内には、観音さま、地蔵さま、それに鯛を抱えた恵比寿さまもお揃いで、榊や花が供えてあり、きれいに掃き清められていた。

甘木の「鬼松天神社」を探し当てたところで、この話は、一件落着のはずであった。

しかしその後、日田の大原八幡宮に、日田殿と小冠者の相撲の絵馬があると聞くと、（伝説の日田殿って一体どういう人だろう?）（日田に行けば、もっと何かあるかも……）と、またもや好奇心の虫が私をつつき、日田へ出かけることになった。事前に、日田市の文化課から頂いた資料によって「日田殿」のアウトラインを知ることができて、大変助かった。

『豊後国日田郡司職次第』などの資料によると、

大蔵永季は、日田郡司大蔵永弘の子で、鬼太夫永季と呼ばれ、延久三（一〇七一）年に十六歳で節会相撲に召し出されて以来、長治元（一一〇四）年まで十回（十数回とも）宮中に召され、常に負け知らずだった。しかし、長治元年の節会相撲の帰途、病に冒され、豊後の国の山中で四十九歳の生涯を閉じた。

節会相撲

天覧相撲は、垂仁天皇の七年七月、野見宿禰《のみのすくね》と當麻蹴速《たいまのけはや》によるものが最初と言われている。そして、凄まじい闘いの後、勝った野見宿禰は、相撲の始祖・神様として崇められている。

この勇猛なる宿禰の血筋は、土師《はじ》氏、菅原氏へと続き、天神様の道真公はその子孫に当たる。「鬼松天神」の話の中で、永季が天満宮に勝利祈願をしたのも、当時、こうした言い伝えが人々の間に広まっていたからであろうか。

平安時代には、相撲節会《すまいのせちえ》が、宮中の重要な儀式である三度節（相撲、射礼《じゃらい》、馬射《うまゆみ》）の一つとして行われるようになった。そのために朝廷は、各地に左近衛府、右近衛府の役人を相撲部領使《すまいのことりつかい》として派遣し、剛の者を召し出して相撲をとらせていた。

選ばれた各地の相撲人は、地方と中央の貴族を結びつけるという重要な役割もあって、多くの献上品を運んでいった。「持ちつ、持たれつ」は世の習いとか、貴族や左右近衛府も彼らに何かと便宜を図ったようである。

相撲節会の大会は、まことに荘重で豪華絢爛を極めたことが当時の人々の記録に残っている。大蔵永季は、こうした時代背景の中で産声を上げ、また「鬼松天神」の伝説も生まれたのであろう。

慈眼山永興寺《じげんざんようこうじ》（日田市城町）

花月川と三隈川が、日田市街を抱くように流れ、花月川のほとりに日田大蔵氏ゆかりの寺、永興寺がある。

寺伝によれば、永季の父の永弘が、若くして死んだ息子の永興《ながおき》の菩提を弔うため、長和三（一〇一四）年に

十一面観音（中央）と持国天・増長天（永興寺）

建てたとされる。その後、廃れていた時期もあったが、元和五（一六一九）年に観音堂が建てられたという。現在は、観音堂跡に収蔵庫があって、国重要文化財の仏像八体がおさめられている。

御住職の寺村永興さんに収蔵庫を案内して頂き、仏像を拝見しながら色々とお話を伺った。

●十一面観音立像（鎌倉時代、檜寄木造）

正面中央の厨子に、ふっくらとしたお顔の観音様は、金色の立ち姿。一メートル足らずの小さな像は愛らしく、人々の苦しみや悩みにそっと寄り添って下さる温かみさえ感じる。

これについては、夭折した永興が観音を深く信仰していたので、父永弘は、恵心僧都《えしんそうず》に頼んで観音像を作ってもらった、と伝えられている。

●四天王像（鎌倉時代、檜寄木造）

厨子の両脇の四体は、かなり彩色が落ちてはいるが、変化に富む憤怒の表情、身体の動きに、仏法守護の力が漲っている。昔、旱魃の時には、地域の人々はこの四天王を担いで、花月川で雨乞祈願をしたそうだ。

（ああ、それでこんなに色褪せていらっしゃるのですね……）

人々の一途な祈りと水しぶきを浴びて、四天王の見開いた眼から迸るエネルギーを想う。

●兜跋毘沙門天《とばつびしやもんてん》（平安時代後期、檜一木造）

西域風の冠と鎧をつけた、高さ二メートルを超す毘沙門天である。宝塔と宝棒を手にすっくと立つ姿の重量感、一点を見据える眼《まなこ》、きっと結んだ口元は、内奥に湛えられた怒りの強さを表す。

だが、それにもかかわらず全体的に、静かで穏やかな印象を受けた。実はこの像には、永季が相撲の節会に召され、勝利の帰国をした後、自らをモデルにして作らせ寄進したとの言い伝えがある。
そう言えば、豊かな張りのある肉付けには、天部の神というよりも堂々とした丈夫《ますらお》振りが感じられる。そして、それを支えている小さな地天のか細い腕が心に残った。

厨子の扉にある日田大蔵氏の家紋がちょっと変わっている。「オニスハマ」という紋で、後ろから見た力士の髪形とか、力士が向き合っている形とか諸説あるが、一方、永季が後三条天皇から勝利の褒賞として「州浜《すはま》」を下賜されたことによる、とも言われている。紋所ひとつにも、永季と相撲にまつわる意味を土地の人々は見出しているのだ。

因みに「州浜」とは、蓬莱山《ほうらいさん》を摸して、州浜形の台に岩・木・花をあしらった宴席の飾り物である。吉祥を表すものとして好まれ、その「州浜形」は紋章にも用いられたという。

収蔵庫を出ると陽の光が眩しい。つつじの彩りが鮮やかな丘に立つと、すぐ目の前には花月川のゆるやかな流れ。一望の下に周囲が見渡せる位置である。

厨子の扉にある日田大蔵氏の家紋
「オニスハマ」（永興寺）

――ここは、自然の要塞ですね――。振り返る私に、慈眼山公園となっているこの山一帯は、昔、大蔵氏一族が居住していた城山で、以前は鷹城山と呼んでいた、と御住職は話して下さった。

日田神社（日田市城町）

慈眼山公園の麓に、永興寺と道を挟んで日田神社があり、御祭神は、永弘公、永興公、永季公である。

永弘は、日田の郡司として善政を敷き、人々から敬愛され、没後は日田明神として祀られた。

「日田殿」の永季は、容貌魁偉《かいい》、古今無双の剛の者で、資性順直、温良恭倹で敬神の念篤く衆望を一身に集め、死後日田明神に合祀された、とある。

ここでは永季は、最大級の讃辞を受け「力士道の神」として祀られている。が、私は、あの「鬼松天神」の話にあるように、みずみずしい乙女の姿にふと心を捉えられた若き永季にも魅力を感じる。

欅と樫の大木が、社殿を守るように若葉の枝を伸ばし、苔むした玉垣には、昔日の横綱、大関の名が見える。かつては、多くの力士たちの参詣があった社だが、今は訪れる人も少ないという。

すぐ脇を次々と走り過ぎる車の騒音。「相撲道の神　日田神社」の立て札のある社は、そこだけひっそりと時が止まったようであった。

大原八幡宮（日田市田島）

神域の深い木立を背に聳える大鳥居には、「大波羅野御屋新呂《おおはらのおやしろ》」の扁額が掲げられ、これにも「日田殿」にまつわる話がある。

永季は、相撲節会での勝利の恩賞として、大江匡房《おおえのまさふさ》卿揮毫の額を頂き、それを大原神社に奉納したと言われている。確かに、鳥居の柱には、「大江匡房卿眞蹟」と刻まれている（もっとも、現在の大鳥居は江戸末期に奉献されたもので、扁額は匡房の書を摸したものという）。

大原八幡宮は日田市の総社である。

御祭神は、息長足姫命《おきながたらしひめのみこと》（神功皇后）・譽田別命《ほむだわけのみこと》（応神天皇）・比売大神《ひめおおかみ》。

宮司の橋本公行さんにお目にかかって、お話を伺うことができた。

社伝によれば、天武天皇の頃、鞍形尾《くらがとう》に示現した八幡神を祀ったのが始めとされ、後に日田郡司大蔵永弘が求来里《くくり》（神来里）に遷し祀ったと伝えられている。この田島の地に遷宮されたのは江戸初期で、現在の本殿・拝殿は江戸時代の中頃、楼門はそれよりも古い時代のものとされ、風格ある「御屋新呂」のたたずまいである。

そしていよいよ、待望の絵馬の拝見。

神楽殿におさめてあるその絵馬には「文政庚辰夏」（文政三〔一八二〇〕年）と記されている。少し彩色が褪せてはいるが、日田殿の伝説と共に大切に守られてきたのであろう。

絵馬の中央に、出雲の小冠者を組み敷き、その額を押さえつけている若者がいた。

あまりの強さに、驚き、眼を瞠る周りの人々。身の丈二メートルを超す巨漢で、怪力の男と言われた日田殿の体軀に漲る力。かっと相手をにらみつける鋭い眼。ぐっと歯を食いしばった口元。

しかし、肉付きのいい頰から胸元にかけて、爽やかな青年の色気が立ちのぼっている。

（これが噂の人、日田殿？）

「鬼松天神」の話から、もっと荒々しく猛々しいイメージを描いていた私は一瞬とまどった。

だが、「日田殿」がモデルというあの兜跋毘沙門天の大らかな像《すがた》を思い出

大原八幡宮

大原八幡宮の相撲の絵馬

老松天満宮と日田社

し、両方を重ね合わせながら、土地の人々の「日田殿」への思いを感じた。

老松天満宮（日田市大鶴町・旧大肥庄《おおひのしょう》）

日田を訪れたもう一つの目的は、老松天満宮にあった。この神社については『天満宮利生記』（『神道大系』）にある「老松天神」の話の中で、次のように書かれている。

永季が、天満宮に参籠して祈願した折に、節会相撲に勝利した暁には領内豊州日田郡の大肥庄を寄進すると誓った。

そして、天神の御加護で勝利して帰国した後に、領内大肥庄において天満天神を勧請し奉り、老松大明神と崇め奉った。以来、今も絶えず神籬《かみがき》がある。

『天満宮利生記』は江戸中期の書らしいが、大肥庄に老松大明神というのが今もあるのだろうか？　あるかもしれない。しかし……。

「確かにありますよ」と日田市から詳細な地図を頂いた。しかも、『豊後国図田帳』の日田郡の所に、宇佐宮領などの記述と並んで「大肥庄六十町　領家安楽寺別当御房云々」の記載があることもわかった。

「ヤッター！」と叫んだのは例の虫。JR日田彦山線に平行する道路に面して、狛犬と小さな鳥居が見えた。近づくと、古びた扁額には「天満宮老松」と確かに刻まれている。小さな池の立派な石橋を渡り、苔で滑りそうな石段を登った所に、簡素な社殿が建っていた。横に「日田社」も祀られている。

この天満宮には『老松大明神本縁伝記』なるものが伝わっている。そこには「鬼松天神」の話が語られ、次いで長治元（一一〇四）年、永季が日田郡鶴河内村《つるごうち》鰐之邑《わにのむら》において逝去したと述べている。翌長治二年に、永季の息子、宗季が父親に代わり、天神の加護への報恩として大肥庄の地を安楽寺天満宮に寄進した云々とある。また、この地には託宣により、安楽寺から梅原氏が来て老松大明神を祀ったという。

日田は代々の大蔵氏によって天神信仰の盛んな所で、老松社が七社、天神様を祀る社は三十社を超えるそうである。木々の生い茂った山を背に「老松大明神」と「日田明神」は並んで春日《しゅんじつ》の中にあった。

社殿の下の広場には、土俵があった。「日田殿」のゆかり深いこの社では、昔は、秋祭りの奉納相撲に近隣の力士たちが大勢集まって、それは盛大なものだったという。

この日、人影もなく静まり返っている土俵の周りや境内には、踊り子草のピンクの花が群れていた。裏山からのひんやりとした風に、ふと、遠い遠い歓声を聞いたような気がした。

若八幡宮の拝殿と本殿

若八幡宮（日田市上宮町）

大原八幡宮の絵馬を拝見した時に、「この絵馬の元になったと思われる、かなり古い絵馬が上宮町の若八幡宮にありますよ」と、橋本宮司に教えて頂いた。

地図で見ると、さほど遠くはない。（せっかく、ここまで来たのだから……）と、欲張り虫もそのかす。

途中、何度も尋ねながら車を走らせる。「すぐ、そこですよ」「真っ直ぐだよ」

ところが、この「すぐ」と「真っ直ぐ」が曲者だ。少々不安を感じながら、鶴河内川沿いにどんどん遡って行くと、棚田の続く中に、神社らしいものがあった。

「あっ、あれよ、きっと！」

斜めの西日を浴びて、辺りの風景にすっぽり溶けこんだように小さな社だ。鳥居の奥、拝殿のすぐ後ろには山が迫り、崖下の窪みに小さな石の祠があった。まるで、原初の神の在処《ありか》のように……。

絵馬が所狭しと飾られた拝殿の一隅に、探し求める絵馬はあった。そこには、相撲をとっている永季と小冠者だけが描かれている。二人のポーズは大原の絵馬とほとんど同じである。

こちらは、かなり色褪せてはいるものの、迫力のあるタッチで、この永季には、青年というよりも、むしろ純な少年のひたむきさと、それ故の強さを感じた。

若八幡宮の相撲の絵馬

山間《やまあい》の宮に響く鳥の声。前を流れる川のせせらぎ。閑《しず》かな時の流れに添うように、重なり合った山藤の房は、深い紫を川面に散らしていた。

日田殿の墓（日田市鶴河内町鍔地区）

若八幡からの帰り道に、たまたま「日田殿の墓」の道しるべが見え、誘い込まれるように脇道に入った。ところが、その先は全く道がわからずウロウロ走り回り、やっと「あの山の上ですよ」と教えてもらった。石ごろごろの狭い山道をガタン！ガタン！と揺すられ、いささか心細くなった時、行き止まりに「相撲道の神様大蔵永季最期の地」の説明板が立っていた。ほっとして車を降りて、杉林の細い山道を登った。暮色に覆われた林の中に立つ墓。確かに「日田鬼太夫永季墓」と読めた。深々と、沈み込むような寂《しず》けさだった。墓石には「長治元年に逝去してよりおよそ七〇九年後、文化九（一八一二）年に子孫が再び之を建てる」という旨が刻まれ、台石には、一族の名前がびっしりと並んでいる。墓の後ろには「羽黒山参拝記念碑」と記された石碑があった。その昔、険しい山道を辿り、この墓に詣でた力士たちにとって、永季は、まさに「相撲道の神様」であったのだ。

もう薄暗くなった山道には、木苺の白い花が浮かぶように咲いていた。その可憐な白さが、心に沁みた瞬間《とき》……。

容貌魁偉、古今無双と称えられた若者は、穏やかなやさしいまなざしで、傍らに寄り添う娘を見つめている。頬を染め、彼を見上げる娘のつぶらな瞳。

（あ、あの永興寺の兜跋毘沙門天の……そう――あの地天は、あなたでしたか）

娘は、はにかんで、うなずいた。白い花は、楚々と揺れた。

（やっとお逢いできましたね、日田殿）

夕映えの茜色が、ゆっくりと灰色の雲に溶け込んでゆく。

光と闇の不思議な間《あわい》に――私は佇んでいた。

［注］永興寺の仏像類は、御住職の寺村永興さんが亡くなられた後、近隣の大超寺が管理されている。

日田殿余話

『祈りの原郷』の出版に向けて校正を続けている最中のこと――。今年、平成二十三年の「博多祇園山笠」で、天神ソラリアの第十七番飾り山の表は「怪力相撲日田殿」（人形師・置鮎正弘）とテレビが報じていた。

えっ、私が「鬼松天神」を書いた頃も、今も、福岡で「日田殿」はあまり知られてはいないのに、なぜ、今、飾り山に？……。たまたま、筑豊の炭鉱画がユネスコの世界記憶遺産に指定された山本作兵衛の日記の中に、「みやげに日田どん一袋もらう……」との記述があると佐々木哲哉先生が知らせて下さった。先生は田川市の石炭資料館（現石炭・歴史博物館）の館長時代に、作兵衛さんの画業を高く評価し、作品の保存と普及に尽力された方である。

「怪力相撲日田殿」

その「日田どん」はたぶんお菓子では？と日田市に尋ねて、市内の松浦松翁堂に辿り着いた。そこで、創業百年になるという老舗の四代目当主・松浦善剛さんからいろいろとお話を伺った。銘菓「日田どん」（登録商標）は創業以来ずっと昔のままに作られていることや、曾祖父の清市さんの頃、「日田祇園」の山鉾の人形を作るのに、博多の人形師・置鮎與一さんを招いたことがあって、その時は松浦家が宿になっていたことなどなどである。また、ソラリアの「日田殿」の人形を作られた正弘さんはそのご子息である。

千年ほども昔の「日田殿」に心惹かれて二十年来、「？」の糸を辿っているうちに、私は逆に因縁の糸に手繰り寄せられてしまったのかも……。頂いた「日田どん」は小豆餡を淡緑色の薄い餅皮で包んだ棹物の和菓子。控えめな甘さで優しい食感であった。

土佐の天神伝説

高知県高知市

「通りゃんせ、通りゃんせ……」と童唄にも歌われた〝天神さま〟を祀る天満宮は、現在全国に一万二千社もあるという。

昌泰四（九〇一）年、時の右大臣であった菅原道真は、讒言《ざんげん》により、大宰権帥《だざいのごんのそち》として流され、延喜三（九〇三）年、大宰府の配所で五十九年の生涯を閉じた。遺言によって、亡骸《なきがら》はこの地に葬られ、後に墓所は安楽寺（太宰府天満宮）となった。

それから千年余の時を経た今日、菅公・天神伝説は日本各地に飛び、広がり、それぞれの土地に根づいている。こうした信仰・伝説を生み、語り伝え、運んだ人々の穿鑿《せんさく》はともかく、それが時代の流れの中で、いくつものうねりと変遷を経て、貴族階級から庶民の間にまで広がっていったのは希有《けう》のことであろう。

もとより伝説は事実ではない。しかし、いくつにも分かれた道のその奥には、それぞれの時代や土地に生きた人々の来し方、有様《ありよう》も仄《ほの》見えてなかなかに楽しいものである。その面白さに惹《ひ》かれて、私は天神様の伝説の細道を辿っている。ついでながら、私の辿る細道は「帰りは恐い」道などではなく、その都度、色々な方々の御厚意、御親切を受けながらの、行きも帰りも楽しい道である。

今回は、年来の望みが叶って土佐への旅となった。

白太夫神社

白太夫松本春彦奥津城（墓）

白太夫神社（高知市大津）

伝説では、白太夫《しらだゆう》（太宰府では白《はく》太夫《だゆう》と呼ぶ）は、別名「松本（松木）春彦」とも、「度会《わたらい》春彦」ともいい、伊勢の社人であったという。菅公に仕え、いつもその傍らに静かに控えていたその人は、白衣の故に、また白い髪と髭の故に白太夫と呼ばれていたらしい。彼は、左遷の菅公の後を慕って、筑紫に下ってきた。

「東風《こち》ふかば……」の和歌でよく知られている例の「飛梅」についても、実は、白太夫が菅公の屋敷の梅を根分けして、ひそかに謫所《たくしょ》に運んできた、という話もある。白太夫は、菅公の死後土佐に赴き、そこで死んだ、と伝えられている。

『白太夫神社由緒記』によれば、

白太夫は、菅公の遺言に従い、土佐に流されていた長男の高視《たかみ》卿に菅公の遺品を届けるために、延喜五（九〇五）年三月に大宰府を発ち、四国路を辿って、十二月に潮江《うしおえ》に着き、ようやく高視卿に遺品を渡すことができた。その後、大津岩崎の「霊松山雲門寺」を訪ねるが、ここで突然病死した。延喜五年十二月九日、七十九歳であった。遺骸は山の中腹に葬られた。

潮江天満宮楼門

と書かれている。また、これとは別に、高視卿に会う前に「雲門寺」で急死した、とする説もある。この「霊松山雲門寺」という寺については、文献上は明らかでないそうだが、いずれにせよ、ここ岩崎の地が白太夫最期の地となっている。

一方、白太夫は、左遷の菅公に随い、その死後も墓を守った味酒《うまさけ》安行である、ともいう。

このように、謎の多い白太夫を祀る「白太夫神社」は土佐電鉄の舟戸駅の近くにある。線路のすぐ際に、鳥居と「菅公侍臣白太夫遺跡碑」が見える。鳥居奥の小高い所に建つ簡素な社殿は、以前のものが台風で毀れたので、昭和四十八年に地元の人たちによって再建された。

毎年、十二月二十五日には、潮江《うしおえ》天満宮の宮司によって、ここで祭礼が行われ、地元の人の参詣もあるということだ。私たちが訪れた時も、社の前には餅や酒、それに愛らしい姫ダルマも供えてあって、折々に人々が詣でている様がしのばれた。

社殿の後ろの林の中に、白太夫の墓があり、その辺りが「雲門寺跡」だとも言われている。林にはヤブツバキの赤い花、社の周りには、可憐なピンクの踊り子草が、伝説の白太夫の霊を慰めるように咲いていた。

潮江天満宮（高知市天神町）

高知市内を流れる鏡川にかかっている朱塗りの天神橋を渡ると、潮江天満宮。御祭神は、菅原道真・高視朝臣・菅公北の方。相殿に天穂日命《あめのほひのみこと》・大海津《おおわたつ》見命《みのみこと》が祀られ、境内社にはもちろん「白太夫社」もある。

川岸の桜並木はちょうど満開で、足元には、菜の花の黄色い帯。思わず

潮江天満宮社殿正面

潮江天満宮境内の白太夫神社

「春のうららの……」と、口ずさみたくなるような美しい日本の風景である。

木の香も清々しい社務所の二階で、山中隆夫宮司からお話を伺う。

この天満宮の縁起は、白太夫が高視卿に届けた菅公の遺品を、高視卿が竜神ケ池（境内にある）の祠に霊璽《れいじ》として祀ったことによる、とされている。その遺品については、鏡・剣・十一面観音像・恩賜の御衣などと様々に言われているが、「これは、あくまでも信仰上のことですから」との山中宮司のお言葉であった。

また、天満宮のすぐ横に、土佐藩主山内家菩提寺の真如寺があるが、この寺に伝わる十一面観音像が、白太夫のもたらした観音像との伝承もある。

高視朝臣縁の地

謫所《たくしょ》跡

高視は、貞観十八（八七六）年に道真の長男として生まれ、寛平五（八九三）年に十八歳の若さで文《もん》

高視朝臣邸跡

章得業生《じょうとくごうしょう》となった。

道真が筑紫への配流となった時、大学頭《だいがくのかみ》・右少弁《うしょうべん》であった高視は、景行、兼茂、淳茂の弟たちと共に連座に問われた。高視は、土佐権守《とさのごんのかみ》として左遷されたが、その後延喜六（九〇六）年に帰京を許されて復官し、位一級を進められた。延喜十三年、三十八歳で没した。

以上が史料によるあらましである。

この高視の謫所とされる邸跡が、天満宮近くの北高見町（鳩ケ崎）にあって、「高見町」という地名は、高視朝臣に因むものと言われている。

「あそこはわかりにくい所ですから、御案内しましょう」との宮司さまのお言葉に甘えることになった。

車を降りて、坂道の上、民家の畑の奥の裏木戸を通り抜けて、山道にさしかかる。崖の上の小高く見晴らしの良い所まで来ると、「菅原高視朝臣遺跡（大正十四年三月建立）」と刻んだ立派な石碑があった。地元の人によってきれいに整備、手入れされている邸跡は、天満宮の飛地境内となっているが、昔は天満宮と山続きであったそうだ。

それにしても、途中に道しるべもなく、こんな山の中とは……。私たちだけでは、地図を片手にウロウロしたに違いない……と、あらためて宮司さまの御親切に感謝した。

「千年位前は、天満宮からこの辺りまで、ずっと入江になっていたんですよ。この崖の下も、すぐ海でした」

「ここから見ると、海に向かって（北東に）白太夫神社（大津）があり、その先が国府（南国市比江）と一直線に並ぶんですよ」と、指さして、私たちを千年の昔へと誘って下さった。

この謫所での配流の日々、高視はどんな思いで国府を望み、土佐の海を眺めていたのだろう。しかも、菅公の遺物をもたらした白太夫を祀る神社が、その中間地点にあるというのも不思議な因縁という他はない。

宮司さまのお話では、昔からこの辺り一帯は「小判田」「小判畑」と呼ばれて、貴人の邸跡だということで、不浄を嫌い、汚物を田畑にまくことを禁じていたという。

墓所

邸跡の少し上に、「高視朝臣標」と刻まれた石柱があった。コンクリートの土台の上に柱が四本、簡単な屋根の実に質素な祠であるが、梅鉢紋の扁額が〝天神さま〟の縁《ゆかり》を示していた。

「この、もう少し上の方に、夫人の墓がありますから……」と、宮司さまはいとも身軽に、袴姿で山道を先に立って登って行かれる。山の中腹は墓地で、苔むした墓が立ち並んでいる。まるでけもの道のような、薮の中の細い道を辿って、やっと、鬱蒼と茂る木に囲まれた巨大な岩の前に出た。

岩にはかなり大きい洞穴があり、シダなどの草が入口を覆っている。

その薄暗い穴の奥に、ひっそりと立つ墓標。「高視朝臣夫人標」と読めた。高視の奥方の墓との説もあるが、普通は、配流の人が奥方を伴って来るということはないという。とすれば……?……。

この墓が、高視の墓所からかなり離れた、人目につきにくい所にあるということや、さらに、〝夫人〟という呼び方に、私は微妙なニュアンスを感じていた。

岩と言えば、潮江天満宮の裏にも、注連《しめ》を張った巨岩がある。昔はこの岩の際まで潮が寄せていたといい、この岩に高視が腰を下ろして釣をした、という話が伝えられている。

菅家の嫡男として、順調にエリートコースを歩んでいた貴公子は、大いなる名誉の後に思いがけない挫折に遭遇した。父の無念を思い、母の嘆きを思い、家族を偲んで、ただ釣糸を垂れ、遠く海の彼方へ、様々に思いを馳せていた岩の上の後ろ姿。辛い日々を送るその人に、控え目にやさしい心を寄せていた女人《にょにん》。

また正史とは異なるが、高視は延喜六年七月十六日にここで亡くなった、と地元では言い伝えている。そして、年に三回、潮江天満宮の宮司によって行われる墓前祭には、多くの参列があるという。

「判官《ほうがん》びいき」や「貴種流離譚《きしゅりゅうりたん》」が、日本の伝説・伝承にはかなり多いが、それが庶民の貴人への憧憬であると共に、常に冤罪《えんざい》の人、悲運の人に対する精一杯のやさしさ、心尽くしとして語られることに、日本人の心の深さの一端を見る思いがする。

春の一日、高視朝臣の縁の地を訪ね、地元に伝わる話を聞いて、私は、ほっとした思いに満たされた。

そこには、物静かにただ耐え続けていた朝臣を、そっと見守っていた土地の人々のやさしいまなざしが感じられたから……。

高視朝臣奥津城（墓）

ところで、余談になるが、土佐への旅を思い立った時、私の胸には（もしかしたら〝紅姫さま〟に逢えるかも……）というかすかな期待があった。

その〝紅姫さま〟とは……。

太宰府には、道真が二人の幼い子、隈麿と紅姫を連れて筑紫に下って来たという話が伝わっている。

謫所での辛く苦しい日々に、愛らしい子供たちは道真の心の支えであったが、隈麿は翌年病死した。その墓が、謫所の跡とされる榎社の近くにある。

一方、紅姫のその後については明らかではないが、太宰府市内には「紅姫の供養塔」と言われるものが二カ所ある。とすれば紅姫もやはりこの地で亡くなったのだろうか?

一説には、例の白太夫が、道真の死後、残された紅姫を連れて高視のもとに向かったとも言われている。

しかし、土佐では残念ながら紅姫については全く何も語られてはいなかった。今も、私は幻の紅姫さまを探している。

人々の心を捉え続ける菅公伝説

土佐を訪ねた年の秋、大阪の国立文楽劇場で、三大浄瑠璃の一つである「菅原伝授手習鑑《すがわらでんじゆてならいかがみ》」の通し上演を見ることができたのは幸いだった。

ここに登場する〝白太夫〟は松王丸、梅王丸、桜丸の三つ子の父という設定で、好々爺であるが、人情の機微に富んだ役どころである。昼夜の通し狂言を見て、悲喜、明暗こもごもの筋書きの面白さがよくわかり、文楽の醍醐味をたっぷり味わった。

殊に、十三年ぶりの上演という「天拝山の段」で、吉田玉男の〝菅丞相《かんしょうじょう》〟が、前半のストイックとも言えるほどに抑えた動き、気位高く、気品ある人物像とは打って変わって、かの『北野天神縁起』に描かれた雷神・荒ぶる神そのものとなり、火焔を吐いて大空へ駆け上ってゆく有様は、まさに圧巻であった。

最後のクライマックスは「寺子屋の段」。吉田簑助の遣《つか》う松王丸の女房〝千代〟は、白装束で、亡き我が子小太郎への愛惜の念《おも》いを、ほとばしるように、狂ったように舞う。その悲哀に満ちた美しさは、生身の人間のそれよりも、もっと激しく、深く、切なかった。

大夫の語りも、太棹《ふとざお》の音も心に染透《しみとお》り、涙を誘った。

そして、やや逆説めくが、菅公のあまりにも不条理な受難は、後に彼が神となり、「天神」として祀られるために必要であり、不可欠なことであったのかもしれないと、今あらためて思う。

それを必要としたのは時代であり、時代を生きた人々の心であった。

それ故にこそ、菅公・天神伝説は、今も文楽や歌舞伎の世界でも人々の心を深く捉え続けているのではないだろうか。

初出一覧

＊本書は西日本文化協会発行『西日本文化』に掲載された文章を編集し、加筆・訂正したものである

鬼さまに逢う

正月の鬼　四三〇号（二〇〇七年十二月）
竹崎観世音寺修正会鬼祭　三六七号（二〇〇〇年十二月）
玉垂宮の鬼夜　三八一号（二〇〇二年五月）
天念寺修正鬼会　三五九号（二〇〇〇年三月）
長田神社の古式追儺式　四三七号（二〇〇九年二月）
鬼来迎　三九七号（二〇〇三年十二月）

祈りと感謝のかたち

筑紫神社の粥占祭　四三一号（二〇〇八年二月）
阿蘇神社の泥打ち祭り　四四九号（二〇一一年二月）
豊前感応楽　三三〇号（一九九七年四月）
土佐のどろんこ祭り　三四六号（一九九八年十一月）
等覚寺の松会　四一〇号（二〇〇五年四月）
仁比山神社の大御田祭　四三二号（二〇〇八年四月）
志式神社の早魚祭　四四七号（二〇一〇年十月）
豊玉姫神社の水からくり　四一九号（二〇〇六年三月）
八女福島の燈籠人形　四一二号（二〇〇五年七月）

神と舞い、仏と遊ぶ

神楽の里を訪ねて　三〇八号（一九九五年一月）
市山大元神楽　三九六号（二〇〇三年十一月）
今宿青木の獅子舞　四二四号（二〇〇六年十二月）
牛原の獅子舞　四四四号（二〇一〇年四月）
大分の獅子舞　四四一号（二〇〇九年十月）
大江の幸若舞　三七三号（二〇〇一年七月）
隠岐国分寺の蓮華会舞　四二六号（二〇〇七年四月）
草野風流　三九三号（二〇〇三年七月）
白鬚神社の田楽　四〇五号（二〇〇四年十月）
甘木の盆俄と甘木絞り　四三六号（二〇〇八年十二月）
堀江神社の天衝舞浮立　四二三号（二〇〇六年十月）

伝説を辿る

菅原天満宮の牛祭り　三一九号（一九九六年三月）
伝説「鬼松天神」　三三六号（一九九七年十一月）
土佐の天神伝説　三五二号（一九九九年六月）

あとがき

なぜか心惹かれるままに各地の祭りや民俗芸能を訪ね歩いているうちに、二十年ほどの時が流れた。

その中でも特に心に残ったものを折々にまとめ、民俗エッセイとして『西日本文化』に載せて頂いた。

そのきっかけを作って下さった佐々木哲哉先生は、私の原稿にいつもあたたかい助言を与え続けて下さった。

そして先生の熱心なお勧めもあって、ようやく一冊にまとめることができた。

今、振り返ってみると、すべては故里への旅であったと思う。それは、私のまだ見ぬ故里であり、日本人の心の故里でもあった。かつては日本のそこここに見られた、自然の風物に囲まれた故里と、そこに生きる人々の心配り、心意気、絆をあらためて感じた旅であった。

それはまた時空を超えた旅であり、日本人の祈りの原郷への旅でもあった。

それらの旅の中の思い出を一つ。

明日は風雨が激しくなるとの予報で、心配になって祭りの世話役の方に電話をかけた。

「ええ、雨でも何でも、そりゃーやりますよ。これは神様との約束事ですから」

落ち着いたお返事に、私はたまらなく恥ずかしかった。結局、私は何もわかっていなかったのだと……。

そして、祭りの日――空は見事に晴れ渡った。

日本の北から南まで様々な祭りと民俗芸能が今も伝承されているが、かつては、太平洋戦争（一九四一―四五）に敗れ、その戦中、戦後にかけて中断されたものもかなりあった。

しかし、それから半世紀も経たぬうちにそれらの多くが甦っている。

それはなぜだろうか？　私の中に芽生えたこの問いが、私を旅へと誘ったのかもしれない。

時代の変遷と社会情勢の変化が人々の意識や生活を変えてゆくのは自然の成り行きであろう。

そうした流れの中で、これまでの村落共同体は次第に崩れ、その結果、地域の祭りや芸能も失われるか、または都市化と共にカーニバル化するのも当然との見方もある。

たしかに、以前取材した祭りの中には、すでに形骸化していたものもあったし、また、惜しくもその後途絶えてしまった祭りもある。

にもかかわらず、私が訪ねた土地で出会ったのは、いろいろな困難や苦労を吹っ飛ばす祭りのエネルギー、力と自信に満ちた日本の男たち、控えめにしっかりと祭りを支えている女たち、囃子に合わせて喜々と体を動かしている子供たちであった。そして何よりも絆の強さと大切さを、言葉ではなく、心で受け継いでゆこうとする人たちのごく自然な姿であった。

そう、ここでは言葉はいらないのだ。祖父母から父母へ、子へ孫へと、ただ、見様見真似で祭りの手振りを覚えてゆくうちに、自ずと人としての生き方をそれぞれ学んで成長してゆくのだから……。

とは言っても、この頃は過疎化、少子化が進み、その対応に苦慮している地域も多い。

それでも各地で何とかして伝え残してゆこうとする人々の熱い念《おも》いに触れたとき、私はこの祭りの、この人たちの「今」を、私が見聞きし、感じたままに書き記しておきたいと思った。

それが私にできる精一杯のエールであり、訪ねた先々の皆さんの温かさやいろいろと学ばせて頂いたことへの心からのお礼でもあると……。

序文では佐々木先生から過分のお言葉を頂き、良き師に恵まれた幸せをあらためて感じた。

民俗芸能の資料などに関して、金子信二さん、森弘子さんに数々のお力添えを頂いた。

長い間には『西日本文化』の編集の方も何度か交代されたが、その都度、筆者の意を汲んで頂いたことに感謝している。

海鳥社の田島卓さんには、そのフレッシュな感覚で助けて頂いた。

そして、夫・信一郎へ――時にブレーキが利かず、時にエンストをおこす厄介な私をずっと見守り支えてくれたこと、まさに二人三脚の旅でこの本が出来上がったことに感謝！

髙瀬美代子

平成二十三年八月

高瀬美代子（たかせ・みよこ）
1931年生まれ
太宰府市在住
児童文学「小さい旗」同人
著書　詩集『仲なおり』銀の鈴社、1994年
詩集『オカリナを吹く少女』銀の鈴社、2006年
『梅が香に』海鳥社、2009年

祈《いの》りの原郷《げんきょう》　祭《まつ》りと芸能《げいのう》を訪《たず》ねて

■

2011年10月1日　第1刷発行

■

著　者　高瀬美代子
発行者　西　俊明
発行所　有限会社海鳥社
〒810-0072　福岡市中央区長浜3丁目1番16号
電話092(771)0132　FAX092(771)2546
印刷・製本　モリモト印刷株式会社
ISBN978-4-87415-826-5
http://www.kaichosha-f.co.jp
[定価は表紙カバーに表示]